社會變遷中的勞工問題

Labour Issues in a Changing World

朱柔若 著

瞭解台灣工業關係的發展
——《社會變遷中的勞工問題》序言

　　第二次世界大戰後，台灣透過農業改革及工業化的過程，快速成為一個以工商業為主軸的資本主義社會。在此一社會經濟變遷的過程中，政府與資本家雖然扮演了重要的推動角色，但是在企業與工廠中處於生產線上的勞動階級，他（她）們所投入的無數血汗、勤快、溫順的工作品質，才是台灣經濟發展的功臣。

　　台灣工業化的過程有別於歐美等先進國家的經驗。西歐國家工業化經歷了將近兩百年的時間，這些國家的勞動階級透過覺醒與集體抗爭的行動，從政府及資本家手中，逐步爭取了應該享有的權利與尊嚴，建立了比較合理的勞動體制和工業關係。在台灣，工業化社會則是壓縮在半個世紀內形成，而在工業化過程中，台灣又處於不正常的戰爭體制中。從 1947 年實施戒嚴，政治成為操控台灣社會的主導力量；稍後的經濟發展，則在政治力量支配下，採取經濟掛帥的政策。在此種政經體制下，勞動階級成為權益被壓榨、被忽視的一群人：由於欠缺強有力的集體組織，他（她）們只能在不合理的勞動條件下從事生產工作，無法充分享有經濟成長的果實以及政府政策的保障。

台灣的工業關係，一直要等到 1980 年代中期才有所改善。1985 年勞動基準法公佈實施，勞動階級的權益稍微獲得政策上的保障；1987 年戒嚴解除，工人開始以自主性的力量爭取自己的權利。然而，就在勞動階級壓迫企業及政府建立合理的勞資關係制度時，台灣的經濟又面臨了新的挑戰。在資本快速國際化，國際分工進一步重組的情況下，台灣過去依賴低成本的發展策略不得不改弦更張，於是無法生存的夕陽企業關廠的關廠，資本快速外移到東南亞及中國大陸。與資本外移相伴而來的，是眾多國際勞工的移入，希望透過外勞能壓低企業的生產成本，以便繼續在國際市場上保有競爭的優勢。

　　對於台灣的勞動體制以及在工業發展過程中引發的勞工問題，近十年來已受到學術界較多的重視，諸如：勞工運動的歷程，企業內部的勞動過程，勞工福利制度的建立，政府、企業與勞工在台灣民主化運動中的角色，國營事業民營化，外勞政策等等，都有學者從事探討。但是這些研究大多針對某一個問題作單方面的研究，對於上述諸多問題採取系統及綜合性論述的著作並不多見。朱柔若教授《社會變遷中的勞工問題》這本著作的適時出版，正好彌補了過去有關勞工問題著作的缺憾。

　　朱教授的這本著作，具有如下特色：

　　　第一、從社會變遷的角度，探討了經濟發展過程中工業關係的發展以及未來可能的走向，例如國營企業民營化問題、勞工運動、關廠現象、失業問題、集體協商制度，以及產業民主制度等。

　　　第二、本書探討的不限於一般企業的勞工，還廣泛討論了白領勞工、女性就業問題、高齡勞工，以及外籍勞工

問題。這些分門別類的探討，使讀者對於勞動階級不僅有總體性的瞭解，也可以對勞動階級的內部差異加以比較。

　　第三、本書所關心的雖然是台灣的勞工問題，但是在論述中卻常引用西歐國家（特別是英國）的經驗，來觀照台灣的發展情況，例如以英國的經驗來比照台灣的國營事業民營化、關廠現象，以及白領勞工運動；從瑞典和西德的經驗探討集體協商制度以及產業民主制度等。西歐的經驗雖然不能同等於台灣經驗，但這種比較性的觀點無疑有助於對台灣勞工問題的癥結及未來的走向的深入瞭解。

　　朱教授是台灣社會科學界的後起之秀，自從 1992 年在牛津大學取得社會學博士學位以來，在政治經濟發展、工會運動、勞工問題方面已有相當豐富的著述。以她嚴謹的學術訓練、廣泛的研究興趣，自是撰寫《社會變遷中的勞工問題》最適當的人選。看到昔日的學生一再有優秀的著作出版，真是感到與有榮焉。

　　　　　　　　徐正光
　　　　　　　　中央研究院民族學研究所所長

自 序

關於書名

對於眼不轉、眉不揚，從書店架上平平順順地瞄過本書，隨手取它下架的讀者，也許沒想到本書在命名時，作者還經過一番不重不輕的掙扎吧！剛開始，對於習慣以勞工為研究主體的我來說，相當不能適應以「勞工問題」這個名詞來為本書命名。理由很簡單，接受「勞工問題」這個概念，無異等於默認了一般社會大眾所接受的資本主義意識型態，視勞工為社會問題的製造者。這個名稱等於將本書的角度定死在指派勞工不是的地位上，這不但非我所願，更顛覆了我平素將勞工與企業視為權力地位均等的社會公民的觀念。所以有一度曾想以「勞工議題」來取代「勞工問題」作為本書的書名。不過為了配合出版銷售的利基，最後還是採納專家的建議，將勞工問題這字眼保留在書面上。就這一點而言，或許還是敗給了資本主義。既然形勢比人強，只好念頭一轉，決定善用這個機會重新洗淨社會上對於勞工問題的刻板印象，將「勞工問題」定位在「關乎勞工權益的問題」上。

關於主題

　　《社會變遷中的勞工問題》寫的是關於社會變遷過程中所出現的勞工問題。而所謂「社會變遷」，主要指的是社會屬性從工業為中心轉變成以服務業為中心的歷史演化過程。至於所謂「勞工問題」，主要指的是關乎勞工利益的問題。所以整本書主旨寫的是：置身於工業過渡到服務業的社會當中的勞工，所可能遇到影響其利益的制度變遷的問題。

　　過去的十年間，已開發國家的工會不僅受到工業結構重新調整的直接影響，更受到科技變遷對勞工階級組成以及勞工階級行為的間接影響，迫使工會重新界定勞工運動的角色，而採取新的運作策略。在勞動力的結構方面，相當明顯的改變出現在男性工業勞動力的相對下降，以及女性服務業勞動力的相對增加之上。另外受過大學教育才進入勞力市場的社會新鮮人，也帶動了勞力市場的專門化與區隔化。再加上製造業的緊縮、失業人口的激增、服務業的持續成長、女性部分工時勞動力的增加，以及人口老化發展的趨勢，在在都給工會帶來了相當嚴重的警訊與挑戰。

　　解嚴以後，我國的勞工運動不外是以爭取獨立自主的結社權，冀能進一步保護勞基法所授予勞工的基本權益，甚至以追求被納入勞基法適用範圍做為工會運動努力爭取的目標。我國一開始就先有保護勞工的良好立法，然後出現勞工爭取監督、落實既有立法賦予工會集體化、組織化權力的發展模式，可說與始於追求政府承認工會、制訂保護遭到忽視之勞工權益的歐美先進國家的勞工運動迥異其趣。這種反其道而行的工運發展軌跡，雖然塑造了 1980 年代以來我國勞工運動的特性，實際上

並未能掃除股市崩盤後經濟蕭條的陰霾。因此，自 1980 年以來，威脅歐美工會運動的問題，同樣也將於 1990 年代一一浮現於台灣社會，似乎是可以斷言的。

據此本人將全書總共分為兩大單元，涵蓋關廠、失業、白領勞工運動、集體協商制度的轉變、無工會主義與人力資源管理的興起、彈性勞動、勞工福利、婦女就業與兩性平等、高齡勞動參與、產業民主、民營化、進用外勞等十二大議題。前五個議題劃歸為過渡期間出現的新衝突形式，將集中於第一單元中加以探究；後七個議題則被歸類為在此過程中出現的新制度形式，將收納於第二單元中細加檢討。至於新衝突與新制度的區分與界定，自有其主觀武斷的成分在；而選擇擺進新制度的議題，主要都是以我國目前勞工政策的走向為參考主軸。歸類問題本就眾口紛紜、仁智互見，作者並不期待每一位讀者都與我有共同的想法；相反地，我倒認為讀者如果喜歡，可以根據自己滿意的分類架構，將這十二個議題重新排列組合。我想這都不會影響這十二個主題是工業社會轉型到服務業社會時，最令勞工關切、影響勞工利益最深的十二個主題的這項事實。而這項事實對於投注相當時間與精力、任由方塊電腦螢幕遮住湛藍亮麗的西子灣海水與陽光的作者來說，就已足夠讓我感到功不唐捐了。

關於人與緣

這本書的完成，除了感謝我的家人給我的支持與協助之外，我最要感謝的是文化大學董事長張鏡湖博士。民國八十三年結束澳洲的研究工作回國之後，若不是他特別安排我到文化勞工系所任教，也不會使今天的我和勞工研究結下不解之緣。

其次，我也要感謝文化勞工系所的陳繼盛所長，以及和我共處了兩年多的文化勞研所甲組的同儕與研究生們，特別是王世榕、陳禹成、羅業勤和楊兩傳諸位教授在這個領域內給我的啟發與激勵。復次，我要感謝中研院民族所所長徐正光教授，在百忙中抽空為本書作序。最後我要謝謝揚智文化的葉忠賢先生和他的優秀編輯群——閻富萍小姐、賴筱彌小姐、郭佩禎小姐——沒有他們的協助與配合，我想這本書的問世將不會如此順利與迅速。因為與這些人結緣，所以有了本書的誕生，希望在未來的日子裡，本書能與你結緣；透過綠衣人傳來睿智的批評與建議，都能使匆匆完稿的本書，更加成熟厚實。

朱柔若　謹序

一九九七年冬於西子灣中山大學

目　　錄

第一篇　概　論

第二篇　新衝突形式

第一篇　概　論

第一章
勞工問題的界定與分析架構

摘要

「普通敘述勞工問題的書籍，總要長達三、五百頁以
上，才能把他說得清楚，因為這個問題包括至廣，從就業
問題開始，一直到退休解雇，凡是在雇傭期間的勞工問題，
均在檢討之類，要使他一一齊全，說得頭頭是道，真不是
一件容易辦到的事。」

——張天開，勞工問題序，1987

勞工問題定義釋疑

　　一般社會大眾看勞工問題常有將之劃歸為「偏差社會問
題」類屬的傾向。也就是說，一聽到勞工問題這個名詞，十之
八九馬上會聯想到打斷生產活動、破壞社會秩序的罷工行動。
戴上這副鏡框看勞工問題，通常不會細究勞工發動罷工的原
因，強調的多半是發動罷工後所帶來的不便後果；著眼於勞工
是社會問題的製造者，企業與社會大眾是受害人。如果要想解
決勞工問題、恢復工業和平，就要訂出規範限制勞工的權力，
以免損害到社會大眾的利益。很顯然地，從這個角度看勞工問
題，勞工便是屬於社會問題的製造者這一大類。

　　事實上，根據社會學界對「社會問題」的界定——　一種對
社會構成威脅的行為模式，或是一種對社會賴其組成的團體與
制度構成威脅的行為模式——來看（Poplin，1978：5-6），這
種常識性、直覺性的勞工問題的界定方式，不過是社會問題兩
大定義中偏向社會共識的那個定義罷了。所有的社會都定有規
範以阻止某種類型行為的發生，以免那些社會不願見到的行為
出現的頻率過高，而使得社會生活變得雜亂無章，難以維繫。

因此所謂的「對社會構成威脅的行為」，便是指對這類規範個人行為的社會規則的合法性提出挑戰的行為。但值得注意的是，社會問題的界定，不單單是指對社會整體具有威脅性的行為，尚包括了對組成社會的團體或制度具有威脅性的行為。就在這一點上，關於什麼事會被視為威脅到社會或組成社會的團體及其制度，馬上就成了爭議的焦點。不僅在某個時期被界定為重大社會問題的問題，在其他時候可能不被視為問題；被某些團體視為重大具有威脅的問題，其他團體可能不以為然。

這項特殊屬性指出了為社會問題下定義時，有必要正視社會問題的界定牽涉到人們對「問題行為模式」的認定標準。由於標準不同，於是產生了社會上不同團體從不同的角度來界定同一個問題而得出不同結論的現象。而且某些行為也可能躲過了大眾的視聽，而不被視為對社會或其組成團體與制度構成威脅的問題。換句話說，以社會問題的角度來為勞工問題下定義，就不得不深入追究：是誰在為社會成員指認、界定什麼問題才算是勞工問題，什麼不是勞工問題？無庸置疑的，這個時候，勞工問題可以是由最直接的受害人為社會成員來界定什麼是勞工問題。有時專家學者在界定什麼是社會問題上扮演一個舉足輕重的角色。有時這個角色是由政府來扮演，或是透過新法令的制訂，或新政府機關的設置，於是以前不被視為問題的現象，現在變成了需要診斷、解決的勞工問題了。

探究社會問題的工程越挖越深入之後，經常會發現在很多情況下，許多被視為是當前主要的社會問題其實是社會結構本身不平等性所造成的結果。所有社會都有階層化的社會體系，優勢階級刻意製造、維持、深化不平等的社會結構，於是社會上就會有一些團體被鎖在劣勢的社會處境，而另外有一些團體

獲得比較高的報酬。就這點而言，社會問題的產生與定義的變化可能與社會解組（social disorganization），亦即社會結構不平等的曝光，有極密切的關連。「社會解組」這個概念的價值，在於提醒我們當前社會有許多問題的產生直接是社會變遷的結果。當社會變遷發生時，社會體系的某些部門發展的速度趕不上其他部門，而落後下來，於是就發生了社會解組與文化落差的問題。所以，當我們分析勞工問題時，可以冷靜地想想下面三個問題：(1)「勞工問題」就什麼程度上來說是社會變遷的結果？(2)變遷如何促使「勞工問題」的出現？(3)要做些什麼改變才能減輕「勞工問題」的嚴重性？

基本的立場與原則

　　有了這層共識之後，將不難掌握本書選擇性地介紹社會變遷過程中新興的勞工問題時，秉持下列三項原則的用心。第一、所有的分析都是站在肯定工業關係是同時蘊含著衝突與合作兩個層面的基礎上進行對話。工業關係之所以會有合作，那是基於人類是社會動物，不可能離群而索居，離開了群體不但無法生存，更別提成就任何高遠的理想目標，因此人與人相處，不可能脫離合作。會有衝突，則是因為不論是在群體之內還是群體之間，對於有限的資源、價值與權力，都不可避免地會有所競爭。

　　第二、肯定結構功能與制度分析研究取向的價值。每個社會都發展出各式各樣形形色色的社會制度，用以達成對社會具有重要性的功能或活動。所謂「制度」（institutions）一詞通常

是指一套正式的與穩定的做事方式。例如所有的社會都有使青年人社會化的制度、生產必要物資與勞務的制度、協助成員度過危機的制度，以及維持社會秩序的制度。所以當制度未能履行其應履行的職能，社會問題就應運而生了。與勞工問題有關的議題，毫無疑問地就屬工業關係制度。這個研究取向的用處在於其認為工業關係過程不是發生在制度之中，就是得透過制度才得以展現，因此要瞭解工業關係，就必須對於這些制度的歷史起源與關鍵性的制度發展有所認識。不過，值得強調的是，肯定社會制度無所不在的這項事實，並不等於完全漠視社會學結構功能論以及體系理論的共同偏差，以至於犯下了「將既有的社會制度都認定為是社會特意建構來達成某種社會目的的工具，因此必具有社會價值」的謬誤結論。

　　第三、重視行動者的觀點，兼顧權力與價值選擇的分析。的確，決定論的色彩太重、機械論的傾向太強，忽視社會互動中當事者的認知、動機與價值的影響力，是系統研究取向最受批評之處。同樣地，我們也認為社會制度不論以何種形式存在，本身都不具有賦予自身價值的能力。其所展現的價值，主要得自於各種利益團體間追逐自我利益的行動之中。無庸置疑，導致結構性社會問題產生的因素，價值衝突扮演了一項重要的角色。所謂「價值」（value）是指被社會成員視為值得爭取與獲得的所有事物。的確，社會上是有若干價值取向同時為所有的社會成員所共享。但是以現代工業社會的異質性與複雜度而言，不同的社會團體，各自擁有不同的價值取向，也是無可避免的情況。這些不同的價值取向，難免也會遇上正面衝突的時候，這時不可避免地就有引爆問題出現的可能。不過，關於價值衝突之說有兩點值得注意之處。第一、不同團體間的衝突不

必然是件壞事，對社會也不見得只有壞處而沒有好處。相反地，如果衝突能夠獲得巧妙的解決，那麼對所有的社會成員來說，社會可能會因此而變得更具公平正義。第二、價值衝突與結構不平等之間常存有非常密切的關係。雖然說，通常見到的情形經常是社會優勢成員創造社會結構，藉此封鎖劣勢成員的競爭；不過更多的情況是，互動的當事者所做的決策選擇，才是繼往開來的關鍵。指出這點，無意暗示工業關係的當事者可以為所欲為、不受任何限制，也無意強調當事者無時無刻做出的決定都是關鍵性的決策。相反的，目的只是在強調在歷史上的某些關鍵時刻，企業與工會所做出的決定，也包括不做出任何決定，都可能會對未來的發展產生重大的衝擊。

勞工問題的種類

雖然一提到勞工，馬上會產生罷工與藍領工人的聯想，但是工業關係的主要受雇者不限於藍領勞工，工業也不只限於製造業。工業關係所含括的應該是所有受薪工作的各個層面，以及工作組成的所有形式。由於工業關係的議題可分為實質議題與程序議題兩大類（Gospel & Palmer, 1993：4-5），所以勞工問題大體上也脫離不了這兩大範疇。所謂實質議題（substantive issues），是指所有涉及花出去的工夫與得回來的報酬間交換關係的全部細節，其中工資、福利及業績層面的問題都包括在內。因此，所有你想像得到的項目，如薪資、假期、加班，以及包括年金、公司保健福利、公司提供的公務用車等附加福利，還有公司培訓、升遷到待遇比較好的工作機會等，都屬於實質議

題範圍內的勞工問題。至於程序議題（procedural issues），則所有關於實質議題該如何解決的方法與程序，都屬於程序議題的範圍；這包括了誰有權力決定實質勞動條件、應該經由何種行政手續與安排、協商制度，實質議題方得以成為定案的程序問題。通常屬於程序議題範圍內的勞工問題有：哪些人或團體執掌實質決策的制訂？實質議題的決定是片面由雇主決定，還是由雇主與勞工雙方共同決定？如果對於實質議題的決定不只有一方有影響力，那麼該經由何種程序或機制來達成共同決定？勞工組織，如工會、專業協會，各自應該擁有何種影響力？若對實質議題的決定發生爭議，又該如何解決？哪些規範該由國家立法訂定？

解釋工業關係的理論取向

　　根據各派學者承認組織權威來源的多寡，大略可以將學界切入工業關係內的衝突與合作的角度，粗略分成一元論（unitarism）與多元論（pluralism）兩大系統（Gospel & Palmer, 1993）。其中，一元論學者的立場見解較為單純、一致，而多元論學者的看法較為分歧、派系較為複雜。多數一元論的支持者主要為企業的領導者、人際關係與人力資源管理學派的學者，以及號召國家中心的威權主義學者。相對地，工會、勞工、以及支持自由主義派學者，多為多元論的支持者。

一、一元論的觀點

　　一元論者通常假定所有的組織都只有一個單一的權威來

源，所有成員都共享相同的一組目標。工作上的合作被視為理所當然，也是事物的自然秩序，衝突則是不自然的與不需要的。這派觀點有一個簡單的意識型態訴求，雇主常用之來肯定自己行為的正確性，並嘗試去說服他人，特別是受雇者，接受經營者行動的合法性。假設台北市的汽車運輸系統因民營汽車司機的罷工而為之癱瘓。典型地從一元論角度來看這件勞資爭議例子，最先被提出來的解釋通常是：滋事者與好鬥者在製造麻煩。民營業者的發言人會把矛頭不是指向好逸惡勞的司機，就是領導罷工行動的自主工運份子，以及其他遊手好閒、不務正業的社會不滿份子的趁機造勢搗亂。其實，如果當時你在現場，你馬上就會發現上述說法可能都站不住腳，也不夠正確。對情況有相當程度瞭解的研究者，沒有人認為滋事者的無理取鬧是主要的問題。相反地，這次抗爭的爆發反映的極可能是積壓已久、更為複雜、更為深層的問題，而且早已存在於公民營汽車運輸系統的勞動關係之內。同一條路線，不同民營公司有不同的政策，彼此間又缺乏協調，於是造成「怪異」的工資結構，以至於從事相同工作的人，卻得到完全不一樣的酬勞。有些民營公車的資深司機發現，他們跑的路線比公車司機長，每小時的工資卻比新進公車司機的工資還要低。就這樣，結果問題便爆發開來了。

　　一元論者一般認為工作場所裡的人，在利益、目標與價值之間並不存在真正的、顯著的差異，如果雇主與受雇者之間真的出現任何衝突的狀況，則大半是出自於受雇者偏差的行為。有不合群的個性或權力慾過強的受雇者，必是製造問題的禍源。如果偏差者被開除，或是行為受到組織紀律或法律的約束，一切都將回歸正常。一元論者建議經營管理者謹慎處理雇傭關

係，以排除潛在的衝突來源，並且主張維持工業關係和諧的訣竅，在於辦好人際關係的管理。這派觀點廣為許多雇主接受，並奉為之規桌。大部份的管理理論，都是建立在一元論的假設之上，至少他們把團結和諧、沒有衝突的雇傭關係當作篩選優良管理技術的標準。1930 年代興起於美國，以梅歐（Mayo）為代表的人際關係學派，主張管理者應該重視並且盡力滿足工人歸屬於工作社區的需要，善用諮詢、參與督導等管道來創造工作場所內部的和諧氣氛，就是一元論意識型態下的典型產物。後來發展成新人際關係學派，提倡豐富工作內容、加強員工參與，以及其他達成共識的決策制定技巧。近年來，成長快速的人力資源管理也是淵源於此派傳統，強調共同參與的文化，重視共享的價值與目標，挑戰員工組織工會的合法權利。人力資源管理所提倡的特殊人事管理技巧之所以能夠大行其道，則有其非意識型態上的原因，而且大多是拜 1980 年代經濟與政治發展之賜，即使並非所有人力資源管理的價值取向都是單面、仇視工會的，但是其核心特色不可否認的仍偏重以個人主義為中心的一元論觀念。除了企業管理面一味倒向一元論的工業關係思考模式外，將整個焦點完全擺在國家或者一個獨大的執政者角色上的威權主義（authoritarianism），也認為受雇者及其代表組織都應該以提高生產力、為國家謀取最大福利為其主要任務。

二、多元論的觀點

個人信仰與人格特質固然對事件的演變有舉足輕重的影響，但是個人行動的社會經濟脈絡更值得研究。開除具有影響力的領導人物，或許可以改變其他員工的行為，但是並不會使

複雜的社會情況，轉變成一個所有的人共用一副心思的連體嬰。所以相對於一元論的思想，多元論的基本辨識特徵是承認權威有多重來源，主張就業磁場就是個充滿著相互衝突的多元利益場域，而權力則是解決這些衝突的主要出路。這項基本的辨識特徵，也許會使人產生多元論是一個體系完整的理論取向的錯覺。事實上，多元論並不是一個單一的理論取向，不同的學者對於利益的多元化與衝突的不可避免性，抱持著不同的看法，提出了不同的解釋，塑造了多元論取向的四種輪廓相仿、重點各不相同的解釋派系：新集體主義（neo-collectivism）、統合主義（corporatism）、新放任主義（neo-laissez-faire），以及激進主義（radicalism）。其中區別這四大理論解釋的主要差異在於：(1)對不同團體間權力平衡的看法不同。在工業關係中，是某些團體佔據主導地位，還是所有與事團體之間能夠維持一個平衡的、互惠的聯盟關係，使每個人都獲得最大的滿足。(2)對勞工問題解決程序的看法不同。關鍵性的決定是掌握在哪些團體的手中？解決模式的決定是基於某些團體擁有比其他團體更為廣泛的、更具合法性的利益？(3)對就業關係中各團體的競爭與合作的解釋不同。衝突只以某種形式存在？衝突的產生是被設計來促進合作的，還是起源於某些團體一意孤行、千方百計地追求到想要的目標——如較高的生產力、較多的利潤、較大的自主權——而產生的結果呢？

(一)新集體主義

新集體主義又稱自由主義式的集體主義（ liberal collectivism），是建立在自由主義意識型態上的集體主義。新集體主義的歷史起源，在英國可上溯到十九世紀的韋布（Webb）夫婦所代表的、強調瞭解勞力市場制度安排對工業秩

序穩定的重要性的制度主義（instutionalist）傳統。第二次世界大戰期間，牛津學派（Oxford School）結合制度主義的思想，致力於自由結社、集體協商，與簽署協約的功能研究，獲得英國工會與許多經營管理者的支持。因此長久以來，這派觀點不僅受英國政壇上左派支持，而且是中間派以及中間偏右派共同支持的立場。

這派學者相信雇主與勞工在經濟議題上總是存在有不可避免的衝突，而且相信受雇者必須要展開集體行動才能保護住他們的經濟利益，因此提倡以集體協商制度（collective bargaining）做為最公正、最有效率的解決工業衝突的方法。其具體步驟是先將工作磁場內的衝突制度化，然後再訂出就業規則的方式解決其問題。英美國家討論工業關係文獻中所提到的多元主義制度，多半指的是自由主義式的集體協商模式。將集體協商制度歸類為自由主義派的集體主義觀，主要的理由有二：第一、說它是自由主義的，因為這派向來主張限制政府的角色、鼓吹善用法律的功效，以及其堅持放手讓衝突的當事者自由協商出共同接受的決定才是解決工業爭端、勞資衝突最佳方式的論調。第二、說這派主張屬於集體主義，則是基於它認為若要勞工在協商契約時展現與雇主實力相當的談判力量，則必須賦予勞工建立集體組織的合法權利。這派學者相信各自孤立的勞工，即使面對的只是單獨的一位雇主，仍然是處於一個相對弱勢的地位。

新集體主義觀背後所蘊含的邏輯，其實是相當容易解讀的。集體協商的基本意義，是指代表受雇者的團體如工會及其相近組織，與雇主或是其代表，在達成集體協約為目標下，展開協商的過程。透過集體協商，勞資雙方不再隱藏遮掩，公開

地面對彼此相互衝突的利益分歧，同時藉助各種制度機制將衝突疏通宣導，使之消弭於無形。達成共識後所簽訂的集體協約，必須詳細記載有關就業關係的全部議題，即在工資、工時與基本雇傭條件等項目上，當事雙方共同接受的尺度。若希望這個過程順利進行，則需要三項條件的配合：首先，需要有政治體系授予受雇者不受干預、獨立自主的結社與行動的權利，如此勞工方能組織成獨立於雇主，甚或國家控制的經濟壓力團體。其次，需要雇主與受雇者雙方同時認識到彼此利益的相左，乃是無可避免的事，進而培養雙方都樂意進行共同協商、謀求妥協的意願。最後，集體協商制度尚需要一個市場體系，充分允許勞力、商品與服務的價格，根據供需原則而自行波動。由於集體協商制度講求的是一種靠實力協商的機制，當事雙方協商地位的高下，完全取決於相對的經濟地位。這意味著面臨衝突的最後關頭，勞工擁有依據其實際能力展開罷工、接管工廠等工業行動的合法權利。相對的，在雇主那方，這意味著雇主有權利按照經營者特權行事、行使開除引起爭議員工的權利。至於國家，在這個協商過程中，新集體主義者認為國家的角色，應該是受到節制的，政府不該嘗試規範就業條件與狀況的任何細節。政府的主要任務，僅限於遊戲規則的制訂與維繫，提供一個讓勞資雙方各自追求他們集體利益的制度架構。總之，支持集體協商制度的學者，致力於規範勞力市場制度的研討，期望透過衝突的制度化，而避免工業關係陷入一場兩敗俱傷的混戰。

新集體主義者主張，集體協商制度的建立對產業發展與政治穩定上都有正面貢獻。就產業發展來說，集體協商制度創造出產業民主的空間，不但使雇主出讓在商業、投資及其他管理

議題上片面決定的特權，而且使受雇者在決定他們的工資、就業條件上享有決策參與權。在政治穩定上，集體協商制度提供了一套以比較和平的方式來解決就業衝突的問題，發揮了安全瓣的功能，將具有潛在破壞社會穩定的工業衝突，排除於政治競技場之外，使資本主義國家得以在穩定中尋求體制的改革。是故，新集體主義者指出，想要民主的政府不致走向集權，「組織強勢的功能性自願團體來代表社會上不同的經濟利益，創造權力平衡的局勢」，將會是避免權力過於集中在雇主或政府的手中的不二法門。所以，自第二次世界大戰以來，集體協商制度成為歐美先進國家廣為採行的工業關係制度。

集體協商制度的盛世持續了三十餘年，進入 1980 年代以後，遭受各界的攻擊，幾乎陷入四面楚歌的困境。論其原因，左右兩派人士則各有不同的歸因模式。政壇右派人士指責維繫集體協商制度的社會成本太高：一來，工業行動的頻繁危害到國家在國際市場上的競爭力；二來，雇主與員工互不讓步，無視消費者權益，以致工資與物價高築；三來，集體協商制度損害個人自由，使雇主與受雇者間的關係複雜化。據此，親集體主義的右派人士建議政府應該採取行動，縮減工會的權力、採行嚴厲的經濟政策、制訂限制性工業關係立法。親個人主義的右派人士，則鼓勵經營管理者採取行動，建立以個人績效為主的誘因制度，給予個別員工更多的決策參與權。另一方面，左派政治人士則指責工會勢力太弱、在集體協商制度下開放給工會參與決策制定的議題太過有限。這派人士指出，不應該限制員工影響工資與就業條件的能力，反而應該給予他們更寬廣的議題參與空間。如果希望勞資之間發揮真正的社會對話，並使勞工的利益獲得適當的表達，應該開放員工代表參與各種不同

層級的集體協商過程。據此，強化現行集體協商制度，並且開發各種其他形式的集體代表制度，是左派人士著力的重點。

(二)統合主義

籠統地來說，統合主義也算是集體主義的一種形式，而且是非自由主義的集體主義。說它是非自由主義，主要是統合主義特別重視政府在勞資互動過程中的角色，這項強調正好與自由主義的首要辨識特質——節制政府職能——的看法相抵觸。換句話說，統合主義強調的是政治體系與工業關係間的互動，呼籲更多的國家干預，並建立某種形式由政府、雇主代表、受雇者代表共同組成的三邊決策制定制度。根據利益團體被收編到政府行政結構的層級，可將統合主義分爲三個種類。鉅觀統合主義（macrocorporatism）是最常用的一種，涉及主動的國家角色以及全國層級上三邊關係的發展。中階統合主義（mesacorporatism）則是指將利益團體納入規範產業的行政架構內，常見於西德的產業層級的集體協商，以及澳洲的強制仲裁制度即屬此類。微觀統合主義（microcorporatism）則是指在公司層級，因此國家的角色較不重要，主要的概念在於將員工利益團體納入公司的行政結構。企業工會主義以及普遍存在於日本的工作場所共識，便可歸屬於這一類型。不過，一般西方先進國家所接受的統合主義，多半是指鉅觀統合主義的這一類型。換句話說，只有建立在國家與實力相當、分別代表企業及勞工這兩大集體的全國性組織之間，所形成的「夥伴關係」（partnership）之上的決策制訂制度，才構成了統合主義的核心辨識特色。這是因爲代表雇主與受雇者的全國性組織，都具有控制、影響各自成員——即工會會員與所屬企業——的能力，因此能夠幫助國家監督三方都同意的政策的執行。儘管如此，

在工業關係的文獻上，實際上統合主義的涵義，包括的範圍之廣，從工會與雇主協會自願參與政府決策制定的三邊協商，到更爲詳盡、完善的利益代表制度，以及由國家、雇主與工會共同統籌規劃的協調行動，乃至於高度強制性、具有良好編制、與法西斯政權結合的行政結構，都包括在內。由於這個範圍涵蓋相當廣泛，所以統合主義常又被粗略分爲兩大相反的類型：出於自願、基於自由主義原則的三邊制度（tripartitism），一般稱之爲社會統合主義；與組織嚴密、層級分明、由國家強制達成社會整合效果的國家統合主義。

論其源頭，統合主義的理念可追溯到法國社會理論家涂爾幹（Durkheim）的論述。涂爾幹主張現代社會的分工模式製造出爲數眾多利益相衝突的團體，雖然這些利益團體之間的相互競爭構成了社會生活的本質，但是如果放任這些利益團體毫不受拘束地、赤裸裸地追逐部門利益，而展開兩敗相殘的競爭，將會產生脫序（anomie）的危機。涂爾幹認爲脫序的出現，對社會來說是不健康的，如果想對社會秩序的維持有所貢獻，多元主義的競爭必須受到社會規範的節制。那麼究竟應該如何解決脫序問題、建立爲社會大眾所共同接受的規範呢？涂爾幹則強調需要讓民眾參與制定管制他們生活的決策。市民應該透過工作上的自治，發展具有特殊功能的中間團體，並且促使每個中間團體都接受由民主選舉產生的小型產業會議的領導。國家則應該負責這些經濟社團活動的協調與規劃，並且透過這些中間團體來執行政策。經由這個程序，現代社會的經濟生活方能井然有序，也不致喪失其多元性格。

據此，實可發現統合主義的制度建構，是建立在其對社會上權力分配的假定上。由於社會是由分割成無數個實力不同、

相互競爭的利益團體所組成，其間存在相當複雜的權力制衡關係，結果沒有一個利益團體能夠稱王稱霸，於是需要國家在這些實力旗鼓相當的利益團體中間，充當立場中立的裁判。所以就某種程度來說，統合主義對於現代社會脫序問題的診斷，有部份是建立在對自由競爭、純粹市場力量、以及不受管制的協商模式，將導致社會分裂、正義不彰等結果的預測上，因而建議勞、資、政三方若能共同參與決策制定，便能發展出更多的協調、規劃、管理，就有可能產生更有效率、更為公平的工業關係模式。而脫胎於這個概念的統合主義制度，也將因此而發展成一種既不屬於資本主義、也不屬於社會主義的政治經濟體系。所以，與新集體主義比較起來，統合主義的制度建構便帶有幾分務實的動機。

所謂務實的動機，主要是指統合主義的制度設計主要是為了預防實力相當的功能性利益團體之間捲入惡性競爭而言。特別是代表勞方與資方的集體組織，若已經發展出旗鼓相當的實力，則不論是勞工號召罷工，或是資本家將工資上的讓步轉嫁為成本上推的通貨膨脹的壓力，對國民經濟與社會安定都會產生極具破壞性的後果。面對這個局面的國家，勢必得負起干預的責任，來規範這些勢強力盛團體的活動，以免危害到國民經濟。只有這麼做，才有辦法控制住工資與物價所帶動的通貨膨脹旋風，進而刺激經濟效能。所以，統合主義者認為「國家可以置身事外、採取不干預政策」根本是子虛烏有的杜撰之說。尤其是結構複雜的現代社會，國家的活動不可避免地會對經濟產生重大的影響，不用說別的，直接說雇用了相當大數量勞動力的公共部門，就足以彰顯政府國家的工業與財政政策對經濟資源的分配具有舉足輕重的影響力。

表 1-1　關於工業關係的兩大切入角度、五大理論取向

派別	解決模式	衝突與合作	管理者的角色	工會的角色	政府的角色
一元論	服從雇主指示	合作是工業關係的常態、自然反應；衝突是偏差行為，沒有存在的必要，而且有害和諧。	管理者的首要角色是領導統御、創造經濟大餅，增進整體的利益。	工會只會攪局，破壞工業關係的和諧。	無須涉入工業關係事務，只要把國家利益維護好就行了。
多元論 新集體主義	集體協商制度	不同經濟利益團體之間的衝突是不可避免的；若能透過集體協商制度，全體都能蒙受其利。	主要是扮演協調者的角色，代表的是雇主的利益，在集體協商制度下，有助於衝突的制度化。	在集體協商制度下，工會是能夠幫助把衝突制度化的利益團體。	盡量減少國家在經濟事務上所扮演的角色。
統合主義	三邊制度	各團體間經濟與政治利益的衝突乃是不可避免之事，若能將這些不同利益納入政府決策制定的體系，則使所有的人都能蒙受其利。	主要是扮演協調者的角色；管理者可以組織起來代表所有人的利益，幫助建立企業制度。	工會代表的是能夠幫助把勞工權益納入政府統治機構的利益團體。	國家利益積極主動的守護者。
新放任主義	個別勞動契約	個人在就業關係上的利益衝突是不可避免的，最好的解決方式就是簽訂個人雇傭契約。	管理者主要是扮演著領導者的角色，以追求經濟發展的方式來增進整體利益。	認為工會是有害的，不但不利於勞資和諧的經營，而且阻礙個別勞工爭取個人的最大利益。	盡量減少國家在經濟事務上所扮演的角色。
激進主義	革命	資本主義下階級衝突無可避免，任何制度化的措施都無法消弭衝突，除非發動激進的變遷，使工人得到更多的控制權。	管理者主要的角色在於控制，幫助資本家剝削工人，榨取剩餘價值，進行資本累積。	對勞工階級的抗爭，工會基本上是個有潛在價值的機構，但是如果工會把精力消耗在避免變遷，那麼就變成妨礙勞工的組織。	在資本主義制度之下，國家是資本的代言人。

（三）新放任主義

新放任主義不僅認為雇主與受雇者之間存在有相對立的經濟利益衝突，甚至指出受雇者之間同樣也存在著明顯的利益差異。由於工業衝突牽涉的不只是勞資衝突，更重要的是勞勞衝突，所以集體協商制度與統合主義安排不可能是解決所有工業衝突的特效藥、萬靈丹。對於個別受雇者之間利益的衝突與競爭，新放任主義的學者則提出簽訂由市場力量決定的個人雇傭契約，將會是最有效的解決之道。

新放任主義的論述，明顯地結合了自由主義與個人主義的意識型態，是故又稱為自由主義的個人主義。被視為自由主義是因為新放任主義的學者假定，社會是由相對平等的個人所組成的，如果不受國家或其他勢力的干預，是能夠透過自由與他人簽訂契約的方式，來追求到自己的最大利益。說其論點是具有個人主義色彩，則是因為新放任主義者，不信任壓力團體、壟斷，以及任何集體形式的結合。其不信任集體主義的理由有二，一與市場有關，另一與信仰有關（Gospel & Palmer, 1993：24）。所謂市場的理由，是指新放任主義學者相信一個完全競爭市場的存在，不但能夠為勞工決定一個最為公正合理的報酬價格，同時也能保證生產與資源配置的最大效益。因此，不論是雇主方面還是受雇者方面的結合，都將會對市場機制的順利運作產生干擾，導致權力的過度集中，而誘使某些雇主或勞工不惜犧牲他人的利益，來增進自身的權益。所以，任何結合工會或雇主協會來影響就業契約內容的行動都不被新放任主義所贊同，因為這種作法有可能擾亂勞動力供需的配置。另一方面，新放任主義抨擊成群結黨的行動，則是出於對個人至上的信仰，即所謂信仰的理由。新放任主義者認為在一個自由社會裡，

個人對於自身的行動最好承擔起責任，不要隨便依賴他人，不論這個他人是工會還是國家。正如支撐起議會民主的平等投票權制度，賦予一人一票，使社會上的每一個人都擁有同等的政治權力。所以任何形式的壓力團體，不論是對內向其成員施壓，還是向外對整個社會施壓，都會產生擾亂民選政府正常運作的惡果。基於相同的理由，新放任主義認為各種建立在統合主義信念之上的國家干預與三邊制度，都是無視個人選擇自主的惡質制度。

新放任主義主要是以市場中的交換行為做為觀察的起點，主張經濟利益的衝突，應該由參與市場自由競爭的個人簽訂契約來解決。任何商品的買方或賣方的結合，都會降低市場的競爭，並且擾亂自由市場那隻看不見的手的運作。當受雇者一意追求最高價碼、最好的環境、最不繁重的工作，而雇主卻要最低的價格、成本最低的條件、最有效率與彈性的服務，那麼不可避免會發生衝突。相反地，若放任這個機制自主運作，所有市場參與者都將因此而獲得最大的利益。在就業磁場中，這意味著個別勞工應該各自與他們的雇主協商，以達成雙方都同意的雇傭契約，來化解勞資雙方以及受雇者之間利益衝突的問題。如果雇主不準備辭退舊人、雇用新人，受雇者不準備換雇主、找新工作，或重新訂定新約，或上法庭去挑戰契約的內容，勞雇雙方就該毫無異議、不發怨言地履行契約規定的內容，並且在顧全企業整體利益的前提下服從雇主的權威。就這一點上，新放任主義與一元論可以說是殊途同歸，認為財產所有權人或其代表，擁有比較優異的知識、技術與才能，所以組織最好是交由他們來領導，方才能發揮最大的效能、創造最大的利潤。

放眼二十世紀，完全競爭的市場幾乎成了稀有動物，相對成長的是一個大公司林立、受雇者結群組黨以增加談判力的新時代，面對著這個許多產品與勞力市場為跨國企業壟斷控制的年代，世界各個國家都見工會勢力發展、與干預主義福利國家日益活躍的世代裡，放任主義假設與論證幾乎成了毫無價值的理論見解。的確，新放任主義觀點曾經有一度竟成了只有少數企業與右翼政治家還在支持的看法。在工業關係文獻中，也成了過期貨，被學者棄如敝屣。然而，進入 1980 年代之後，美國總統雷根及英國首相柴契爾之所以能贏得大選，都有賴新放任主義的經濟政策，於是為放任主義帶來了新的轉機。在美國，新放任主義的復甦或許不足為奇，因為崇尚自由主義的個人主義在美國這塊新天地上始終有那麼一席之地。但是在英國，這個變化就是既深且重、影響深遠的，代表著一股回歸十九世紀、二十世紀初期的傳統。換用新放任主義的語言來說，簡直就是拆除集體協商制度的過程。1979 年以後保守黨制訂的工業關係政策，對工會運動表現出前所未有的猜疑與不信任，唯獨相信完全競爭的自由市場會對資源運用做出最妥善的處理，故而堅守國家不介入私人部門的集體協商過程，也不主動制訂保護性社會立法對勞力市場進行必要的干預，以避免組織的僵化與無效率。這個立場的表露象徵著意識型態的擺錘已經擺向個人主義的一端，不但加強了企業反集體主義的行動，更加鼓勵雇主公開地鼓吹一元論的思想，著重對勞工個人績效評估。

(四)激進主義

激進主義主要是一系列左派政治理念光譜下的各種不同思路。這些思想傳統都帶有一些共同的特色：強烈地批判工業社會雇主與受雇者間的關係模式，並且致力於推動制度與結構的

徹底變革。在英國，激進主義最早的起源可追溯到十九世紀早期主張普選立憲人士的激進民主傳統（Chartist），以及後半期的基督教社會主義（Christian Socialism）。英國的激進主義傳統不僅對雇主不信任，對於國家也缺乏信心，視之爲資本階級的同路人。對於工業社會結構的眾多層面，特別是工業勞工物質生活的窮困潦倒、惡劣的工作環境，以及工作場所內的缺乏民主制度，更是予以相當嚴厲的抨擊，極力鼓吹建立更爲充實的工作流程與更加公平的報酬制度。除此之外，盛行於歐陸與美洲的激進主義，大體上可以區分成行會社會主義（Guild Socialism）、工團主義（Syndicalism），以及馬克斯主義（Marxism）三個主要的派別。

1.行會社會主義

　　行會社會主義起源於本世紀之初，目睹雇主與勞工之間相互敵對的利益衝突逐步擴大，阻礙工業民主與經濟效益的徵狀日益嚴重，而深以爲憂。爲了徹底解決這個問題，行會社會主義者主張應該廢除傳統的財產所有權制，將每個產業的治理權交給產業工會或行會，然後由政府與勞工所組成的行會協商具有說服力與約束力的集體契約。這派學者認爲，唯有透過這個過程，勞工才可能獲得充分的機會去關心組織的目標與政策，也唯有透過這個過程，才能夠激發出勞工對於生產活動更大的道德承諾與投入。

2.工團主義

　　工團主義起源於本世紀之初的法國與美國，可大略分爲無政府工團主義（anarch-syndicalism）與單一大工會主義（one big unionism）兩派，皆以暴烈好鬥爲其主要特色，強烈批評工作權力的分配不均，極力鼓吹在各產業內發展出能夠足以挑戰雇

主與政府的自發性工人行動。總罷工（general strike）被這派人士視為是勞工所擁有的最不容忽視，又帶有神秘色彩的政治武器。法國工團主義者尤其相信總罷工能夠為勞工帶來一個建立在工業協會與工人控制之上的自由社會。所以在本世紀之初，他們曾經號召發動數起群眾罷工，來贏取勞工對產業與國家的控制權，不論法國與美國的工團主義在策略選擇上有何偏好上的差異。總體而言，工團主義的支持者具有兩大共同的特性：第一、皆認為社會主義將會是個由勞工控制產業的社會；第二、資本主義不是單靠政治方法就能推翻得了的，必須要靠工會與罷工方有可能（Martin, 1989）。

3.馬克斯主義

比較上來說，馬克斯主義的傳統在歐陸國家擁有較多的支持，影響力也比較大，對法國與義大利的工會運動更是如此。整體來說，馬克斯主義視就業關係的控制過程建立在社會的經濟基礎與階級關係之上。社會的經濟結構與普遍的不平等鑄造出階級意識與行動。在資本主義體系下，馬克斯主義見到的是上下等級排列的社會關係，以及勞動力買賣雙方的持續性鬥爭，遂使過去屬於經濟性的議題擴展成控制權的政治鬥爭。在這個過程中，不可能出現權力平衡的局面，任何一種透過工人代表適應資本勢力的嘗試，終歸都會因缺乏穩定性而失敗。因此，這派學者預言會爆發自發性的、以消滅私有財產為目標的工人革命，致力於建立一個沒有工作疏離與勞資衝突的社會型態。不過，此派工人革命、消滅私有財產、工作疏離與階級衝突的預言，近年來也隨著蘇聯與東歐共產主義政權解體後，名為「共產主義」舊政權的內部工業衝突依然存在，工人缺乏權力等等事實的紛紛曝光，而煙消雲散。更何況蘇聯與東歐政權

的覆滅有些還是拜工人組織動員之賜。

　　儘管馬克斯主義對未來會出現一個沒有衝突的社會的預言已遭全盤否定，但是馬克斯主義取向的分析模式仍舊吸引了相當大的一群追隨者，而其對既有的就業關係與自由主義論點的批判也提供了另一片別有洞天的思考空間。一般說來，我們可以根據馬克斯主義者對工會制度在資本主義體系下所具有的地位與所發揮的功能的不同看法，粗略將之分類爲教條派與非教條派兩派（Gospel ＆ Palmer，1993：27-28）。教條派馬克斯主義者向來不看好制度變遷的價值，認爲只要政治經濟是資本主義式的，剝削的本質就別想有所改善。非教條派則不認爲透過制度改革來轉變資本主義的霸權性質是全無可能的事。教條式馬克斯主義主張在資本主義制度下，集體協商與統合主義只具有將勞工階級的領袖收編，並將之整合到既有的政治結構之中，以增進雇主長期的控制能力，對勞工階級不但沒有好處反而有害。工會活動只會助長狹隘的部門利益，對勞工階級整體利益毫無助益，集體協商制度的成長致使工會學會適應雇主的利益，支持資本主義的就業關係。換句話說，作爲一個制度，工會喪失了挑戰立基於階級分工社會的立場，只能透過協商展現階級對立的屬性，但卻無法使之轉型。非教條派馬克斯主義並不認爲資本主義社會裡獨立的工會行動一點作用都沒有，反而主張透過工會組織，勞工可從中吸取經驗、獲得階級意識，這都是他們日後發動社會變遷所需要的資產。換句話說，他們相信政治變遷是可以透過緩慢的、制度性的改革，逐步增添勞工階級的力量來實踐的。總體而論，馬克斯主義，不論是教條派還是非教條派，都相當強調經濟與政治議題的不可分割性，特別是存在勞動力的買賣雙方相互敵對的利益，以及敵對利益

團體相對權力大小的重要性，因此相當重視權力關係的探究。
所不同的是教條派絕不與資本主義尋求妥協，呼籲全盤推翻資
本主義，而非教條派則努力追求勞力市場上較大的經濟與政治
的平等，更充實的工作內容，工作場所內更平等的決策制定。
很自然地，在相較之下，非教條派的立場在世界各地也獲得社
會民主政黨與社會主義政黨人士較多的支持。

第二篇　新衝突形式

第二章
關廠與反關廠行動

……依據經濟部統計處編印的「國內外經濟統計指標速報」資料顯示：民國 84 年台灣地區關廠歇業家數（包含營利事業歇業、公司解散及撤銷、工廠註銷及商業登記歇業等）為 121,787 家，較民國 83 年的 87,875 家，增加了 33,912 家，足見關廠歇業的頻繁情形。其繼續引起的失業勞工權益與生活問題，值得重視。

——1996 年 1 月 5 日＜民生報＞第二版

……經濟不景氣及產業結構改變，使得關廠歇業案例逐漸增多，從民國 79 年到 85 年 6 月，國內關廠歇業家數已達三萬八千多家，失業勞工高達十萬人以上。由於現行法令無法區分惡性關廠或真關廠，部份不肖雇主打著業務緊縮或虧損名號宣佈關廠歇業，背地卻進行轉投資或脫產，造成許多勞工權益受損。

……為表達失業關廠工人的處境，抗議現行解雇保護制度缺失，工人立法行動委員會 11 月 12 日將發動「反失業大遊行」，並將「推動關廠法」列為今年工人秋鬥的主要訴求。根據過去秋鬥動員經驗，這次遊行應可發動二千名以上勞工上街。

——1996 年 10 月 19 日＜中國時報＞第七版

……桃園縣八德市聯福製衣廠近三百位員工，不滿資方積欠他們退休金及資遣費，加以行政院勞委會主委謝深山承諾以勞保基金收購廠區以償還資方積欠員工薪水的承諾又告跳票，昨天下午群集八德市永豐路平交道鐵軌上靜坐抗議，造成鐵公路交通中斷兩個多小時。經警方派出大

批員警強制驅離，才恢復南北交通。

——1996 年 12 月 21 日＜聯合報＞第一版

……根據官方資料顯示，目前懸而未決的重大勞資爭
議案包括聯福成衣廠（爭議人數 320 人）、福昌紡織公司
（273 人）、羽田機械（600 人）、東洋針織公司（600 人）、
日富電子公司（120 人）等，涉及勞工人數近二千人，其
中聯福老闆李明雄、福昌公司幕後吳姓金主均被勞委會列
為惡意規避責任的雇主，五百名勞工求助無門，四處陳情
抗議，造成社會問題。

——1996 年 12 月 22 日＜中國時報＞第七版

不像台灣一直遲至進入 1990 年代才感受到關廠風潮的凶
悍，對 1980 年代的英國來說，企業關廠早已是令勞工灰心喪志
的職業生活中司空見慣的事了。數以百萬計的勞動者被迫承受
一波接著一波關廠浪潮的衝擊。對資本主義的運作邏輯有深刻
認識的勞工，熟知新科技與新投資模式的出現，必然會使得技
術老舊落伍的工廠就此關門歇業，而關廠帶來的失業壓力總有
新的機會取而代之，這就是所謂的「舊的不去、新的不來」的
自然淘汰法則，因此就算關廠之事偶有所聞，也少有人耿耿於
懷、引以為意。但是自 1970 年代末期以來，情勢似乎有了變化。
這一波關廠浪潮卻令英國勞工深感困擾，引以為憂。究其原因，
問題主要癥結在於老舊的工廠關閉之後，卻不見新工廠的開
張、新生產方式的引入、新工作機會的出現。缺少了新的展望，
勞工心頭積壓著難以紓解的鬱悶，引首企望政府力挽狂瀾的政
策，結果盼到的卻是政府冷漠不理、落井下石的動作，於是社

會上漸漸傳出政府有意坐視製造業崩潰的流言。其實，仔細觀察二次戰後英國前後兩波的反關廠運動，將會發現工會反擊關廠時所運用的策略以及政府所採取的立場，對於反關廠運動的成敗具有關鍵性的影響。由於 1980 年代末期以來的台灣也出現了一波波的關廠風潮，據此本章希望藉著解析英國工會對抗企業關廠策略的成敗經驗，能夠對台灣面臨相同問題與困境的勞工，在策略選擇上有所啓發、助益。

事實上，在英國大多數的經濟部門都受到 1979 年以來經濟蕭條的襲擊，但以製造業受創最爲嚴重，因而引起這部門的勞工最深沈的恐慌。對於這一波的製造業關廠浪潮，有學者以「脫離工業化」（de-industrialization）稱之，認爲 1979 年以後出現的製造業崩潰，其實是一個 1970 年代初期就已經開始偷襲製造業的漫長衰退過程的高峰。面對製造業一片關廠浪潮洶湧，各界提供的解釋紛雜沓來，有從政治面來解釋的，指出產業政策的缺乏關連性與反覆無常的政黨政治是主要的罪魁禍首；從經濟學角度來解釋的，有歸諸於投資政策的失敗、無力維持製造成品在國際市場的佔有率、公共部門的過度擴張侵蝕掉工業基礎、以及金融資本的優勢主宰；從社會面來找尋肇因的，則提出不適當的教育制度、仇視企業家的心態、反商業主義的文化，以及工會運動的性質都難辭其咎（Judge & Dickson，1987：1）。

當然對於這樣一個社會影響重大的現象，不可能是單一因素就能解釋清楚的，所以本章集中介紹英國政府、社區與勞工回應關廠現象時所採取的策略。採取這種作法主要基於兩方面的考量，一則希望跳脫以雇主爲中心的單向經濟理性與決定論的思維巢臼；二來則希望建立起多角度探討問題的態度，以便對於捲入關廠問題的集體行動者所涉及的社會立場與政治角

色,能夠有番更深入的認識。雖然這種多層面呈現關廠問題癥結與動態演變過程的方式,有見樹不見林的缺點,特別是當探討過多種不同的分析思路之後,可能會產生眾口礫金、莫衷一是的迷惘。即使有此危機,也該盡量避免任由疑懼蔓生,而阻礙事實真相的挖掘。換言之,本章站在質疑關廠是唯一出路的基礎上,期待從釐清以扭轉局勢為目標的反關廠行動所可能面臨的矛盾與困境當中,思索出關廠之外的其他出路。唯有如此,當企業妄自動用關廠策略時,勞工與社會大眾方有可能從容不迫地反制視關廠為克服經濟難關唯一出路的論調。

爭議的焦點:「關廠潮」不是社會問題?

在進行深入分析之前,必須先對大量關廠現象這個問題產生的結構肇因與歷史背景有所釐清,再來談採取反關廠行動的適當性,才具有討論的價值與對話的意義。換句話說,如果製造業的衰敗、產業的空洞化並不是問題,而是社會轉型的必經過程,那麼或許沒有必要思考、討論反制關廠的策略,因為過多的討論不但無益,反而不利於經濟發展與就業狀況的新陳代謝。但是如果製造業的衰敗不是轉型的必經過程,而且會引起重大的社會解組與衝突,那麼不但有必要討論,更需要深入地探究有效阻止關廠的策略。另一方面,即使不準備對「製造業的衰敗是轉型的必經過程」這項命題提出任何嚴正的挑戰,甚或的確有證據顯示轉型中不可避免會使某類社會群體承擔較大的社會成本,則我們也有必要探討如何以漸進的方式處理關廠,以使關廠的衝擊減至最小。

一、正面說法：製造業出現大規模的關廠浪潮是正常現象

　　1980 年代開始在英國政壇上逐漸得勢的保守黨政治經濟主張，強調資本主義經濟的生產驅力，主要是建立在資本累積與追逐利潤的基礎之上，因此這個體系發展的邏輯必然會不斷地要求更新與重新建構生產過程的秩序，以因應市場競爭的變化。在這個動力的驅策之下，根據新科技的需要、新投資模式，以及新市場部門的開發，而關閉老舊的工廠、建立新興的工業，是資本主義經濟體系週期性的特性。據此，任何刻意阻礙競爭勢力的發展，避免資本找尋新的能夠增加利潤累積的地區，都是劃地自限的舉動，終將遭致自我毀滅的結果。這派人士指出，抽象地保護製造業，護衛既有的生產過程，不利於整體國家經濟的更新與再生。執政者應該重視的是抽象的資本，或者一般所說的資本累積的過程，因為在這個過程中，各個經濟部門相對於其他經濟部門的實力、重要性與運作狀況，是由競爭力來決定的。所以不論是哪一種，其所要求的不過是一個架構，一個可以發揮自由競爭的架構，而正常的情況下，資本通常希望國家來維持這個架構下自由競爭的原則。所以，在這個架構裡，製造業並沒有特殊的優先權，也不該享有任何的特權，它與金融資本和商業資本並無不同，不過是構成單一國家體系之內共創整體資本累積過程中的一部份。這派人士甚至更進一步地指出，如果執政者真的有心增進國家整體經濟在國際上的競爭力與適應力，那麼就該接受這整個模型，而不該有所歧視，特別關心製造業的前途，更不用說製造業對總國民生產毛額的貢獻連 25% 都不到。對這批新得勢的保守黨決策人士來說，只要服

務部門與金融部門的成長是上升的，配合石油出口的收入，就足夠彌補製造業貿易緊縮所留下的赤字。即使這意味著爲了整體經濟的正常運作與良性循環，製造業的利益將會因此而被犧牲掉也在所不惜。至於政府，只要維持住自由競爭的遊戲規則，就算克盡職守了（同前引：166）。

二、反面說法：製造業的衰退不是正常現象，放棄製造業無異於放棄整個經濟

　　放任製造業隨產業結構調整的需要而自生自滅的政策建議，不但引起英國勞資雙方代表機構抨擊，更引起各黨國會議員的反駁。代表英國服務業最大的跨部門代表組織——英國商業總會（Association of British Chambers of Commerce）便極力反對英國應該集中全力發展服務業，而放任大部份的製造業自生自滅的政策走向，並且更進一步警告不可能完全依賴服務業來填補非石油收入所造成的收支失衡的落差。主要的原因有三：第一、大多數服務業的業務內容與應用範圍，多半是地方性的，而不是以出口導向爲主。第二、一般說來，需要服務業產出增加3％，才能換回製造業1％的衰退。第三、服務業的繁榮興旺是與製造業的繁榮興旺息息相關，甚至於絕大部份的服務業成長是寄託在製造業的成長之上。因爲服務業大約有20％的產出是被製造業所吸收，由此足見服務業的成長對製造業的高度依賴。由此觀之，製造業出口的存在與服務業出口的成長之間存在有絕對的相關。所以，英國商業總會懇切地呼籲服務業的成長固然可喜，但是其重要性絕沒有大到可以取代製造業的地步，更何況只有20％的服務業是可以出口、換取外匯的，所以製造業才是國家繁榮的關鍵，唯有擴大製造業的基礎才是

創造持續經濟成長的主要法門（同前引：167-168）。

三、反面説法：對於某些社區來説，脱離工業化 可能成為永久的事實

　　另外還有學者與工會幹部指出，許許多多社區受到關廠或景氣緊縮的影響，又看不到任何新投資、新工作機會的展望，以至於產業重組過程的最終結果，對某些地區來說，可能不是暫時的現象，而是永遠脱離工業化的事實。對這些社區來說，工業化的衰敗並不代表著回到前工業社會、悠閒的鄉村生活，也不是代表著朝個人或是社區能夠決定自己命運的後工業社會更往前邁進了一大步。被鎖在不穩定狀況的這些社區未來更顯晦色，特別是那些孤立於主要都市中心外圍的社區。面對著沒有就業機會的狀況，將迫使許多社區成員遠走他鄉。然而，對社區來說，人口外移的影響是相當不利的，因為出走的總是年輕力壯、有特殊技術的成員，剩下來的不是年老力衰，就是無一技之長者，更不可能對社區的更新與發展有所貢獻。

英國勞工運動與關廠： 兩個時期、兩種策略、兩樣結果

　　英國勞工反關廠行動有兩波高潮，一波發生在 1970 年代，一波則發生在 1980 年代。1970 年代早期，不論是在意識型態上還是制度安排上，政府連想都沒想到會出現實力強大的反抗關廠運動。因此，不但政治領袖尚未做好如何迎接大量失業時代來臨的心理準備，就連執法者也尚未建立起處理關廠所引爆

的工業抗爭的制度措施。結果,發動反關廠的工會搶得了先機,迫使政府幾番改變政策走向。到了 1979 年,保守黨重拾執政權之後,國家機器方才卯足了勁,解決工會反關廠抗爭所引發的問題。如前所述,保守黨新發展出來的意識型態是放任市場機制與自由競爭來完成產業結構調整的工程。所以,1980 年代工會發動的反關廠行動,從一開始就遇上了決心準備接受高失業水準的政府政策。鮮明的政策立場,明白地告訴工會這將會是一場艱難的硬仗,少了國家的支持,加上工會策略選擇上的失誤,對於這個時期的反關廠運動,其結果只能以一籌莫展來形容。

一、七〇年代:發動接管工廠策略,小有成就

1970 年代的反關廠運動策略主要是以「接管工廠」(work-in)行動為主軸。這個行動的重要性在於「接管工廠」強化了工作權利的觀念:這項權利不但是基於政府對充分就業的承諾,而且也是第二次世界大戰以後所形成的社會共識。這項普遍被社會各階層所接受的權利,創下十萬人為聲援造船工人的行動而停止工作、五萬人加入在 1971 年 6 月 24 日在格拉斯哥舉行的遊行,兩個月之後,發展到二十萬人罷工、八萬人走上街頭聲援造船工人的行動。結果造成當時由希斯(Heath)領導的保守黨政府政策上出現U字型的大轉變,於 1971 年 6 月政府原本已經宣佈清算造船工廠作為重新調整該工廠結構的基礎,到了 1972 年不僅推翻了政府原先的決定,反而再度投入三千五百萬英磅作為新成立造船廠的基金。造船工人接管工廠效應開啓了一個雖然短暫,但意義非凡的新時期。反映出政府無力應付失業問題已經相當嚴重的地區,再度遭遇關廠衝擊

時，可能會把整個社區對就業絕望的不滿完全歸咎給政府的指責。

事實上，1970 到 1975 年之間，佔據工廠是工人對抗關廠所採取的最普遍的方式。不論是接管工廠還是靜坐示威，對從事勞工運動的許多人士來說，是比罷工更爲有效的對付關廠的武器，因爲這個作法免除處理資產的問題，更重要的是顯示員工對工廠作業的全然投入。在這段期間內總共爆發了兩百間工廠佔據的事件，涉入的工人人數超過十五萬人。不過這段反抗關廠的時期只持續到 1975 年，之後就很少見到採取佔據工廠的方式來對抗雇主的關廠策略。究其原因，主要是由於接管工廠雖然是比一般工業行動策略來得有效，但也是最容易引起企業報復的抗爭策略。爲了瓦解接管工廠的行動，企業常無所不用其極地採用各種手段來嚇唬接管工廠的勞工，或者隨時準備劫取工廠生產的貨物、阻擾其出貨，甚至告上法庭，控訴勞工侵佔財產。這些措施對於平日很少會與法院打交道的勞工來說，可能會遭到罰金或監禁的處分，對他們造成極大的心理壓力。當然，最爲關鍵的因素是，政府快速修改法令的動作，使佔據工廠的工業行動不再享有民事豁免權。是故，進入 1980 年代以後，很少再見到勞工運動採取接管工廠的抗爭策略，來對付企業關廠的決定。

二、八〇年代：抗議政府政策變遷，一籌莫展

在 1979 年到 1983 年間，保守黨鮮明的政治立場迫使工會發動全國總動員對抗關廠運動時，集中火力挑戰政府政策的改變，放棄以某些特定的關廠事件做爲抗爭的焦點。甚至在鋼鐵業爲反制持續不斷出現的大量關廠而展開的罷工行動中，全國

總工會的矛頭仍然指向政府的新就業立法，並且發動全國性的大遊行要求增加就業機會。就某種程度來說，採取一個較廣泛的訴求作為發動政治抗爭的名目，可以避免陷入目標太過狹隘的缺失，但是同時也可能因此喪失社區的共鳴與支持。事後觀之，很難說當時的環境下，選擇這個策略到底是對還是錯。不過值得注意的是，當時政府的立場可能是迫使工會不得不採取直接挑戰政府的這項策略，而且這項策略的運用確實是轉移了社會對關廠浪潮對各社區造成特殊衝擊的注意力，反而引起社會大眾對政府政策所產生的社會與政治效應，展開更為廣泛的漫談。這項轉變也許對未來保守黨政策的改變有所影響，但是對於深受關廠之害的勞工與社區，可能遠水救不了近火，產生不了扭轉局勢的效果。

(一)鋼鐵業的抗爭

　　柴契爾夫人執政後的頭兩年，鋼鐵業爆發大量的關廠事件。鋼鐵工會於 1980 年 1 月開始展開為期十三個星期的罷工行動，並與政府發生正面的衝突，結果以調薪 16%結束爭議。就當初政府只提議工資調漲 2%而言，這個收場對鋼鐵工人來說無疑是大獲全勝，但是罷工的過程卻徹底暴露了鋼鐵工會聯合會內部分裂的問題。即使罷工時其鋼鐵員工的罷工得到社區的支持，發展出共同保衛社區鋼鐵工廠的呼籲，工會領導上的弱點，不但未能成功地封殺從國外進口鋼料的決定，反而因為捲入調漲工資的混戰，結果造成社區與勞工認知的錯覺，非但沒有使鋼鐵工人愈戰愈勇，反而削弱了鋼鐵工人的實力，使他們在體力耗盡之餘，無法充分利用社區的支持。所以，後來當英國鋼鐵公司宣佈關廠並且決定大量裁減員工時，鋼鐵業與其他工業員工反抗的意識早已消失殆盡，不再相信有可能扭轉關廠

的決定，故而放棄再度掙扎，紛紛接受公司提供的一筆相當高的資遣費走人。另外，就爭議的結果遠超過原來同意的額度來說，政府似乎被擊敗了！但是在整個反關廠抗爭的過程中，其堅持不干預的立場，冷靜地定下了罷工糾察違法的規矩。這項立法勢將大大削弱了日後工會運用罷工來改變雇主關廠決定的能力。

(二)煤礦業的抗爭

　　1984 至 85 年礦工罷工的初期階段，礦工是採取聯合傳統工業陣線的策略，全國礦工工會的目標是動員全國煤礦礦場的礦工，以及長久以來是礦工盟友的鋼鐵工人與鐵路工人，共同加入全面封鎖煤礦的生產與運輸的集體行動。基於歷史傳統，煤礦業與煤礦社區發展出緊密的依賴，所以礦工罷工通常都有強大的社區後援。當然，煤礦社區的團結不可能是毫無裂縫的，罷工時間拖得愈長，所帶來的物質生活惡化、社會關係緊張，都難免在礦坑與社區之間造成分裂。不過這次的煤礦罷工前後持續了將近一年，在這一年當中如果沒有整個社區的支持是不太可能辦到的事。社區通常嘗試透過整體動員來支持罷工者，如籌辦礦工福利會，以便對罷工者及其家人生計上有所供養，對遭遇斷絕福利給付的勞工提供照顧。地方主管主動籌措基金幫助得不到福利給付的礦工，提供地方上罷工團體所需要的資源，除了地方上堅實的後盾之外，還有來自工會、社區組織，包括全國各地礦工後援會的支助，以及從各工作場所、街頭巷尾募集到的各方捐款。

　　這次罷工最後以悲劇收場，主要是因爲礦工所提出來的最單純、最有力的訴求——爲延續社區生命而戰——在爭戰的暴力中、政府反制的宣傳中，以及媒體的扭曲中喪失了。再加上

全國礦工工會本身的策略運用，特別是在社會成本這項議題上，暴露了焦點模糊化的缺失。讓社會大眾弄不清楚礦工工會想要強調的是關閉礦場勢必對礦區社會生活與文化延續上造成無以彌補的衝擊，所以應當極力保留礦區的生產活動，以延續礦區的生命；還是關閉賠錢的礦坑對整個公共荷包並無多大助益，所以大可放其一條生路。工黨的政治人物無力將關廠勢必將帶來重大的社會成本這個觀念給具體化、普遍化，因此就無法有力地從非經濟的立場來挑戰那個出於經濟理性的關廠決定。

這次罷工行動的失敗，代表著一個分水嶺。就工業層面來看，這個傳統以來一直被視為實力最堅強的工運團體，在反關廠的抗爭中，竟然敗下陣來，迫使英國勞工運動重新評估硬拼到底的罷工對策，不再隨意把罷工行動當做最有效的抗爭武器。從社區政治層面來看，礦工反關廠的罷工經驗與結果也促使社區重新反省，是否應該毫無異議地接受經營管理者或政府的決定，撒手放任市場邏輯來決定他們的命運（McNulthy，1987：51）。

三、關鍵變數：政府的政策走向

在處理關廠事件所引發的爭議中，政府的立場與法律的偏向至為關鍵，將嚴重地影響到反關廠運動的成敗（Judge & Dickson，1987；Gospel & Palmer，1993）。只有在極少數的例子裡，勞工運動善用法律有利於勞工之處，避免佔領工廠的勞工面臨被驅逐的命運（Findlay，1987）。不過相關法令上的缺口，馬上就被政府給填補起來。1979 年以後保守黨所制訂的立法（特別是罷工前的投票、次級糾察，以及工會基金的假扣押），

明顯地就是針對工會罷工行動而來，大大削弱工會動員罷工來反制關廠的能力。在 1984 至 85 年礦工罷工的事件當中，柴契爾政府再度使用這些法律，並且配合法院對這些既有法令的解釋，工會糾察行動更被徹底擊垮。所以除非工會有能力扭轉國家的角色定位，使其站在勞工的立場來思考關廠失業的問題，否則不要說是罷工，就算是表明強烈工作意願的接管工廠行動，也無法改變企業大量關廠的事實。

值得注意的是，即使就柴契爾政府所揭櫫的自由主義市場經濟的理念，及其大力推動合法化關廠的政策行動來看，柴內閣根本不會為留住工作而做任何的努力；但是當政策發揮效果，關廠率開始上升之後，面對選票與民意壓力的柴契爾政府，仍然不能免俗地從兩方面展開安撫社會人心的舉動：第一、呼籲勞工與社會大眾為了換取長遠的收益，暫時忍耐短期產業轉型所帶來的痛苦；第二、強調關廠主要是由於世界性的不景氣所致，是這一階段西方社會發展的普遍經驗，不是英國政府政策失誤的結果，期望藉此取得社會大眾的諒解，不要妄自歸罪政府關廠合法的政策立場。

所以，1980 年代反關廠行動的一籌莫展，除了工會策略運用上的失誤之外，政府為了貫徹其政策主張所做的準備，更不該被等閒視之。柴契爾政府在處理反關廠政治與經濟行動時，一直持續著冷酷無情的態度。對於國營企業，特別是鋼鐵業與煤礦業，甚至定下根據業績標準來執行關廠的決策，小心謹慎地應付可能出現的政治與經濟挑戰。政府堅守企業缺乏競爭力、關廠合法的立場，加上社會上已經有不少關廠事件此起彼落地傳開，這種氣氛很快就會影響到反關廠運動的士氣，一旦被勞工與社區認定這是一場準輸無贏的抗爭，他們持續支持抗

爭的意願便大爲減弱，少了社區與勞工的支持，再有力的罷工動員，也隨之冰消瓦解。

工會策略運用的檢討與省思

反關廠抗爭行動的目標基本上是非常特定的，因爲將所有的力量都匯集起來的目的，不是迫使雇主改變關閉工廠的決定，就是要政府出面干預不准雇主執行關閉工廠的決策。即使在少數幾個情況非常特殊的例子裡，工會似乎動員成功達到了阻止關廠的目的。但是這時所謂的「成功」充其量也不過是暫緩執行關廠的行動罷了。當工會尚沾沾自喜沈醉於反關廠行動的勝利之中，雇主卻利用沒有政府干預以及經濟不景氣本身的情況，推動生產過程理性化，進而大量裁減勞工，最後再以不得不關廠的事實，來得到大部份員工同意接受自願資遣的行動（Judge & Dickson , 1987a）。從英國關廠與反關廠抗爭的經驗所展現的特殊性與共同性來看，基本上，工會可從三方面反省其策略運用。

一、克服工會狹隘的自利意識

在英國社會流行有這麼一說，大規模關廠的出現，主要是對付勞工組織化防禦力量的過度發展。學者指出，1930 年代以後的英國工會，不像歐洲與日本的工會，並沒有因內部的派系糾葛而四分五裂，或被國家所擊潰。在大戰爆發前十年，當時的執政黨甚至透過統合主義政策，在政府與總工會之間建立起有效的夥伴關係（partnership）。到了 1940 年代，英國工會成

功地獲得了政府對維持穩定就業的承諾，而這項承諾塑造了
1945 年以來英國政府國家政策的主要走向。

　　不料充分就業的結果產生了非原先所意料的結果，不但有
效地瓦解了企業以紀律來管束勞工的能力，而且增強了工會協
商的實力。同時，也造成了集體協商制度的分權化，促使廠場
制度日漸取代正式的全國協商的機器。這些非正式的制度，包
括廠場代表、聯合廠場代表會議，建立起對生產過程中許多關
鍵層面的控制。在充分就業的情況下，工作場所內的集體協商
演變成阻礙英國工業技術重建的絆腳石。整個戰後時期，工會
防衛性力量的行使，明顯地表現在限制學徒制、干預人力分配、
工作比率、加班，乃至於廠場層次對抗勞動過程的結構重組等
等的措施之上。

　　戰後的英國並沒有發展出一套固定的工業政策。在工業政
策缺乏連貫性的情況下，英國政府是藉著增加勞工剝削率的方
式——壓低工資及所得政策，與工業關係立法，來矯正英國工
業競爭力不足的缺點。要使這些措施發揮功效，則需要順服的、
沈默的、組織化勞工的配合。為了必須說服工會或是強迫工會
放棄自願主義的嗜好，每一任的政府都透過各種不同的立法與
自願方案，來節制所得並且增加勞工的生產力。弔詭的是，每
一次政府推動以國家利益為中心的政策，最後總是激起工會防
衛心態與地域主義情結而草草收場。換句話說，英國工會抗拒
變遷及其分權化的組織結構這兩項特質，即使面對的是國家利
益，也具有瓦解追求這個國家利益所需要的團結一致。另一方
面，工會指向維持就業穩定的防衛力量本身經常卻成了造成勞
工長期就業不穩定的因子。在數個經濟蕭條的主要時期，工作
組成的缺乏彈性助長了高失業狀況。面對工會的僵化，這些抗

拒反而成爲重大工業部門不願意重新添置設備或重新改造工廠的主要理由。對許多雇主來說，只有透過工廠倒閉才能迫使勞工重新調整適應新局勢，特別是英籍的跨國公司（transnationals；multinationals），寧願遠赴海外去找工資低廉、缺乏工會組織，而且勞工又順從的地方去投資（Haworth & Ramsay, 1987）。

二、從獲得社區支持的動員開始

1984 至 85 年礦工大罷工固然有其弱點，但是這次的罷工事件也提供了通則化與社會化關廠議題的潛力：以勞工的需求來反制經濟理性的論調；向社區甚至社區以外的社會尋求援助；以政治化的立場來正視關廠議題的社會衝擊，都是未來對抗關廠問題時值得重新反省與建構的策略，如此方能跳脫從物質主義與資方立場單方面來考量關廠問題的毛病，重新把勞工帶回生產過程研究的重心。

據此，有學者指出這次罷工最具特殊意義的一面，在於爲發動罷工所做的辯護已經拋開解救工作機會、解救煤礦業，而朝向解救社區的方向。領導礦工罷工的人士強調，這次罷工不只是爲了保衛他們自己的工作機會，而是爲保衛礦工子女們的就業機會而戰。煤礦廠被關閉的社區所面對的是經濟的廢棄與社會解組的威脅。於是礦區的存續成爲罷工的焦點，社區團體與組織、地方上的行政主管，甚至地方上的店家與教會代表都被捲入，雖不必然支持罷工，但是也被迫代表社區提出訴求。尤其重要的是，全國礦工工會努力將這次罷工行動的訴求給予普遍化：所有受雇於英國一度引以爲傲的基本產業與製造工業的勞工，打的是一場不僅是爲我們自己、我們的家人，而且是

爲我們整個國家以及未來的大仗。這場仗其中最根本的一個部份，就是應用社會指標來評估煤礦生產與關廠的可行性。使用這些字眼、詞彙，全國煤礦工會將其主導的罷工行動刻劃成一場「天平的一端是經濟，另一端是人性與同情」的爭戰。這場爭戰的關鍵在於關廠合法性的問題。藉著礦業工作是受雇勞工的財產的主張，全國礦工工會直接挑戰管理者、政府片面決定關閉礦場的決定。提出礦區社會關係的力量以及大眾對這些社區團結重要性的認知，全國礦工工會在這次的抗爭中打動了全國民眾對工作在社會生活中應該具有更爲廣大的意義的心聲。

因此有學者建議以社區爲基礎，發展勞工對抗關廠的集體行動（Beynon , 1987；Findlay , 1987；McNulty , 1987）。由於礦區特殊的就業環境，使得社區的動員成爲可能，但是其他產業的關廠行動可能無法帶動如礦工罷工所得到的社區總動員。礦工社區的本質、礦業的特性，以及礦工在勞工運動中所享有的特殊地位，都是使礦工成爲特例的因素。無庸諱言的，有效的社區反應取決於數項因素，最明顯、最直接的因素是關廠規模的大小及其對社區產生衝擊的程度。因關廠而流失的就業數量愈多，表示整個社區能夠保有的工作機會愈少，社區愈有可能會參與反關廠的行動。所以就英國過去的經驗來說，不難理解爲什麼有許多支持反關廠行動最激烈的社區，總是煤礦業、鋼鐵業與造船業爲主的社區。除此以外，這些重工業社區通常都是發展出深厚職業認同的社區，受雇於這些產業的勞工不僅共享一份強烈的職業認同，而且對工作都展現出高度的投入。就地理分佈來說，這些社區都是孤立於廣大社會之外、具有高度團結的社區。在許多方面職業認同加上職業社區的屬性，提供勞工在工作場所內以及社區上，推動反關廠行動所需要的組

織與意識型態基礎。其他的產業，如紡織、汽車生產、工程工業，與煤礦業、鋼鐵業與造船業在許多方面有相似之處，但是在工廠規模、社區對某個單一工廠的依賴程度上、勞動力的性別與職業結構上，乃至於政治與社會態度上，則有相當大的差異。這些差異或多或少阻礙這些產業的勞工動員社區支持罷工的能力。特別是於某些職業混合度高的社區，當其成員捲入保護自己工作的抗爭活動時，可能更要花番工夫說服社區其他成員來支持他們的行動。所以說，社區對反關廠行動的涉入，更是取決於地方上的勞工是否已經準備好不惜一切為反關廠而戰，以及領導反關廠運動的工會幹部是否視社區參與是最重要的資源，而且有能力匯集並累積社區的支持。

三、開發另類政治經濟的思考架構

　　與國家和資本比較起來，勞工關心的焦點是相當侷限的。以追逐利益為首要目標的資本本質上是全球性的，帶有強烈的國際面向。相對地，受限於勞工的水平，勞工是依賴認同、意識、團結與決心來護衛自身的利益，而且勞工的利益基本上是向內尋求的，工人之間所組織的集體組織，最容易建立在工廠與工作場所層級，最高不超過公司層次。一般說來，工作場所是勞工對抗關廠、發展集體防衛行動的中心。在這個水平上，護衛工作條件、習慣與工資成了工會首要的目標，任何超過這個水平的種種情勢，都較難獲取勞工參與者的關心。

　　換句話說，勞工對內尋求的、社區取向的心態，基本上與資本向外擴張、日益國際化取向的心態是背道而馳的。這種態度與取向上的相左相背，在某種程度上來說，迫使勞方對抗關廠的行動，始終發生在管理者做出關廠決定之後，充滿了被動

的、反應式的與防禦性的特質。對勞工來說，反對關廠自始至終構成一種特定而且是事後的反應。這個問題雖然可以透過立法規定企業公開訊息，告知工會相關的重大經營決策，並賦予工會代表參與決策制定等方式，來對攸關勞工權益的企業動向做出更多的限制，但是這些政策措施的力量仍然有限。關於決策參與、資訊公開等正式協定的運作邏輯始終還是以資本的經濟理性為主宰原則。就這點而言，只有靠工會具有攻擊性地應用「資訊力量」，勞工才有機會避免尾隨管理者先發制人的策略，創造出廠場、社區、國家、甚至國際層級的動員，搶先將關廠的可能性排除掉。

如果說，以地方為主的反對關廠行動常不適是用於反制資方全面性架構下所做出的決定，那麼對勞方來說成功的反制策略的先決條件，是發展一個有能力對抗資本擴張邏輯的觀點。這個思想角度必須涵蓋地方性、全國性與國際性的策略。至於模糊的且無理論根據的呼籲，要求不同工廠與不同國籍的勞工進行廠際與跨國的接觸與溝通，則對增進協調行動所需的相互瞭解與實際運作，皆無多大幫助。

顯然地，勞工需要一個更為廣大的策略架構，把爭議範圍帶出特定的工會、產業與地區。即使從實際生活經驗層次上來說，工會反對關廠最有可能是從工廠層級勞工的有機團結中發展出來，但是這些勞工發動初級動員的發源地，所產生的地方性團結本身，是不足以對抗關廠這個大問題——這需要更為廣大、更為全面性的團結。但是同時要求勞工發揮特定性團結與全面性團結不可避免是相衝突的。經常在同一個公司裡不同工廠的工人之間就存在有利益不一致的現象，更別提受雇於不同公司與不同國家間工人的利益可能存在的衝突矛盾。換句話

說，分裂的組織形式，切割議題的對象，只會使勞工運動永遠陷入分裂的狀況。

　　要求連結國內與國外工作場所之間的組織與相互的瞭解，無疑地是一項正確的呼籲。但是如何將社區團結轉換成更為廣泛的階級團結，以及如何將地方性的意識轉換成超越工廠、跨越國界藩籬的意識這個大問題，仍然留著等候結構動因與組織動員的促成。如果勞工不能自動發展出跨國性的團結（或者全國性的團結），那麼就必須設計出一種策略來喚起更為廣大勞工的合作與團結，以便反制資本的國際化。其中，發展另類勞工政治經濟意識，是克服勞工結構的分裂屬性的一項可行之計。這個另類勞工政治經濟的基礎，建立在人民是經濟的主體，社會關係是其基本關係的體認上。這個另類意識要求將人民的需要擺在指揮生產過程的非私人性的市場標準之前。人民，而非金錢，才是經濟關係的組織原則。這項原則的開展，乃至於成為國際共識，則需要工作場所內、地方社區上、國家層級上，以及國際層級上勞工組織共同的政治行動。這個另類意識的時代意義不但繫於歐洲勞工正隨著經濟整合步調的加速，而面臨著愈來愈多的機會，在歐洲聯盟（European Union，簡稱歐盟）這個超國家實體內進行勞務提供的工作。尤其重要的是，隨著二十一世紀的到來，全球化與區域化這兩大經濟趨勢又正為世界上其他地區的勞工，製造出凝聚這個另類政治經濟意識的大好動力。所以培養超越工作場所狹隘的眼光，嘗試從全球化的角度去反省勞工自身的處境，並且將地方性抗爭擺進全球觀點裡去省思，將是二十一世紀勞工無法逃避的命運。

表 2-1　1987 年以後台灣重大關廠爭議記錄摘要表

時間	關廠廠商	關廠原因	爭議焦點	涉及人數
1989.11	泰安紡織	遷廠印尼	爭取資遣費	178 人
1990.2	新茂木業	出售廠房土地	優惠資遣	361 人
1990.2	朝陽木業	出售廠房土地	優惠資遣	629 人
1990.2	華煜紡織	轉讓	爭取資遣費	88 人
1990.6	聯誠紡織	經營不善	爭取資遣費	120 人
1992.6	嘉隆實業	遷廠印尼	爭取資遣費、追討加班費	120 人
1992.9	勤翔紡織	雇用外勞	爭取工作權與資遣費	132 人
1992.10	台陽文山煤礦	礦業衰退	追討退休金、資遣費	165 人
1993.1	國勝電子	董事長捲款逃逸	償還積欠工資與資遣費	228 人
1993.1	台塑三峽、關渡兩廠	出售廠房土地	優惠資遣	302 人
1993.6	欣愷興業成衣	遷廠大陸	償還積欠工資與資遣費	43 人
1993.12	新光合纖	虧損、出售廠房土地	爭取資遣費	40 人
1994.1	日商內田	遷廠廈門	償還積欠工資與資遣費	200 人
1994.3	長榮重工	出售廠房	要求優惠資遣	80 人

（續）表 **2-1**　1987 年以後台灣重大關廠爭議記錄摘要表

時間	關廠廠商	關廠原因	爭議焦點	涉及人數
1994.4	台尤機械	關廠未付預告工資與資遣費	償還預告工資、要求資遣費	81 人
1994.7	長榮重工中壢廠	關廠、工會幹部記過、調職、或遭資方解雇	要求公司讓工會幹部復職	—
1994.7	飛達食品	脫產、關廠	要求優惠資遣	—
1994.9	益華公司善化廠	擬遷廠或關廠	要求優惠資遣	—
1994.9	建泰工業	遷廠、非法解雇	要求優惠資遣	—
1994.10	保生製藥	擬撤資、關廠	要求優惠資遣	—
1994.11	中群製鞋	資方關廠、移資國外	要求優惠資遣	200 餘人
1994.12	建新企業製鞋部	關廠歇業、引進外勞	要求優惠資遣	198 人
1995.1	正大尼龍	變賣資產、減薪、關廠	要求優惠資遣	—
1995.3	中興紡織楊梅廠	外移越南、關廠	要求資遣費、退休金	—

第三章
失業問題的經社解釋

……根據 11 月份的失業統計，在近 27 萬失業者中，有 79,000 人是因工作場所歇業或業務緊縮而致，如果其中多數乃是一家的主要收入來源，則就有好幾萬個家庭因而陷入困境。過去在農業尚未大幅萎縮，而家族的血緣關係仍然十分濃郁的環境中，在農村的祖業還足以作為這些不幸失業者的避風港，親族的援手，也常可濟燃眉之急，甚或扶持安插其他的工作機會。隨著產業的發展，與家族關係之日趨淡泊，這樣的避風港早已承擔不了救急的重任，失業的家庭除了重回就業市場再尋出路之外，幾乎已別無選擇了。

……但是當失業問題嚴重時，正是經濟景氣低迷、百業凋蔽、人浮於事的艱難時期，而失業者所處的行業，往往是不符經濟潮流、逐漸淘汰凋零的夕陽產業，至於失業者更可能是本身的技能不合時宜，缺乏市場競爭能力的勞工，要重新在市場中謀一技棲，又談何容易？

——1996 年 12 月 25 日＜經濟日報＞第二版

……福昌紡織電子、聯福紡織、東洋針織、東菱電子、路明電子、豐和果糖等千餘位關廠歇業失業勞工，今明兩天將南北串聯抗爭。他們今天上午將至行政院勞委會陳情，晚上夜宿勞委會外廣場，明天上午將至國發會場外抗議國發會罔顧失業工人困境。

——1996 年 12 月 17 日＜聯合報＞第六版

……行政院主計處二十四日公佈二月份失業率，由於受到農曆年後變更工作的季節性影響，而月失業人數較一

月再增加二萬六千人，失業率由一月份的 2.6%在上升為
2.97%，是七十六年以來同月最高的一年。

——1997 年 3 月 25 日＜中國時報＞第十七版

　　全世界各國的政府與企業每天都在進行創造就業機會與摧
毀就業機會的活動，而先進國家的政府與企業更是許多邊陲國
家就業機會的開創與關閉的主宰者。不過到了 1980 年代，大量
失業卻成為困擾許多先進國家政府的重大社會問題。由於在大
多數情況下，先進國家的失業政策多半是出於被動的反應，而
非基於事先預防的動機，所以在國家整體政策規劃的優先順位
上，以邊陲性居多，而不具核心地位。因此，這些失業政策常
被左派人士譏諷為只是在平息摩擦，保留失業所具有的粗略歷
史功能，以為企業提供勞動力後備軍的離合器。

　　有錢有勢、豐衣足食的資本家或許不相信失業會帶來艱困
的物質生活，而且認為失業多半是好逸惡勞的結果，因此主張
個人必須要為他們好逸惡勞而造成失業的狀況負責。在他們看
來，為了應付那些遊手好閒、好吃懶做的人，失業率的上升就
算不是無可避免的，也是必要的自然調節機制。

　　從另一方面來看，所有的失業都可以歸咎為好逸惡勞所造
成的結果嗎？這是有待進一步檢討的命題。對於重視工作價值
與倫理的國家社會而言，被剝奪了工作的權利，無異於被剝奪
了履行一項重要角色的機會，因此對那些不是好逸惡勞卻面臨
因經濟結構調整而失業的個人來說，所造成的社會與心理後果
是非常嚴重的。據此，本章認為如果想要政府採取減輕失業嚴
重性的政策，而不是要求某部份的社會成員來負責吸收失業的
衝擊，則必須深入政學兩界主流派對大量失業所做的歸因，以

便將政府制訂減輕失業政策的窒礙難行之處公諸於世，讓社會大眾清楚明白，如果失業是資本主義進展過程中不可避免之惡，社會整體應該如何共同協力負擔大量失業所帶來的各種社會與心理代價。

關於失業的經濟學解釋

不同的經濟學理論發源於不同的社會政治脈絡，因此經濟學的失業理論自然擺脫不了社會政治脈絡的影響與塑型，相對地，失業理論對於失業問題所提出的解釋，亦將左右政治人物與政府行政人員處理失業問題時對待失業者的態度。若想要對當前先進國家對失業問題的政策解決方案有番清楚的瞭解，甚至對於我國未來處理失業問題時所可能面對的問題先做預備，掌握不同經濟學理論對失業問題所提出的解釋，將是不可或缺的基本訓練。

一、古典經濟學解釋

在社會上一般普遍流行的認知架構裡，充分就業是人求事的自然狀態。只要是真心想要找份工作做，沒有聽說過有找不到工作可做的事。換句話說，社會上大多數的人認為失業是出於個人意願的結果。這種看法在中外各國持續了相當長的一段歷史，就連身為工業革命的第一個發難者的英國，至少在1880年代以前的經濟文獻裡頭，根本找不到失業這個字，更別提出現過任何有關失業理論的記錄了。在此之前的經濟學理論普遍認為，經濟事件的發展乃受自然法則所控制，這個自然法則具

有一種力量驅使所有的經濟事物朝向和諧均衡的狀態。所以在這個大傳統下，貝弟（Petty）歸納出放任主義的意識型態，亞當斯密（Adam Smith）提出了「一隻看不見的手」的概念。到了十九世紀，延續這個傳統的經濟學發展出一組教條，其中最具代表性的就屬薩伊（Say）的市場法則說。「供給創造自己的需要」便是這個法則最醒目的名言，雖然後來則成了凱恩斯（Keynes）理論極力攻擊的焦點。不過，直到凱恩斯提出挑戰之前，薩伊法則並未遭到任何強勁的對手，所以新古典經濟學的整個解釋邏輯並未產生多大的改變。

大體上，古典經濟學的主要命題有四：(1)資本主義經濟是一個完全競爭的經濟體系；(2)經濟體系的變動和發展不是衝突的、突變的，而是漸進的、和諧的，所以不可能出現跳躍式的發展模式；(3)商品與生產要素的價格由市場供需力量所決定，在需求方面，消費者尋求最大的滿足；在供給方面，生產者追求最大的利潤，透過價格的變動，使供需調整到均衡的狀態；(4)市場供需力量本身就足以使經濟體系實現充分就業（羅若如等，1993：20）。

古典經濟學家並非沒有注意到貿易衰退的現象，但是他們一般認為貿易衰退是暫時的，一個具有競爭性的經濟體系具有自動的調節能力，朝向充分就業的均衡衝刺。這種自然的、自我規範的調整過程所賴以維繫的機制存在於彈性的價格、工資、以及利率之間。物品、勞務與貨幣的過剩供給自然會受到市場價格下跌所矯正，因而保證會回到供給與需求平衡點。所以古典經濟學在處理失業現象時，問題不在於週期性的危機不會發生、整體的生產過剩不可能出現的論證上；而在需要多久的時間才足夠讓失衡的供需狀況恢復原狀的問題上。這個失衡

恢復或朝向新均衡的過程中，該如何處理受到失衡影響的社會單位。當然，按照古典經濟學的邏輯來看，失業是不需要外力干預處理的暫時現象，而且是邁向均衡的必經階段。不必要的外力介入反而會造成經濟體系喪失自我規範的能力，可能需要更長的時間才能恢復均衡。

二、凱恩斯的解釋

凱恩斯基本上同意古典經濟學所指出的，社會上存在有經常性的自願失業與摩擦性失業的現象，但是不認為這兩種失業類型就已經窮盡了失業的所有定義。他指出古典經濟學理論並未認識資本主義經濟體系下尚有第三種失業類型的存在，而這類型的失業對社會成員的影響最為深遠重大，那就是非自願性失業。

凱恩斯從集體需要的決定因素來分析失業的成因，直接挑戰薩伊「供給會創造自身需要」的法則，以凸顯其對非自願性失業的忽略，並且提出有效需求理論，主張透過國家機器干預經濟活動，來達到減少失業的效果。所以凱恩斯理論又稱「就業理論」。凱恩斯認為長期來看，當社會變得富裕之後，實質所得絕對數量愈大時，所得與消費之間的差距亦將變大。以各家戶為觀察單位，可以看出基本消費模式基本上是以滿足基本需要為先，當所得剩餘增加時，便會開始增加儲蓄。換句話說，當社會富裕起來時，就業量增加，邊際消費傾向反而有相對減少的趨勢，從而平均消費趨勢也會下降。由於消費者消費的增加永遠小於總供給價格的增加，而這個缺口只有靠增加投資方能補足。所以凱恩斯斷言，除非改變消費傾向或提供足夠的投資需求來填補其中的落差，否則就業狀況是無法維持的，因為

就業量是不可能「自然」增加的。

　　就理論形成的時代背景來說，凱恩斯理論提供了回應 1929 至 1933 年間資本主義世界經濟危機的政策建議，成為西方先進國家政府出面干預和調節經濟的主要依據。不過在 1930 年代，一個總體產出低落、破產倒閉頻傳、國庫收入短少、所得維持成本不斷升高的情況下，要說服政府認識到國家應該大量支出而使其預算更加失衡是值得嘗試的作法，無疑對凱恩斯理論來說是一大挑戰。凱恩斯理論提出解決資本主義經濟首號痼疾——失業——的政策建議有三個重點：(1)以國家調節、干預經濟生活為其前提；(2)以財政政策為其重心；(3)以赤字預算為其手段（同前引：179-195）。凱恩斯認為所得中的消費傾向與投資量決定了就業量。但在短期內，消費傾向常維持固定，於是就業量的變動便取決於投資量的變動。而投資量的變動則由利率與資本邊際效率所決定。由於利率的降低有一定的極限，所以投資量的變動主要取決於資本邊際效率的變化。而資本邊際效率的變化，又受到供給價格與預期收益兩個因素的影響。在預期收益方面，由於企業家對未來經濟活動水準的期望經常是相當不確定的，所以難以預測。據此，凱恩斯認為不應該完全任由私人決策來決定當前的投資量，應該由政府有意識地、有目的地透過國家財政歲入與歲出來影響總國民生產毛額和總就業水準。這就是凱恩斯提出以政府財政政策來解決失業問題的理論根由。然而，在一般經濟學理論中，貨幣政策、稅收政策、赤字預算都是執行財政政策的手段。究竟哪一種方式才能達到解決非自願失業的目標呢？凱恩斯指出，所謂貨幣政策，是指政府透過中央銀行有意識地變動貨幣數量與利率，以影響經濟活動的政策；而所謂赤字預算，則是指透過政府用舉債方式進

行投資事業或彌補其他預算項目上的赤字的作法。兩者相較之下，只有透過赤字預算的作法方才具有提高有效需求，增加總就業量的效果，所以凱恩斯主張透過政府赤字預算來解決失業問題。

三、貨幣主義的解釋

　　古典理論在解釋、診斷大量失業上所表現的失能，成了凱恩斯理論發跡的踏板，同樣地，凱恩斯理論無力解決日漸被視為主要社會問題的通貨膨脹問題，促使以弗里曼（Friedman）為代表的貨幣主義大受歡迎。那麼貨幣主義立論到底有啥新穎之處呢？基本上，貨幣主義者認為通貨膨脹是流通中的貨幣供給超過生產量所造成的結果。所以惡性通貨膨脹的成因，弗里曼提出一個最簡單的答案——造成通貨膨脹一直居高不下的罪魁禍首，正是致使政府支出不斷增加的充分就業與福利國家政策（Showler, 1981：42）。

　　那麼貨幣主義的失業理論是什麼？貨幣主義認為失業的產生，主要是導源於政府錯誤的貨幣管理措施，以及後來所引發的經濟活動的波動。凱恩斯不認為資本主義經濟具有自行達到均衡的能力，經濟體系更不會一直在充分就業的水準上運行，因此需要國家干預經濟活動，由政府實施抵制經濟不景氣的穩定政策，以調節經濟體系的運作。相反地，貨幣主義者則認為，資本主義市場經濟本身處於一種動態穩定均衡的狀態之下。這種經濟體系一旦受到外力干擾，將會迅速進行價格變動以恢復必要的均衡狀態。而市場體系之內並不具有產生體系干擾的因素，造成資本主義經濟波動的因素大多是來自於政府干涉市場經濟的政策效應。換句話說，貨幣主義者認為經濟穩定政策實

屬不必要的政府舉措，穩定政策必然會引爆不穩定的結果。所以就某個層面來說，貨幣主義所謂的充分就業就是不受政府援助或扭曲之下勞力市場所達到的均衡狀態。於是，被凱恩斯看做是失業狀況的，對貨幣主義來說，卻成了自然狀態下的充分就業。

關於這點，弗里曼提出一個「自然失業率」的概念。所謂自然失業率是指，勞力與商品市場的供需在不受干擾的情況下自行運作，將使經濟體系中的總需求和總供給達到均衡，而在這個情況下存在的失業率，就是自然失業率，因為只有這時失業率對通貨膨脹率既不會產生向上也不會產生向下的壓力。就弗里曼而言，由於市場上自由競爭的原則，使工資變動具有伸縮性，因此不存在凱恩斯所說的非自願性失業，所產生的失業多半是摩擦性的失業。所以只要消除勞力市場上的障礙與限制（取消最低工資的立法、削弱強大的工會組織），減少尋找工作的時間、增加工作機會情報的流通，自然會使勞工的流動加快，也就會降低自然失業率的水準（羅若如等，1993：580-581）。

以英國的經驗來說，貨幣主義主要是柴契爾政府所奉行的經濟政策，希望透過貨幣供給的控制來減低其通貨膨脹的成長率。其所採行解決通貨膨脹的政策包括：提高利率以增加貸款的難度，期望藉此限制貨幣流通量，減少政府的公共支出，以增稅來籌措政府公共支出的財源。不料，這些政策產生了許多不良的經濟效果：商業活動減少、製造業出口急遽下滑、失業率遽增。尤有甚者，過高的利率吸引大量的外國基金，因而造成英磅對外匯率的上漲。影響所及，一方面造成英國產品在國際市場上價格的上漲，以致競爭力減低，另一方面進口貨物的售價又因英磅的上漲而下跌，以致增加了國內產業存活難度。

在這兩股勢力運作之下，大量失業的效應不但未見減少，反有增加的趨勢。

四、馬克斯主義的解釋

大量失業的非主流派解釋是由馬克斯（Marx）所提出來的。馬克斯的看法與古典、新古典經濟學理論正相反，認為建立在剝削性勞資關係之上的資本主義生產模式本身就蘊含了失業的失業的失業的失業的危機。這個過程可以摘述如下：隨資本主義的擴張，對於變動資本（如勞動力）的需求相對於對固定資本（如機器設備）的需求會呈現增加的態勢，因此有降低失業者成為工業勞力後備軍的效果。但是這項效果創造出來之後，馬上又會將勞動力的價格往上推，造成資本累積獲利率的減低，以致迫使資本家削減對勞動力需求，結果卻又造成了經濟緊縮、勞力後備軍的增加，以及工資的下降。這回或可使獲利率回升，促使資本累積再次開始新的循環。根據這項觀察，馬克斯歸結出一項結論：資本主義經濟體系長期獲利率遞減的趨勢，不僅使危機會重複出現，也會惡化危機，最後危機的惡性循環必將加速資本主義生產模式的徹底崩潰。

據此，馬克斯的分析並未提出任何作法或政策來降低失業的嚴重性，更別提消滅失業。這是因為馬克斯把這個問題視為資本主義生產制度本質的一部份，所以馬克斯主義認為失業是結構性的，而週期性的浮現只是問題的表象。在這種情況下，在凱恩斯眼中是有效矯正失業問題的作法，如公共投資甚或是擴張性貨幣政策，在馬克斯看來，只會產生通貨膨脹，不會創造充分就業。

表 3-1　關於失業的經濟學解釋

經濟學理論	主要代表學者	主要觀點
古典經濟學	亞當斯密、薩伊	資本主義經濟是一個完全競爭的經濟體系；一個競爭性的經濟體系，具有自動的調節能力；彈性的價格、工資，以及利率，是資本主義經濟體系達到自我調整的主要機制。物品、勞務與貨幣的過剩供給，會受到市場價格下跌所矯正，而回到供給與需求平衡點。
就業理論	凱恩斯	資本主義經濟體系本身不具有自行達到均衡的能力，更不會長期維持充分就業的水準，因此需要國家干預經濟活動，由政府實施抵制經濟不景氣的穩定政策，以調節經濟體系的運作。赤字預算是國家調節經濟生活的主要手段。
貨幣主義	弗里曼	政府支出不斷增加的充分就業政策與福利國家政策，是造成通貨膨脹的罪魁禍首；失業主要是導源於政府錯誤的貨幣管理措施，以及後來所引發的經濟活動的波動；經濟穩定政策實是不必要的政府舉措，常引爆不穩定的結果。
馬克斯主義	馬克斯	失業是資本主義生產制度本質的一部份，屬結構性的問題，週期性的浮現只是問題的表象；不是增加公共投資或是擴張性貨幣政策，就能夠解決的。

關於失業的社會學觀點

　　飽受長期大量失業衝擊的國家，失業問題在社會各部門之間不均等的分佈，必然會引起大眾廣泛的重視。因此，失業的規模大小、分佈狀況，自然成為社會學分析失業問題時關心的

重點，因為這不僅影響到挑起這個沈重包袱的人群的社會適應
問題，而且影響到他們對人生價值的看法，更影響到政府與社
會大眾對失業者及其帶來問題的處理態度。尤其重要的是，關
於失業的討論最終脫離不了就業社會化與工作價值的問題。毫
無疑問地，工作的動機得自於文化教育，不是由狹隘的工資率
與國家補貼的收入所決定。人民想要工作是因為他們從小就被
灌輸要追求自我實現，養家活口，做對社區有意義的事。這就
是為何失業對大多數社會成員是如此可怕、令人看不起的恥
辱。如果我們關心沒有前途的、待遇差的、低賤的，以及不受
社會重視的就業狀況，那麼我們也應該關心被摒棄於工作大門
之外的人獲得適當的生活水準、社會地位、自尊與尊嚴。

一、失業的不均等分配

市場上究竟有多少就業機會或許是經濟需求函數的反映，
但是經濟需求函數本身並不自然決定了就業市場的組織與結
構，特別是有關於潛在求職者之間，誰得到的是有保障的工作，
誰得到的又是沒有保障的工作這個問題，更不是經濟需求單一
因素便能交代清楚的。任何解釋無保障與有保障工作在求職者
之間的分配機制，都必須考慮到勞動市場中不同群體——這包
括了雇主、勞工，以及各種中介組織，特別是工會與國家機構
——之間權力的大小。

其次，任何社會都有界定工作類型與內容，以及哪種人做
哪種工作的原則與規範。就某個層面來說，失業是界定就業的
結果，直到政治家與經濟學家抓住了就業基本上是「社會所界
定的」這項事實，否則他們將不會體會大力推動控制甚或想要
消滅失業人士的用心良苦。何以說就業這個概念基本上是個「社

會界定的」概念呢？顯而易見地，社會界定義務教育的年限、不可雇用兒童的最低年齡、女性是否能夠進入有償工作、在什麼條件下可以從事有償工作的狀況、超過什麼年齡之後必須退休、在什麼情況下才有資格靠領取年金收入來過活，以及誰可以被視為工資賺取者的扶養人口或是接受國家扶養的人口。不可否認地，上述這些和工作類型的分配以及勞動力的組成都是社會決定的，只不過工作類型的分配與勞動力的組成，比較受制於私人市場中有權有勢者的操弄。即使屬於有償工作的勞動者，面對的也是層級分明的職業位階架構。缺乏工作的保障、惡劣的工作條件與失業的風險，隨著職業的下降而增加。半技術與無技術勞工遠比其他有一技之長的勞工更可能變成失業者，掌握就業層級結構的變化，有助於瞭解哪些工作易於失去，以及哪些人比較容易變成失業者。

失業在各勞動群體上的分佈是相當不平均的。以英國的經驗來說，男性勞動力中從事不需要特殊技術與半技術的勞工，遭遇失業的經驗是有特殊技術的勞工的兩倍。從事勞力工作的男性一生中遭遇失業的機會是從事勞心工作的男性的兩倍。同樣地，從事中間性、低層或是例行勞心工作的男性所承受的失業風險，是從事專業工作者、雇主與管理工作者的兩倍。其次，對於許多技術工人來說，學徒身份反而保障了一個固定安穩的雇傭關係，學成之後卻需要面對失業的風險。因為對雇主來說，進用學有所成、剛出師的新師傅，是要付出比雇用不具專業身份的學徒多上好幾倍的工資。所以對於技術勞工來說，完成訓練後的第一個十年承受的失業風險遠高於其他時期，直到他被接受為正式的勞工為止。

社會結構內部不同團體所具有的經濟協商與政治抗爭的能

力，長期來都受到各種不同的制度規則與傳統慣例的約束，使得某些勞工獲利，其他勞工則享受不到這種好處，甚至把某些勞工逼到邊陲地帶，成為較不需要的勞動力預備軍。近期的研究指出，在同一個區域內出現涇渭分明的勞力市場區隔，最常見的分隔是存在於初級勞力市場（primary labor market）與次級勞力市場（secondary labor market）之間。初級勞力市場的就業是穩定的、工資高的，通常工會化的程度也比較高，而且提供較理想的升遷機會。初級勞力市場是由無數個相互獨立的內部勞力市場組合而成的，從而勞工的階層化受到內部勞力市場的增強。在內部勞力市場，職位的流動，特別是升遷，主要是發生在應聘錄用之後，相反地，次級勞力市場的工作多半是沒有前途的工作，不但工作環境不好、工資低、地位低，而且缺乏保障。一般說來，次級勞力市場內部劣質的勞動關係常是造成兩個市場難通有無的障礙。除此之外，初級勞力市場雇主的歧視與組織較為完善勞工的抵制，更增加了跨越這兩個勞力市場的難度。

二、不適任者界定的景氣彈性

承上所述，歷史研究與比較觀點有助於澄清勞動力供需的變化不僅影響就業與失業定義的社會建構，甚至也影響社會成員享受被扶養地位的合法性。到了想要退休年齡的勞動力是否也得到了社會認為他們的確到了該退休年齡的共識，端視社會認為高齡勞工的工作經驗值得重視，還是社會認為他們是霸位不退，使年輕的、更具有生產力的勞工找不到工作做而定。同樣地，生完小孩之後的婦女回到勞力市場的機會也受到市場景氣的影響，以及雇主準備接受彈性工時的措施，並且提供托兒

設施之類的準備而定。雖然經濟因素不是唯一決定某類團體是在勞動力範圍之內還是之外的唯一因素，但是在很多情況下，經濟的景氣與否對於某類團體的受扶養地位是否會被社會接受爲合法的、應然的狀況，還是不合法的、不該如此的狀況，卻有著決定性的影響力。

就總體需求而言，任何產品與勞務，多少會遇上市場縮小的情況，如新技術的發明。通常企業嘗試度過蕭條的意願與能力，端視市場對其產品需求的韌性，以及其本身的實力而定。遇上這些情況，雇主可能會試圖以減少勞動成本，或改變勞動力結構的方式來度過難關。也就是說，雇主可能會因此而減少加班，增加短工，或採行特殊的工作分享辦法，或等待自然淘汰而不再雇用新人手，或選擇性地裁員，甚或大量裁員，或者綜合使用這些辦法，以保留最不可替代的勞工，以便應付需求攀升時之需。究竟使用哪一種對策，不僅會受到雇主遭遇問題的特殊性而定，也會受到當時失業嚴重程度而定。當然，也會受到過去的經驗及對未來經濟展望而定。面對不景氣的壓力時，即使採取勞力囤積（labour hoarding）而非勞力釋放（labour shedding）的策略，在單一產業之內造成的衝擊也是相當驚人的。例如，採行縮減工時的措施，雇主還是有辦法將相當大部份勞力囤積的成本轉嫁給勞工。這種作法對於某些產業部門，其豐厚工資的來源主要是來自於加班費的勞工來說，隨著加班費的減少，勞工家庭收入勢必大爲縮減，有可能迫使許多家庭因而瀕臨貧窮邊緣。

面對經濟不景氣的局勢，以吸收較好的求職者爲目標的雇主——不論這意味的是較年輕的、資格較好的，還是較爲順從的——也有可能會緊縮用人的條件，淘汰一般情況下符合資格

的申請者,致使他們喪失一般情況下會被雇用的機會。舉個例子來說,正常情況下,應徵公寓管理員並不需要具有大學文憑,但是當大學畢業生都找不到工作而來應徵這個職位時,資格好的就對原先符合條件但在學歷上比較差的競爭者產生排擠效果。所以當人浮於事時,自然會產生各種形式的公開或隱藏式的歧視,文憑主義就是最典型的例子。我想我們都同意,當工作機會稀少時,競爭會促使雇主提高對謀職者資格的要求,於是發生參與徵聘遴選過程的主管歧視不具正式資格文憑的申請者,即使這些文憑並不是執行該項工作所必須具備的條件。這個現象使得社會逐漸形成文憑至上的意識,認為沒有正式文憑的申請者能力不足。於是習用於社會上層人才聘用的標準,也變成社會底層雇用新人的標準。被迫從一堆什麼工作都申請的應徵者中篩選出適任者,以至於任何一種標準都可能變成篩選的依據:教育程度、參與訓練課程、工作經驗、失業時日等等。一旦採行了這種遴選方式,雇主開始相信適當的歧視是必要的,失敗的競爭者必定是不適任者。就這點而言,某種時期的人力短缺的問題,可能是出於運用不適當的遴選標準所造成的結果,這時若將責任歸諸於失業者要求不適當的工資水準,則有欠公允。

在經歷大量失業的地區,沒有特殊技術工人的數量可能甚至遠超過可以找到的工作數目。對於這些人來說,除非在工作上,否則很難發掘他們真正的工作能力。這時,如果招募者再根據一般任用標準,諸如長相、失業年數作為錄用標準,如偏好錄用正準備要換工作者,而不是目前沒有工作者;甚至有些企業直接表明了不會雇用任何失業超過兩個星期的求職者,再加上失業情況惡化的情形下,原本必須要換工作的人可能不再

願意冒換個工資高但缺乏保障的工作的風險了，那麼這些沒有特殊技術的工人可能完全被剝奪了就業的希望。

　　對於那些因各種因素而身陷失業狀態的人，發現要再度進入勞力市場是更加的困難，這多半是因為雇主認為雇用他們沒啥好處。至於這些人是否真的較沒有能力、適應力較差、較不聽話、較不接受目前的工作模式，則是其次的問題。通常這些找不到有償工作的人，多半是青少年與高齡求職者、殘障者、有子女待養的單親父母、有過精神病歷或犯罪記錄的人，甚至還包括了那些工作場上的不合作份子、過度活躍的工運份子，以及企業家精神太過旺盛而威脅到上級的經理人員。說了這麼一長串名單，目的並不是在列舉失業者的特性，重點在指出其實是雇主對哪些才是申請某項職位應具有的特質的認知判斷，而非求職者的個人就業動機，才是決定有沒有工作做的關鍵。

　　不過，這些解釋某類團體的人不被接受為好工人的因素，卻隨著失業情況好轉、景氣復甦、勞工短缺，而成為過去式。當勞動力變少時，雇主也隨之放鬆聘僱標準，增加雇用的管道，符合勞動力的需求。隨著雇主必須填補日漸增加的自願離職者的人數，工作變動的增加也迫使雇主放棄早先設置的障礙。這個時候，那些可能早該解雇的、至少不會被鼓勵留下的，會被要求留下。工作的步調會緩和下來，甚至調整對逼近退休年齡員工的工作要求。有些雇主甚至會積極地開始錄用有小孩的女性求職者來支援部份工時的工作，或爭相拜訪學校以爭奪應屆畢業生，或設置特殊的器材以便利殘障者就業，或為地方上的外籍勞工提供語言訓練，甚至還有可能拜會典獄長瞭解哪些犯人即將出獄。

三、長期大量失業的社會效應

　　長期面對大量失業的問題，使得人人有工作做的充分就業理想被束之高閣，從大眾廣泛討論的議題中自動消失。就連衛道人士在面對民主社會應該致力追求落實充分就業這項政策目標時，也深覺難以啓齒，反倒退而求其次，大談什麼才是可以接受的失業水準的問題，似乎有將之定位在達成其他目標——如控制通貨膨脹、節制工會力量，甚至刺激生產力的政策工具——的地位。一般說來，日益增高的失業率對於社會整體產生大大小小各種不同的影響：有抑制工作的流動、維持勞工紀律的作用；經濟機會與生活水準的降低，具有打消大部份求職者換個更好的工作的念頭；產生責備失業者的態度，對失業者給予較少的支援、較多的指責等等。至於失業對社區的影響，則視企業採取的是哪一種策略而定。縮減雇用新人限制了年輕勞動者的就業機會，促使這個年齡層勞動力的外移，進而使得整個社區失去創造未來之所繫。縮減學徒人數對產業也將產生長期效果，影響到下一代勞工所受訓練的素質，甚至於景氣復甦時，卻造成找不到某種特殊技術工人的困境。以下簡要說明五項失業的社會效應：

(一)拉拔雇主在雇傭關係上的優勢地位

　　在工會聲勢與日俱增的時代，失業的第一項功能或許就是維持住老闆管人的權威。工會強大之後，作爲勞動力購買者的雇主相對於出賣勞動力的勞工，所擁有的權力、優勢與主控權，就面臨日益縮水的情勢。當失業狀況開始愈發嚴重之時，雇主的優勢恢復得也就愈快、愈大。其實高失業對雇主優勢地位的增強遠超過雇用新人主控權這一項，而且在工作場所上所得到

的好處，往往使雇主很快就忘掉日益惡化的失業狀況所附帶的高昂社會成本。

(二)減低職業流動的意願

可能會沒有工作做、失去收入與年資的風險，經常使那些懷疑自己的能力不能夠保住現有工作的勞工，停止自發性的職業流動，於是造成工作成長停滯（job stagnation）的現象，而這項效應會隨著整個社會失業的嚴重程度而惡化。在不景氣的時候，三個人中有一個坦承寧願留在老位置上而不願承擔換工作而導致失業的風險。當然，更有不少人為了避免失業，而願意接受降級、減薪或留在較不令自己滿意的工作上。在勞動市場惡化的情況下，這兩類的受雇者都必須做出較多妥協，接受雇主較多的控制，在正常的情況下，他們可能早就換工作了。當失業狀況有了改善，勞動力需求上升，勞工就比較有能力，也比較可能願意冒些短暫失業的風險而換工作，因為這個時候的機會多些，而且自願換工作比被迫換工作，比較有可能改善目前的處境。

(三)改變社會對最適退休年齡者的定義

當社會上有愈來愈多的青年人失業的情況下，將會增強社會大眾認為高齡者應該讓出空位的想法。配合國家補貼制度改善裁員資遣給付辦法，以免年資與年齡產生年紀愈大領得愈多的壓力，而迫使企業基於支付成本的考量而造成「最後進來最先出去」的反淘汰效應。此外，強迫在最低可領年金的年齡時退休，或者以支付某種資遣費的形式強迫勞工退休，都可能變成是正常的、合法的政策措施。但是這都不見得是一勞永逸的方法，因為那些突然退休或永久退休的高齡勞工往後的生活問題，若不是由整個家族承擔下來，那就極有可能成為地方上社

會服務部門的重大負擔。

(四)社會逐漸接受關廠、裁員與資遣為不可避免的事實

雖然某些製造失業的策略，特別是以裁員與關廠形式出現的動作，都受到受害者的反擊，而延滯實施，但是不論勞工採取何種集體行動拒絕接受裁員與關廠，成就都十分有限（參見第二章）。就算雇主與勞工對於裁員有相當不同的認知，不過勞工一般比較能夠接受科技變遷是導致他被資遣的這一類型的解釋，即使科技變遷不過是雇主用來節省勞動成本、打擊工會實力的手段，而不是真正出於產業現代化、增加競爭力與生產力的動機。

不過，隨著失業情況的惡化，裁員與資遣會漸漸變成更為普遍、更為公開承認、更值得原諒，甚至更受鼓勵的一項措施。就連政府也開始強調有必要重新規劃勞動力的使用，甩掉不必要的人力，避免慰留長期服務的老員工在不具需要性的職位，以致助長了缺乏效率與生產性的父權主義。對於服務年資較長的員工，自願資遣也變得比較具有吸引力，不但可以減少彼此之間出現有可能會被點名資遣的緊張與猜忌，而且在這個時候，要求領錢退休也會比較容易。對於不再有力氣承擔過重工作或承擔大量加班的藍領勞工來說，領資遣費走人似乎也還算是一條不壞的選擇。

(五)政府公共支出流向社會福利津貼、無力增加公共投資

暫且不論隨著經濟情勢的惡化，國營企業與公共部門很有可能被迫放棄原先組織成立乃基於實現充分就業目標的使命，不再有能力成為對抗失業的最後堡壘，而變成工作機會的主要精簡者。失業的大量增加意味著有一大筆公共支出必須花費在失業與社會安全給付之上。以英國為例，從 1979 年到 1984 年，

英國的失業率由 5％上升到 12％，據說政府花在失業津貼上的
支出，以實質物價來算，就足足上升了 163％。換句話說，大
量失業的結果，迫使公共支出流向福利津貼給付，以致無法兼
顧資本投資的創造。據此，全英工業總會曾經因此而批判英國
基層建設品質的惡質化是造成英國工業生產成本過高的重大因
素（Judge & Dickson , 1987：33）。

人力政策的瓶頸

　　何謂人力政策（human power policy）？就前面經濟學者對
於失業的解釋，失業乃源自於供給與需要之間的失衡，如果允
許經濟勢力無拘無束地自然運作，那麼供給與需求就會達到均
衡，也就沒有失業問題了。就這派經濟學家來說，政府的角色
就是保護這些經濟勢力能夠不受拘束地運作，因此最低限度的
人力運用政策，將會要求政府扮演一個確保非理性的勞動者不
致干預理性的經濟體系運作的角色。如此一來，任何一項具有
管束干擾勞力供給隨需求變動而調整的措施，包括節制工會的
活動，都可算是人力政策的一個面向。因此，在馬克斯的眼裡，
所謂人力政策的主旨就是維持一票勞動力預備軍（Hill ，
1981:89）。

　　早至十九世紀末起，信奉古典理論的學者就已承認要使自
然狀態下的市場體系運作得更順暢些，政府有必要扮演一個居
中協調的角色。特別是短期內供給與需求之間出現嚴重落差之
時，政府的干預更是變得合情合理、於法有據。其中最重要的
一項任務，就是使勞力出售者與勞力購買者之間擁有聯繫的管

道，以便利資訊的取得與交換。於是有了勞工交易所（Labour Exchanges）的設置。顯然，據此發展出的一套人力政策主要是出於經濟的考量。到了二十世紀，政府的角色出現了變化，開始從單純的穩定資本主義經濟體系的順暢運作，逐漸轉變到從維持充分就業的角度來評估人力政策的貢獻。

隨著充分就業的重要性超過純經濟的考量，而成為新時代政府努力追求的政治目標之後，政府的人力政策也產生了新的面貌：在減輕、緩和經濟體系失靈的前提下，一方面盡量幫助想要保住工作的人能夠繼續在就業的階梯上往上爬，另一方面盡量避免放任所有的失業苦難由不成比例的一小撮社會成員來承擔。的確，國家政策在決定「哪些團體可以接受補貼，哪些不可以；哪些團體的依賴狀況是可接受的，哪些不是」上，扮演舉足輕重的角色。就以英國為例，自 1974 年以後的英國政府便開發出三種類型的人力政策，用以打擊水漲船高的失業情勢，進而激勵雇主聘用某類勞工，或是避免裁員。這包括開發特種臨時性工作、增加培訓與提供累積工作經驗機會，以及補貼制度。從而，人力政策大體上具有三大功能：提昇經濟效率、維持充分就業、緩和社會與經濟不平等。接下來，就讓我們看看推展這些措施的可能陷阱。

一、特種臨時雇傭計畫與輔導青年就業方案

工作機會的急遽緊縮與大量學校畢業的年輕人找不到工作的事實，迫使政府開始關心職業教育、訓練、以及對職業磁場的瞭解程度，對順利找到工作做的重要性。特種臨時雇用計畫，便是以落實工作創造為目標，專門為十九歲以上失業的成年人提供就業服務，透過政府補助雇主聘僱成年勞工從事特種臨時

性工作的方式進行。輔導青年就業方案，主旨就是在提供青年人短期企業服務的經驗，以便累積基本的工作經驗，增長對工作生活的進一步瞭解，是專門針對年齡在十六到十八歲，學業結束六個星期後尚未找到工作的青少年解決就業問題而設計的。主要的內容是安排就業準備的課程以及一系列取得工作經驗的活動設計，目的在幫助失業青年盡快找到永久性的工作。所有失業超過九個月的青少年，應該都會得到這個計畫所提供的一份工作，並且獲得一筆標準的生活津貼。不過，該計畫有個限制以避免受到這個計畫照顧的青少年，留在提供的工作上超過十二個月。

　　畢業之後，經歷了一段不算短的找不到工作時期的年輕人，可能會變得灰心喪志，懷疑他們還會找得到工作的可能性。因此，有點工作經驗總比失業來得好些。平時經常聽到企業界批評年輕人文筆太差，錯字連篇，連一封求職信都寫不好的傳聞，到了這個時候就受到注意了。生涯顧問也因此特別提醒年輕人，於應徵面試時，不要忘了把自己打扮得光鮮得體，以取得「你選工作，而不是工作選你」的先機。無可否認地，改善雇主對於求職者印象的措施，是所有求職者應當努力的方向。的確，求職信寫得簡潔有力，面試時穿上西裝、打上領帶的年輕人，可能會有比較多的機會被雇主錄用，但是當失業的成因出現在勞力需求方面遠超過勞力供給方面時，任何一種試圖改善某類人群對雇主吸引力的措施，反而有增強這個看法的效果。換句話說，這些努力是不可能會增加社會整體開放給年輕人的工作空缺。所以若面臨的是這種情況，光在這方面絞盡腦汁，是無法抒解年輕人所面對的失業壓力。相反地，這些建議只會增加雇主認為才離開學校的年輕人笨手笨腳無法雇用的印

象，反而加強雇主留用甚至錄用年紀較大、較有經驗的人員的意念。

最後，值得一提的是，目前掌管雇用大權的企業主管不乏多年前才從學校畢業，也沒有拿到任何一種資格、文憑，便輕輕鬆鬆晉升到現在職位的世代受惠者，現在卻以資格、文憑、甚至工作經驗，來要求剛出校門、急著找工作的年輕人。這種情況頗令人無奈，不過也正彰顯出經濟景氣變動所產生的世代歧視。面對這樣一個非常時期——即當大量剛從學校畢業青年面臨的失業問題是發生在工作機會，特別是製造業的工作機會，一再下降的時期，強調加大個人受雇機會的就業準備真有助於就業機會的取得、生活品質的提昇，還是提昇的只是注定要受到挫折的期望？

二、補貼制度

一般說來，補貼政策常用在兩類劣勢求職者的身上，一為殘障人士，另一為長期失業人士。推動補貼政策來幫助某些特殊的劣勢勞工，常須對抗企業先入為主的偏見，也就是說，要改變雇主認為雇用這類勞工要付出較高成本的印象。所謂的較高成本，是指劣勢勞工的工作速度比正常勞工來得慢、病假機率比較高、需要較多督導與安全措施，以及有時尚需要進行設備調整等等。其實雇用這些劣勢勞工並不見得蘊含著高成本的付出。那些想法主要是建立在所有的正常工人都能發揮百分之百的工作能量，而殘障與長期失業人士卻不具這種能力的假定上。所以在很多情況下，政府的補貼政策並不是基於成本的考慮，而是為了克服雇主的偏見，同時證明接受政府補貼的人可以成為有效率的勞工。基於這個信念，英國引進殘障勞工工作

補貼措施。但這些補貼措施真的能夠消除雇主的偏見，還是反而增強了雇主的偏見，則是個值得深入調查的問題。如果雇主會雇用這些劣勢勞工，不論他們是殘障者還是長期失業者，是出於他們想要獲得某項政府補貼的期待，而不是相信劣勢勞工同樣具有與正常勞工相同的工作能力，那麼補貼措施反而會增強這些劣勢勞工不過是次等勞工的形象。就這種陷阱而言，執政者必須設想出突破之道，畢竟補貼措施一旦公告實施，是很難中途停止的。

所以說，補貼制度的困境是目前對勞力市場中地位最不利者所提供的補救措施，到底夠不夠使他們與居於勞力市場中較有利位置的群體，站在同等的競爭地位之上？如果不夠，那麼這些措施究竟能夠幫助勞力市場劣勢者改善了什麼狀況？專門設計來補償勞力市場劣勢者的措施，到底能使這些人超越比他們好一點的競爭者到什麼程度？就拿殘障者來說吧，受惠於政府補貼的殘障勞工不在少數，但是究竟這些受補貼的殘障勞工實際上替換了狀況比他們好一點的其他劣勢勞工到什麼程度呢？補貼某位長期失業者使之獲得工作，實際上是否減少了其他長期失業者的就業希望，或是替代那些已經很少有機會得到一份長期工作的人的就業機會？這些都是相當複雜的問題，對一個高度失業的社會尤其敏感。因為經歷長期失業的折磨之後，有許多劣勢團體彼此之間的利益出現相互競爭的情況：剛從學校畢業的勞力市場的準新鮮人，殘障者，落後地區的住民，有裁員威脅的員工，追求二度就業的高齡者、婦女，以及不同族群的少數民族團體等等。而補貼制度這類的勞力市場干預政策就有可能會產生這類的結果，何況政府如何從眾多需要幫助的劣勢團體中找出最需要幫助的那個劣勢團體，本身就是個棘

手的問題。

三、小結

綜觀上述，國家與其他中介機構分配、甚至創造工作機會的方式，的確深深影響社會大眾對失業者的認知及其迫切需要的體會。但是政府所推動的補貼計畫對社會大眾、政府行政人員對於該如何處理失業問題，反而有更為深刻的影響。各種措施雖然提供不同的補償與控制，卻也在提供失業者不同援助、訂出不同等級的失業者補助標準的同時，不自覺地將失業者階層化。這些差異不僅影響到失業者的失業經驗，更影響到他們重回就業市場的可能性。

再者，各部門勞工經濟活躍的程度、能夠持續保有某種邊陲性工作的機會、甚或完全被排斥於勞動市場之外的可能性，端視經濟體系能否產生足夠的就業機會，以及社會上已經制度化的人事配置機制的運作。要全面減少失業，不是那麼容易辦得到的事。想要靠人力政策代替總體經濟政策來產生有效的充分就業效果，也不是件不可能的事。工作創造與分享固然可以代表一種革命性的、政府干預勞力市場自主運作的措施，但其合法性卻必須建立在擊敗社會上另一派主張不該增加政府支出，應該減少公共服務部門就業機會的論調上。如果大量失業的狀況並未改善，那麼在可預見的未來，工作分享措施的重要性就可能會變得愈來愈重要。若果如此，其所附帶引發的所得再分配作用及其政治衝擊，就是整個社會必須盡快形成共識，以便早做防範的。

儘管無法全面性地削減失業的殺傷力，不過就減輕個人問題上，或者設法使更多的社會大眾共同來分擔失業的苦境，則

的確有不少事可做。第一、在討論失業問題時，首先必須認清勞力市場需要與供給變化，避免使面臨結構性失業的受害者，在遭遇非自身力量所能扭轉的失業厄運之時，還得背負社會指責其好逸惡勞的非難。第二、補貼政策只有用在改善受到勞動市場歧視的團體的市場競爭力時，才稍具功效。若是期望補貼政策能夠刺激就業，那就可能適得其反，反而助長了社會上對這些接受補貼團體的歧視。第三、盡量避免不同的補償措施產生階層化失業者的效果。特別要避免接受某項補貼措施的失業者被貼上現代貧戶的標籤，而使他們深陷低度就業的深淵。微薄的失業給付就有可能已經耗盡失業者所有可以利用的經濟與社會資本，使他們及其家人灰心喪志，不再願意冒險去和眾多求職者競爭已經少得不能再少的工作機會。若再為他們帶來社會歧視，最後可能把他們逼到絕境，為了獲得資源，不惜鋌而走險，從事違法犯紀的活動。

第四章
白領勞工運動

……在台灣，由於近二十年來極其幸運地承接了第三波工業革命的浪潮，勞動力結構的變動極其明顯：第一，白領工人佔總工人數的比例大幅上升。一般而言，提及工人，所聯想到的形象往往是在工廠內工作的藍領工人，其工時、待遇、工作環境通常正是工運所重視的目標。然而，一旦勞工結構轉變成以白領工人為主的受薪階級，工廠便不是主要的工運場地，工人便不能與體力勞動者等同；從而，工運便會變質。

　　　　　　　　　　　——1996 年 4 月 11 日＜聯合報＞社論

　　……餐飲業者已經透過公會向勞委會抗議，由於餐飲業者認為，該行業工作性質較為特殊，通常是一般人下班之後才是他們上班的時間，因此要依勞基法的規定上、下班時間可能有很大的困難，希望能透過公會向政府要求暫不納入，以減緩對餐飲業者的衝擊。

　　　　　　　　　　　——1996 年 12 月 27 日＜自由時報＞第十五版

　　……外傳勞委會考慮將醫師排除在適用勞基法的範圍之外，醫界出現反彈聲浪，有醫師指出，他們需要徹夜值班，隨時待命為病患服務，若不能適用勞基法，十分不公平，護士也表示，至今仍有護士因懷孕而被迫辭職，勞基法更應給他們保障，護理師護士工會全聯會準備向勞委會提出陳情。

　　……勞陣對於勞委會保留醫生、國會助理等四類勞工的作法提出質疑，並指未來加入國際經貿組織後，白領勞工將受衝擊，若沒有勞基法保障，處境將更惡劣，勞委會

實在不應協助資方拖延納入勞基法的時機。勞陣揚言,如果勞委會八月底未依言指定其他行業,勞陣將結合藍、白領勞工齊赴勞委會抗議。

——1997 年 8 月 6 日＜中國時報＞第三版

　　長久以來,學術界對資本主義社會勞動過程的瞭解,主要是建立在對「手工工人」(manual worker)勞動的探討之上,勞動過程常被視為直接經由手工或體力的工作活動,生產有形貨物並將之銷售於市場之上的過程。不過,從 1970 年代開始,在歐美先進工業化國家,受雇於需要從事較多心智或知識活動,較少純粹依賴體力勞動的職業,也就是受雇於服務業、坐辦公桌的非手工(non-manual)工作,便逐漸成為先進工業社會界定工作定義的顯性指標。而這個趨勢,正反映著非手工勞動力在勞動關係中的角色與地位日趨重要的事實。

　　其實,馬克斯在《資本論》第一卷中對於生產工作所提出的兩項觀察,便為研究「非手工工人」——白領勞工——在資本主義發展史上的地位,提供了相當具體的理論線索。第一,馬克斯指出,隨著現代工業的到來,生產不再單獨仰賴消耗勞力去產生有形的商品。各種不同團體的工資賺取者之間所存在的擴大分工,已經使生產成為一項由一群集體勞動者共同負責的合作活動。這群勞動的組合則是由環繞在生產地點的各種職業所組合而成的,甚至包括離生產地點有一段相當遠距離的就業者在內。第二,不是只有生產有形商品的勞工才算涉足勞動過程,將貨物由甲地運輸到乙地的工人並沒有改變貨物的型態,但是卻增加了這些貨物的價值,這些勞動者勞務的提供本身也構成了勞動過程。私人服務部門的勞工提供的雖然是非手

工的勞務，但他們的服務對利潤的產生與資本的累積有其不容
忽視的貢獻。換句話說，只要勞工的勞務產生了交換與剩餘價
值，自然就構成了勞動過程。所以，單純以手工與非手工來區
別勞動力，已經不再能夠反映生產性與非生產性勞動力的差
別。而且，就這些非手工勞工收到比他們所提供勞務的交換價
值還低的工資而言，非手工工人所涉及的勞動關係與手工工人
所涉入的勞動關係之間便無太大差距，都屬於剝削性的交換關
係（Marx, 1969：171-172）。

　　本章首先以英國的經驗作為開場，敘述影響白領勞工運動
發生與轉型的主要變數，進而檢討西方學術界界定白領勞工階
級地位時所出現的爭議，最後再回過頭來討論白領工會的特
性，並說明白領勞工運動的動因與困境。

科技變遷、政府政策與白領勞工的成長：
##　英國經驗回顧

　　從 1970 年代開始，英國白領勞工就漸漸脫離少數團體的地
位，逐步累積與藍領勞工分庭抗禮的實力。科技發展、職業擴
張的壓力，以及增加生產力的創造發明，對白領職業的擴張都
具有決定性的影響。至於在白領勞工之間出現了一波波組織化
的行動，則與 1960 年代末期、1970 年代初期工資與物價水準
的變動有極重要的關連。隨著工資成長的速度遠遠落後於物價
不斷上漲的速度，這一波工作場所內集體化的過程，在企業組
織的階梯中有逐漸往上爬升的趨勢，先是監工，然後是工程師，
再往上爬是各級管理人員，都起而效法藍領勞工從事組織工

會、展開集體協商的動作。整體來說，這一波的白領勞工工會化的發展動力，除了有一部份的確是反映組織規模不斷成長、物價與工資差距不斷擴大的事實之外，另一部份則是出於對一個歡迎集體社會行動的政治時期的回應。在 1971 年工業關係法案通過之前，以及工會與雇主之間的關係尚未惡化之前，執政的工黨政府對於工會承認與集體協商制度的擴展，是抱持著相當正面與積極鼓勵的態度。

　　進入 1980 年代以後，科技變遷，諸如個人電腦的普及，遠距離工作以及其他資訊科技的進步，對從事庶務性工作的白領勞工產生巨大的影響，改變了他們的工作條件，縮減了他們的人數，阻隔了他們與集體工作場所的聯繫。白領勞工工會化的過程又出現了倒轉的趨勢，隨著電腦科技的日新月異，高級白領勞工──如工程師、專業服務人員、各種專門經理人員──擴張的速度，又正以加速度的進度快速地超過例行庶務性白領職位的成長。於是社會組織的動向出現一股反向流動的潮流，各類企業組織分化成較小的單位，原屬中階管理與專業的職業被壓縮成扁平化的組織結構，市場開始取代組織成為開發高等白領勞動力的新機制。再加上外包制度的成長又為專門性白領服務業，以及非核心服務業如清潔業與餐飲業，開闢新的就業空間。在這股組織結構重新調整的衝擊之下，促使這些專業白領勞工與資深主管對公司產生更為緊密的認同，於是這一波出現的是脫離集體化與工會化的趨勢，專業白領工作人員開始追求個別化的而非集體協商下的工資制度、個人化的而非集體的生涯發展計畫。

　　除了經濟與技術方面的勢力之外，以英國本身的經驗來說，進入 1980 年代之後的政治過程，特別是公共服務部門白領

工作的市場化，以及國家取消對專業與證照勞工的勞力市場的管制措施，是促使這群「知識工人」（knowledge workers）的專業白領勞工展開脫離組織化行動的主要動因。英國政府透過其公共部門經營管理者的身份，於 1980 年代採取了兩項具有重新改造這個部門白領勞工就業關係的關鍵性政策。保守黨政府的這項政策大實驗，採取兩種形式：第一，大量裁減各種形式的就業安全制度，並且大力推動勞務的外包制度，致使公共部門的白領勞工必須面對外在勞力市場的競爭壓力。第二，採用私人部門所發展出來的雇用策略，即根據市場與科層紀律，來改變公共部門的組織文化與工業關係。結果造成受雇於公共部門與民營化後的國營企業的白領勞工，受制於非標準化的雇用制度的比例遠超過民營製造業。這兩大刻意使專業白領勞工接受市場紀律訓練的政策，使公共部門的勞務徹底商品化。換句話說，雖然 1980 年代與 1990 年代高級白領勞工就業條件最大的變化，是他們提供的勞務品質必須面對來自於市場與競爭勢力的考驗，但是造成這個結果的促因，則來自於政治，即為了執行減稅與民營化等再分配措施，而作為擠壓公共部門成本的工具。所以說，1980 年代以來白領就業經驗的重建，主要是拜政治力所賜，特別是政府信仰市場彈性意識型態的結果，而較少是出於資本累積而產生的相互競爭的壓力（Cronin，1984；Smith & Willmott，1993；Saunders & Harri，1994）。

理論焦點：白領勞工的階級處境

「階級」（class）概念的建構，有三派重點不同的理論取

向。靜態（static）研究取向視「階級」爲基於所得差距而建構起來的社會階層結構中的位置。動態（dynamic）階級概念的焦點則在探究個人所採取的策略性行動，因個人行動的目的不外是保有資源，或是運用資源來維持或增進他們社會位置。批判性（critical）觀點則認爲，不論是著重在個人還是集體社會流動策略的研究，都必須先認清追求這些策略的個人或團體所仰賴之資源分配的關係結構。因爲「階級」這個詞在表示個人的社會位置的同時，尚標示著人與人之間得以產生關連的宰制原則。在資本主義社會，這項宰制原則的基礎就在於資本累積非得透過雇用徒具自由之名的工資勞工，然後竊佔其創造出來的剩餘價值方能獲得的這個環節之上。這個互動過程不但模塑了資本階級的行動，同時也模塑勞動階級的行動。若草草以階級這個標籤來稱呼生產過程中的不同群體，只有助於成分分析，將喪失階級分析的動力，而陷入貧瘠的、浮面的分類架構。因此，批判取向的研究觀點建議使用階級這個概念來分析資本主義社會變遷勢力，包括勞動群體如何能得到目前的位置以及這些位置如何再製的過程。換句話說，如果從一個關連性的脈絡架構中來進行階級分析，把階級當成一個過程，而不是某種位置，那麼就不至於死板板地將所有勞工當成一個固定的階級加以處理，反而能將不同勞工擺回影響他們勞動過程中的一般性與特殊性情境，探討這兩種情境互動對階級形成與重組的結果（Smith & Willmott, 1993：14）。

一、馬克斯與韋伯的分野

雖然古典社會學大師馬克斯（Marx）與韋伯（Weber）兩人都強調建立在經濟基礎之上的階級關係對資本主義社會演化

的重要性，但是他們對於階級概念的建構，則存在著關鍵性的歧異。馬克斯認為現代社會動態結構是一項壓迫階級與被壓迫階級之間利益衝突的結果。這項關係將使社會愈來愈分裂成資產階級與無產階級這兩大針鋒相對的敵對陣營，存在於這兩大階級之間的利益衝突與階級鬥爭，最終將造成資本主義的徹底覆滅。韋伯原則上同意馬克斯的論點，有產者與無產者之間存在著一道基本的區隔，但是他更強調每個團體內差異的重要性。韋伯認為市場在社會中扮演配置各種不同形式財產的角色。對於韋伯來說，利益衝突並非起源於生產之內，而在勞力市場之內，資本主義業已將集體行動導向價格戰爭。相反地，馬克斯認為工資鬥爭雖然重要，但是不過是勞資對立的附屬表徵，而且將隨階級衝突的成熟而重要性日減（Crompton & Gubbay, 1977）。韋伯理論的重點則在於社會報酬取得的方式，以及市場決定取得報酬的模式。「階級」這個概念在韋伯的分析架構下，是指擁有相同形式財產而享有相類似生活機會的群體。生活機會（life chances），乃至於階級處境，會隨著擁有財產的類型不同而有所不同，而沒有財產者的階級處境也會隨著其在勞力市場上所提供的服務種類的不同而不同。因此，在韋伯眼中的階級結構不是簡單的二分類屬，而是高度分化的層級結構。依照這個邏輯，韋伯認為階級位置不必然提供集體行動的基礎，至於某個階級的成員是否認知到共同利益的存在，並據此展開行動，則與文化大環境有關。

同時，值得一提的是，馬克斯早就指出任何純粹根據市場標準來界定階級所需要面對的弱點：由於社會勞動的分化將勞動者、資本家，以及地主，分裂進無數個利益與名位之中，任何試圖將階級關連到收入或收入來源的作法，都會影射一個無

限階級體系的存在。對於這個問題，韋伯也未能提出具有說服力的解決之道。韋伯明白，將階級與市場處境劃上等號之後，一個統整的階級處境，只有可能出現在完全沒有一點技術與沒有一點財產的人，同時面對無規律的就業狀況時，方有可能發生。至於大多數員工帶進勞力市場的技術、資格、經驗與性向，韋伯則被迫使用日常生活中最常使用的類屬——技術、半技術與無技術——來區分一般的勞動力。據此，韋伯將社會階級區分為四大類型：勞動階級、無產知識份子與專門人才、小資產階級、經由財富與教育而享有特權的階級。反觀馬克斯，雖然本身並未有系統地說明文書事務員、技術員、管理與專業勞動力，在資本主義經濟體系下所扮演的角色。不過，若詳細閱讀馬克斯的手稿後將可發現，馬克斯提到有三種職業團體其數量是隨著資本主義的發展而日益膨脹：第一是資本主義國家的守護者，諸如公務員、警察與軍人；第二是從事計算、行政與銷售的坐辦公桌勞工；第三是肩負行政管理與監督指導責任的管理人員（Rattansi , 1985：653）。

二、新馬克斯主義：正統派與親韋伯派之爭

就資本主義經濟體系內部的不穩定來說，馬克斯相信生產過程的兩極化，將促使工資勞工這個被壓迫階級起而籌組革命。由於馬克斯的這項預測並未發生，故而引起馬克斯主義學者紛紛針對這點進行檢討，有些學者甚至指出公私部門非手工勞動力的擴張，具有緩和資本主義社會內結構對立的能力。

馬克斯學派中對於手工與非手工勞動的階級關係發展出兩派分歧的看法。以克林堅德（Klingender）、布烈弗曼（Braverman）與梅克辛斯（Meikinsins）為代表的正統派馬克

斯主義學者，認爲白領勞工的利益終將與手工工人的利益合流，成爲相同的經濟勢力，針對工資勞動條件而展開行動。正統馬克斯學派強調的是，非手工與手工勞工基於同是工資勞工的經濟處境，將使這兩類工人同樣受到來自於資本的壓力，而非手工工人也將因此而喪失所具有的歷史優勢。這派學者指出，技術減化（de-skilling）過程對非手工工人歷史處境的改變，具有重大的影響力。結果使得非手工工人無論擁有多麼微小的地位優勢，都將隨著技術削減、工作內容常規化，以及勞動人數增加，而失去早先的優勢，變得受制於與手工工人相同的市場競爭的壓力。也就是說，雇用集中化、工作理性化，以及競爭激烈化，將使手工工人與非手工工人都變得「無產階級化」（proletarianization）。

相反地，以賴特（Wright）、馬丁（Martin）、波藍薩斯（Poulantzas）與卡齊迪（Carchedi）爲代表的親韋伯派馬克斯學者，則認爲各種不同的工資勞工團體之間將出現永遠無法抹滅的階級障礙，同時資本主義階級結構的塊狀化，將突破馬克斯早先所描述的勞資關係兩極化的模式。親韋伯派學者指出，最初資本主義市場結構與工作結構之間本原是重疊的，然而隨著資本主義的發展，市場結構與工作結構的重疊性開始瓦解。在以有無生產工具決定階級關係的市場結構維持不變的情況下，工作結構以及決定工作場所社會關係的制度卻產生了重大的變化，走向一個從屬階級不斷膨脹的組織模式。於是形成了數量龐大的中間階級，他們沒有擁有生產工具，但是在工作場所具有位高權重的地位。因此這派馬克斯學者強調的不是手工工人與非手工工人將享有愈來愈多的共同性，相反地，是這兩類勞工漸行漸遠的階級分隔。

（一）無產階級化的爭議

正統與非正統馬克主義學者對於非手工工人社會位置的爭議，有一部份是圍繞在「無產階級化」這個概念之上。就馬克斯本人所建構的無產階級化這個概念，單純是指勞工的特性轉變成為工資勞動的形式，即從一個非工資生產者（如農民、奴隸、學徒）或者小資產階級，轉變成工資勞工的過程；例如直接生產者，如佃農，喪失了生產工具，變成領工資過活的勞工的過程。近年來，在多次爭論之中，無產階級化這個概念的定義已經被學者不自覺地重新建構來指涉正式工資勞動地位的改變，特別是白領勞工的工作條件與社會位置的改變。根據馬歇爾與羅斯的分類，無產階級化這個概念至少包括了四種不同的意義：第一、某種特殊工作所需技能的減少或降低；第二、白領勞工出現社會與政治激進主義的行為與態度；第三、階級結構組成的改變，特別是無產階級位置的擴張；第四、白領工作升遷機會或生涯軌道的減少或窄化（Marshall & Rose，1988：499-500）。

從無產階級化所衍生出來的四種不同的意義，可以明顯地看出一項不爭的事實，那就是無產者並不等同於工資勞工，而是一個更為狹窄、同質性更高的勞工類屬，這些勞工專門從事較不需要專門技術、例行性的、受人監督的工作。從這個觀點來看，如果研究者能夠顯示庶務性勞工受到技術減化的影響，其勞動條件與手工工人接近，那麼就可以說白領勞工被無產階級化了。反過來說，如果實證資料能夠證明非手工工人的生涯機會、專長與政治態度，與手工工人完全不同，那麼就不能說這些團體變成無產階級的一份子，被無產階級化了。與工作關連的指標，或是以態度取向為基礎的勞動階級定義，大多是源

自於韋伯，而非馬克斯。在這類定義底下，大多數的白領勞工是被排除在勞工階級位置之外的。另外，與這些論調依循相類似的邏輯推演、但以手工工人爲觀察對象的他類論點，是所謂的「資產階級化理論」（embourgeoisement thesis）。這個論點的支持者指出，相對於低層白領勞工的工資惡化，不惜遷徙異鄉、追求高收入的手工工人，則有變得愈來愈像中產階級的趨勢（Goldthrope et al., 1968-9）。由於收入的提高，享受到經濟的富裕，使得物質差距，以及其他馬克斯主義者常用來標示勞工階級的分配性特徵，似乎都不再具有區分階級的功能。

(二)新中產階級論的爭議

儘管正統派與親韋伯派馬克斯學者都同意，所有權的有無這項指標不足以構成了區隔階級類屬的主要判準，工資勞工的特有屬性也具有決定性的影響力。親韋伯派的馬克斯學者提出「新中產階級理論」（new middle class thesis），來說明白領勞工的獨特性。親韋伯派的馬克斯學者認爲，新中產階級在勞工集體中是推動技術革命的引擎，而技術革命則是影響權威關係，管理層級階梯長短、各種勞力控制策略，以及中間層級工人數量多寡的主要變數。這派學者指出有部份白領勞工結合了資本與勞工的工作業務，卻又不歸屬於任何一方的狀況，造成了這群勞工曖昧不明、模稜兩可的社會位置，這種經驗使白領勞工構成了有別於勞工階級的新中產階級。沒有財產促使新中產階級認同勞工，然而在勞動過程中又處於完全不同的階級位置，這種模稜兩可的社會處境——既不同於資本家，也有別於勞工階級——實際上是全新的經驗，使得佔有這些職位的勞動者不僅在意識型態上顯得困惑，在政治行動上也顯得搖擺不定。

相反地，正統派馬克斯學者不認爲在資本家與勞工階級之間存在有所謂的新中產階級。這些學者指出資本主義社會內有的不過是一小部份的資本家階級，與一個較大的、異質性較高的勞工階級。雖然在這個異質程度較高的勞工階級中，的確有一些勞工因進入了資本家或小資產階級，而使其階級位置顯得模糊不清，但是正統派學者指出，這些模糊不清的狀況都將隨資本累積的激烈化而消失。因爲資本的再生（reproduction of capital）將使得例行性地剝削勞工成爲必須的業務。所謂「例行性地剝削」是指掌控並且持續性地革命化勞工生產力的過程。在這個過程中，勞工集體變成一個日益複雜的整體，包括各種各樣多元異質的元素，而不再是個全然由無技術的手工工人所組成的同質化類屬。勞工集體的中間群體便處於一種模糊不清的狀態，與傳統的勞工與法人資本維持著曖昧不明的關係。但是這個特殊的處境並不會爲這個群體的勞工帶來獨立的階級身份。假定這層關係存在的論調都有可能犯下將階級關係動力轉換成固定階級類屬的錯誤，而無法掌握先進資本主義體系下，複雜的階級關係網絡所具有的矛盾與不穩定性，可能開放給勞工集體改變體系的機會。相反地，如果將焦點擺在階級乃是一種關係型態，而非描述不同職業所擔負的功能，那麼就有可能避免階級分析陷入釐清各種職位之間界線的工作，取而代之的是分析建構起這些職位的動態過程。採取這條研究路線，所面臨的挑戰將不會是如何確認區分階級的界線，而是分析資本主義的過程在工作領域中實際上是如何組織起來的結構動力。

1.誰構成了新中產階級

憂里（Urry，1983）指出馬克斯所建構的資本主義本質在

於兩組功能的實踐：一為資本累積的功能，另一為產生價值或剩餘價值的功能。這兩組功能，前者屬資本家的功能，後者屬勞工的功能，兩者唇齒相依，相互為用。這兩項功能產生了兩個二分的類屬：一個是生產工具的所有權，另一個是價值的生產者。根據兩個二分類屬的交叉分配，則可以得到四個不同的階級類屬：擁有生產工具卻不生產價值者、擁有生產工具而且生產價值者、沒有生產工具卻生產價值者、沒有生產工具而且不生產價值者。其中擁有生產工具卻不生產價值者屬資本家階級；沒有生產工具卻生產價值者屬勞動階級。所謂既是生產者，也擁有生產工具階級，自雇者與雇用少數勞工的小資本家屬之。最後剩下來的那個既沒有生產工具又不事生產的類屬，囊括所有經營管理人員、專業人士、科技專家，以及文書、工頭、廠務助理等從業人士，也是構成所謂的新中產階級成員的白領勞工。憂里指出技工、監工、管理人員在後期資本主義體系下日益擴張，其數量將日漸超過屬於藍領勞工階級的勞工數目。到了這個階段，階級結構體系中的無產階級化過程便不再是推動資本主義進展的主要動力，相反地，管理人員與其他中產階級勞工的持續成長才是資本主義的主流。這群構成新中產階級的勞動者具有下列兩項特性：第一、他們都沒有擁有生產工具，都必須工作，而且在工作場所中都享有較高的地位。第二、新中產階級中的管理人員又在兩個方面不同於其他受雇人員：(1)管理者主要是負責勞動力的雇用，並且控制工作場所例行的正常運作。(2)專業勞工，不論是基於傳統的定義還是新興科技的定義，主要的任務皆不在於聘僱與執行資本累積的工作，而在維持資本累積所需要的人力資本與物質資本，並且維護資本主義活動所需的上層建築。相對地，管理人員則是與企業擁有者

共同肩負並且執行資本累積的任務。

2.新中產階級的階級處境

　　一般說來，關於新中產階級的階級處境共有四種不同的說法。第一種說法主張大多數新中產階級的職業在結構上與以前統治階級的職業不同，再加上中產階級在結構上必須依賴統治階級的權威，所以新中產階級不是既有的資本主義統治階級的延伸。第二種說法則認爲新中產階級實際上相當接近勞工階級，因爲這兩個階級都沒有擁有生產工具。新中產階級成員所展現的認同統治階級的心態，純粹是錯誤意識作祟。一旦新中產階級瞭解到，他們的階級利益其實是與勞工階級的利益相一致時，這個錯誤意識很快就會消失。第三種說法是並沒有所謂的一個完整的新中產階級這個東西存在。所謂的新中產階級，不過是兩個利益相左的不同群體的組合，一爲具有統治階級權威的行政官僚，以及具有無產階級處境的白領勞工。最後，第四種說法是，新中產階級正處於一個曖昧不明的結構處境。白領勞工有的是一種無產階級的市場地位，以及一個資產階級的工作環境。新中產階級會認同於統治階級是出於工作處境，而不只是錯誤意識的表現（Urry , 1983 ）。

3.新中產階級論的實用性

　　由於新中產階級的勞工也是工資勞工，他們對資本的用處尚未到盤堅根固、無懈可擊的地位，因此也蒙受所有勞資關係中可能牽涉到的衝突與對立。這些勞工顯得有點曖昧不清的階級行動，多少與這些勞工要資本家感受到他們的用處有關。新中產階級勞工爲了肯定各自對資本家的價值所展開相互競爭，馬克斯學者稱之爲兄弟鬩牆，似乎已經成了在資本主義分工體系下勞工階級內鬥的註冊商標。這通常表現在三方面（Smith &

Willmott，1996：30）：第一、新中產階級勞工為了合理化他們的存在價值，刻意操弄他們在勞動關係與生產過程中的不可缺少性。第二、藍領手工工人則透過自主權的擴大，來爭奪中產階級的地位。第三、資本的代理人與守護者——特別是管理人員——則採用各種不同的方法來變動中間層級勞工群體的工作內容與組成，其目的不是為了維持存在於勞工集體間的層級結構，以便需要時可以緩和階級衝突的強度，就是為了減低專門性工作結構，增加雇用生產力比較容易量化的勞動力，以便擴大存在於勞工集體間的層級結構。這個趨勢的結果，對於無技術的勞工來說，不但減低了他們被原子化的感受，也沖銷了無技術勞工間的差異性與對立性。對於有特殊技術的手工工人來說，這個趨勢卻鼓勵他們接受反集體主義的工會價值。但是，以個人主義為中心的相互競爭也得不到太大的好處，經常迫使資本與新中產階級發展新的方法來評估技術勞動價值，聯手節制技術勞動成本的持續擴張，以便減少專門勞動力的雇用成本。

白領工會的特性

早在 1970 年代，舉凡有關白領勞工的論述，多集中在探討白領勞工如何採取組織化的行動，特別是仿效藍領勞工的作法，以籌組工會的方式來進行工業行動。而「工會特性」（union character）這個概念正好具有統攝各種不同類型的工會在目標、政策與活動上差異的獨特功能，所以有關工會特性的探討很快就成為勞工運動理論的核心。隨著白領工會在數量上以及

在政策影響力上的不斷成長，這一批新興的白領會員在工會參與的需求上以及工會行動目標的追求上，似乎與傳統藍領工會之間有著日益明顯的差異。針對這個現象，各家學者從不同的角度與立場加以研究。根據這些學者所採取的立場與研究取向的不同大略可分成——親韋伯研究取向、工業關係取向，以及正統馬克斯主義研究取向等三大派別（Price, 1983）。

一、親韋伯研究取向

以洛克伍德（Lockwood）、布烈克本（Blackburn）、與普藍迪（Prandy）爲代表的親韋伯取向社會學派，根據藍領工會的特質，建構工會的理想型，做爲測量白領工會屬性接近藍領工會程度的指標。洛克伍德（1953）認爲影響工會特性與行爲的主要因素，是工會會員工作處境的差異，而不是由工會會員所擁有的職位在整個地位層級中所佔據的位置來決定。勞工的階級處境，則受到市場關係結構與工作場所內的權威關係結構兩個變數的影響，至於階級意識，則根據勞工涉入工會運動、獲得階級特性的程度而定。布烈克本與普藍迪（1973）則更進一步從兩個層面、總共七個項目來建構「工會取向」（unionateness）這個概念，作爲測量勞工組織全心接納工會運動的一般原則與意識型態的程度。所謂兩個層面是指工會取向的社會面與企業面。測量社會面工會取向（society unionateness）的項目，主要涵蓋的是工會與較廣大社會的關係，分爲四大項：勞工組織對外是否公開承認其工會的身份、是否註冊登記爲工會、是否加入全國總工會，以及是否與工黨發展聯盟關係。測量企業面工會取向（enterprise unionateness）的項目，關心的是在雇傭範疇內工會的行爲，主要有下列三大

項：為了達到協商目的，該勞工組織是否獨立於雇主控制、是否將集體協商與保護會員權益視為主要職責，以及是否準備不惜一戰（militancy）。所謂「不惜一戰」，是指勞工組織為了肯定其會員權益，實踐其作為一個工會的職責，不惜用盡各種形式的工業行動與雇主抗爭的程度。

布烈克本與普藍迪雖然強調「不惜一戰」不是決定工會特性的唯一變數，只是構成工會取向的要素之一。但是在測量階級意識與階級行動時，不惜一戰仍居於關鍵性的地位。大體上，「不惜一戰」的程度端視下列兩項因素而定：一是工會實際的力量，二是意識型態。工會的實力決定了工會在抗爭的過程中，實際上能做些什麼的本事，所以這個變數基本上受到工作與市場處境以及會員的普及程度的影響。所謂「會員普及程度」（completeness），是指工會所擁有的實際會員人數佔全部潛在會員人數的比例，在大多數的情況下，會員普及程度主要是取決於工作處境下盛行的意識型態。其中，意識型態又內涵了兩個矛盾的要素——階級與地位：「地位」涉及到員工與管理者間存在有上下等級的概念，而「階級」則擔負著衝突的概念。一個協商團體的存在本身，就某種程度來說，便代表著有某種被公認的利益衝突存在。所以公開承認工會身份這項事實，雖然帶有認同階級的意識型態成分，但是這與階級意識並不是同一回事，特別是在白領勞工的意識型態中，多多少少殘留有地位意識的成分在內，只是程度上有多寡的差異罷了！據此，布烈克本與普藍迪指出，這基本上意味著白領勞工相信經營管理者會公平地對待勞工，理性地解決問題。所以對白領勞工來說，雇主的權威是可以接受的，雇主在經營管理上所行使的控制權也是合法的。所以，在這種認知架構下，白領工會動員的重點

不在協商而在代表，一種與在相對權力之下尋求妥協的藍領工會運動完全不同的信念。

二、工業關係研究取向

以班恩（Bain）、科提斯（Coates）與艾里斯（Ellis）等學者爲代表的工業關係學派，不認爲社會階級與加不加入工會以及所採取的工會行動上，存在有相互對應的關係。工業關係研究取向主要的論點有二：第一、勞動者所在的社會階層位置與工會身份之間沒有一致的關係。班恩等學者指出並不是受雇於社會階層結構位階上低的職業，工會組織的情況就比較高。事實上，有些在社會階層結構上層級很高的職業，發展出高度工會化的情形。另外，地位非常低下的職業，卻根本發展不出任何組織的情況，也所在都有。第二、工會的特性本身並不能正確地反映其成員所擁有的階級意識或工會意識，所以不適合作爲階級或工會意識的指標。班恩等學者特別指出，工會領導者的目標經常不同於工會成員的目標，但是被認定爲工會組織目標的，大多是工會領導者而不是一般會員所選定要追求的（Bain et al., 1982）。據此，工會特性所反映出來的階級意識與其歸因於工會會員，不如歸因於工會領導者。所以，工業關係學者建議，對於許多專業或白領協會所展現的「工會取向」特性，最好將之解釋爲對特殊情境所發展出來帶有實用主義的回應，而不是輕易將之視爲階級意識的具體表現。總之，不同受雇者之間所佔有的社會位置、對社會運作所持的觀點，與加入工會後所推動的工會運動模式之間，不是任何簡單的因果關係可以解釋得清楚的。

三、正統派馬克斯主義研究取向

以況普頓（Crompton）為代表的正統馬克斯主義者，認為市場處境、工作處境與地位處境這三種被親韋伯學者用來描述階級處境的要件，雖然是解釋白領勞工工會成長與行為的重要因素，但是卻無法解釋為何在短短數十年間，某些白領勞工的市場處境與工作處境會發生如此劇烈的變化。況普敦認為對於這個問題，只有從資本主義生產模式的發展中去找尋解答。而他提供的解答有三：第一、資本的功能日漸被沒有擁有生產工具的代理人所執行；第二、大量的白領勞工受雇於特屬於資本主義生模式的經濟部門；第三、有一小撮的白領勞工，在法律上雖然並未擁有生產工具的所有權，但是卻確確實實地控制著生產工具、勞工與剩餘價值，所以這些白領勞工同時執行著資本與勞動的功能。

據此，況普敦認為從階級處境來建構白領工會的行為是行得通的，不過如果想要正確地掌握社會階級與白領工會間的關係，必須完全拋開洛克伍德所發展的新韋伯取向的階級分析架構，改採馬克斯主義的分析原則，方有可能對白領工會運動有更清楚的瞭解。據此，況普敦指出在使用韋伯模式分析白領勞工運動之前，必須先瞭解白領階級的成長與西方資本主義發展的關連性：一、資本主義的生產模式日益取得優勢；二、經常性地要求資本累積與增加剩餘價值的壓力；三、基於協調日益複雜的生產過程以及管理日益增加的剩餘價值的需要。有了這番認識之後，便能夠瞭解資本主義下的無產中間階級，或稱新中產階級，即非生產性勞動力（unproductive labor），通常包括兩大類屬：一為資本主義社會特有，另一為所有複雜社會都

必須要有的白領勞工。一般說來，從事醫療、教育、行政工作的白領勞工，是所有複雜社會都需要的勞動力，並非資本主義社會所特有。至於從事會計、廣告、金融及一些國家服務等活動的白領勞工，則屬於資本主義所特有的非生產性勞動力，這批白領勞工本身不具有創造新價值的能力，卻扮演著加速剩餘價值抽取的關鍵性角色。但是這批資本主義所特有的白領階級並不具有成為「剝削階級」的充分條件，因為他們的階級處境與生產性的勞工並無二致，所不同的只是沒有受到剩餘價值的剝削，受到的只是他們勞動力被侵佔的壓迫。在這種情況下，雖然白領勞工與藍領勞工同樣面對著「無產」這項階級處境，但是他們在資本主義生產模式上所扮演的角色——執行資本功能的代理人，使他們無法明確地認同無產階級（勞動的功能）或有產階級（資本的功能）。因此，這群白領勞工工會行動的獨特性，大多是反映這些因素交互作用後的結果。

白領勞工運動的動因與障礙

　　白領勞工不論是對工會的組織動員，還是對企業的經營管理來說，都帶來特殊的問題。對工會來說，要將白領勞工組織起來不是件易事，為一個白領團體提供服務，更是對工會成立的初衷難以交代。傳統以來存在於辦公室與廠房之間的對立，常在這兩大勞工團體在工會中成為哥兒們之後，都仍然創造新的敵對。工廠勞工反對辦公室勞工不必打卡、早班的咖啡時間、病假、以及連續的長假等特權。白領勞工則嫉妒生產勞工沒有較高的教育程度卻享受較高額的工資。另一方面，就白領勞工

本身的組織動員來說，若是採用產業工人所發展出來的策略，一敗塗地是最常見的結果。這兩類勞工的較勁，主要源自於白領勞工大部份的情況下必須依賴生產工人來獲得經濟支持。協商時，白領勞工倍感壓力，常在委曲求全的情況下，接受工廠勞工認可的條件。

一、白領工會抗爭不具實力的因素

史濁斯（Strauss，1954）認為基於下列四大因素，白領勞工認為想獨立贏得罷工不是件易事：第一、當產業工人發動罷工時，生產立即停止，公司馬上就會損失金錢。白領勞工發動罷工或許會帶來不便，但是大多數情況下，他們的職責上級可以馬上承擔，基於此，工會試圖吸收層級較低的督導加入白領工會。第二、雖然廠房中的白領勞工忠於工會命令的程度並不亞於藍領勞工，但是工會幹部通常並沒有把握他們的白領會員在接到停止工作的命令時，是否會照著做。第三、白領勞工中年輕無技術的女工佔有相當高的比例，若他們加入罷工行列，對雇主來說，要馬上找到替代者並不是件難事。第四、有時產業勞工並不尊重白領勞工的罷工糾察行動，甚至要求開兩道門，將罷工的白領勞工與準備正常工作的藍領勞工分開。所以有時候，白領勞工是在完全沒有外援、孤軍奮鬥的情況下動員起來的。

二、向上流動夢想受挫是刺激白領工運的主要動因

除了藍白領勞工本身的對立與不合作之外，對工會運作的刻板印象以及中產階級的夢想，是阻止白領勞工積極參與工會活動的另外兩個重要的因素。例如，許多白領勞工擔心加入工

會使他們喪失中產階級的地位。在他們傳統的看法，工會是下層階級的、製造麻煩的，加入工會無異於宣告放棄希望，對老闆採取敵對的立場。這與傳統上他們夢想成為老闆的一個親密的夥伴、私人的朋友是完全相反的作法，也等於放棄所有根據個人表現往上爬的機會。值得注意的是，這種想法不僅是上了年紀「老白領」的心聲，甚至是才開始第一份最底層白領工作的年輕小伙子的看法。換句話說，白領勞工最為重要、獨特的一項特性——中產階級的背景與價值取向，大半是造成白領工會行動與「眾」不同的因素。

白領勞工基本上是具有中產階級的外觀，大部份都做著從打雜小弟做到公司總裁的夢想，即使工資比從事生產製造的勞工來得低，白領勞工通常從不懷疑白領職業具有比較高的社會地位、比較受到尊重、比較接近老闆、有比較多的機會表現創意與自主性。實際上，近年來白領工作日益變得例行化，升遷的機會也減少很多，有很多白領職位的工資甚至跌落在工廠勞工工資之下。特別是對於那些服務年資已經很長的白領勞工，那些被他們視為理所當然的期望不再能夠實踐的時候，他們轉向工會。但詭異的是，白領勞工並沒有就此放棄向上流動的夢，因此就塑造了白領工會那麼一股特有的屬性。

儘管情勢如此，白領勞工也有蠻好組織起來的時候。事實上，通常組織白領勞工最容易的時候，是他們中產階級欲望受到強烈挫折的時候。對於白領勞工來說，工作所賦予的社會聲望、獨立與主動性，似乎遠比工資與工作保障，更能夠左右他們加入工會的意願。也就是說，白領勞工加入、籌組工會的行動，主要是出於社會聲望與地位滑落的一種防禦性反應。若用史濁斯的話來說，白領勞工加入工會，不是因為他們放棄了中

產階級的渴望與抱負，也不是為某個共同目標奮鬥的團結表徵，而是因為他們視工會為維持超越藍領勞工社會地位的一項比較好的工具。據此，白領勞工組織可能會要求維持一個有別於藍領工會的獨立認同。

這點可以從大多數被雇主視為專業人士的保險經紀人積極從事組織化的經驗中得到印證（Knights & Morgan，1996：217-240）。保險經紀人的雇用關係基本上是建立在佣金制度之上，所以經常需要面對主管不斷要求業績表現的壓力。在工會化之前，公司極力鼓勵競爭，結果造成「贏家通吃、輸家走人」的局面。激烈的競爭使經紀人之間發展不出哥兒們相互照應的關係，上級督導隨時盯梢檢閱以確定經紀人是否遵照交代的銷售技術辦事。終致於把經紀人逼進工會，希望藉著工會的力量，以對抗經營管理者剝奪他們獨立自主與專業尊嚴的壓力。由此可見，監督下屬猶如管犯人的上司、低劣的工作條件、跟不上社會工資上漲的速度，反而可能是促使白領勞工加入工會的主要因素。至於工資不高的影響力，則端視勞工對他工作的概念而定。另外，廠房庶務員工對低工資的抗議，始終都是與對缺乏適當的升遷機會與主管隨意干擾他們工作步調的抱怨同時出現，這似乎暗示，白領勞工通常是在公司對他們的努力一再忽視之後，才祭出工資過低的大旗，以做為抗爭的議題。

三、誰是最容易工會化的白領勞工

一般說來，庶務性的廠房職員是最容易組織的白領勞工。大部份的工廠裡，廠房與辦公室的分野是涇渭分明的。但是廠房中也有屬於白領勞工的群體，如計時員、生產規劃師、跑腿辦事員等員工，這類庶務性白領勞工一旦成為工會會員之後，

反而變成參與工會事務最為熱烈的一群員工。何以如此呢？可能的原因有二：第一、受雇於工廠的庶務性員工與工會化的生產勞工有最密切的接觸，可以說是對工會運作的利弊得失看得最為清楚的一群白領勞工。而行政主管的秘書，由於與經營管理者的物理與社會距離最近，卻成為反對工會最強而有力的白領勞工。至於非專業的製圖員與實驗室的技工對工會的態度，則常與他們直屬的工程師有關。第二、這些在廠房內從事庶務工作的白領員工，多半受過專科的教育，感覺不到有升遷的希望。他們的待遇與福利與和他們一塊工作的技術工人比起來差很多，因此造成了他們對於廠房內的態度與就業關係有著深刻的不安全感。

　　對於經營管理者來說，雖說與組織化的廠房工會團體交涉已不是件難事，但是白領勞工的工會運動卻令他們左右為難，甚至深感威脅。在很多情況下，就工作性質來說，與坐辦公桌的職員進行集體協商，比與產業工人進行集體協商來得困難。工作交代需要比較長的時間，因為大多數的情況是每個人工作的內容都有其獨特性，進行工作評鑑就更加困難，然而地位又是那麼的重要，小小的一點嫉妒與意見不合，可能都會弄得滿城風雨。對於上司主管不經意的動作，白領勞工感受到不公平的反應可是又快速又強烈。雖然說有些白領勞工的地位左右為難，一腳才跨進經營管理者的門檻，另一腳尚留在勞動階級的門內。但是面對這種處境的白領勞工並不盡然受困於不知該向誰效忠的兩難。相反地，這時如果工會組織者正好奉上一份吻合他們中產階級期望的計畫方案，見到他們立即加入工會籌組的行列，並非是無根無據的臆測之詞。

　　總之，從西方先進國家的經驗得知，白領勞工會加入工會，

大多出於他們將工會視爲可以幫助他們重新拾回被主管與工作情境剝奪已久的中產階級尊嚴與自主的一種方法。這雖不是唯一的因素，但確實是最主要的因素。尤其重要的是，這項先是使白領勞工很難組織起來的因素，同時也使組織起來的白領工會很難協商出一份全體適用的契約：白領勞工反對一視同仁的待遇，因爲這種處理方式無視個別員工的貢獻與努力。白領勞工不願意放棄他們習以爲常的做事方式，但是講求年資與自動晉級又不是藍領工會的作風。因此就政策與協商技術而言，藍白領工會若想達到整合，首先必須要克服他們在使用工業行動意願上的差異，而白領勞工對於組織化行動所顯現的不安與猜疑，正構成了勞工運動內部團結的主要障礙。所以當白領勞工朝傳統工會態度方向移動時，對他們來說完全是冒著放棄上升流動夢想的嘗試錯誤過程。所以在許多情況下，常會見到白領勞工積極推動年資制度，待年資制度建立起來後，又極力反應依年資標準的升遷制度有欠公平，積極鼓吹工作評鑑制度，待制度建立起來之後，又一再抗議按照業績分配的工資制度，缺乏公平正義。不過，可以肯定的是，隨著白領勞工年齡的增長，必然會更加接受傳統工會的目標，比如說上了年紀的白領勞工會更加接受年資制度，並不是因爲他們認爲個人表現不再適合作爲升遷的標準，而是因爲對他們來說，工作表現漸漸比年資更難客觀地成爲業績評鑑的指標。

第五章
集體協商制度的轉變

……簽訂團體協約涉及雙方代表機構對其下屬會員的約束力，以工總與全總目前的體質尚待增強的現實情況下，如何敦請會員遵守，勢必牽動未來勞資合作的空間，值得觀察。

　　……釋放公權力，讓勞雇參與協商，雖是先進國家的趨勢，但因全總與工總都是法人團體，簽訂團體協約後，如何強制下屬團體接受協議內容，且團體協約雖具法律效果，但無強制性，任何一方不履行協約內容，僅能透過調解程序，或走法律途徑解決，將會是下階段勞雇雙方必須面對的一大難題。

　　……全總與工總的協議，全總認為應該涵蓋勞基法所有行業，近四百萬勞工，但工總說，所屬會員僅涵蓋製造業與營造業，約有一百四十四萬人。雙方認知並不一致，決議代表性何在？

　　……全總與工總達成今年調升工資 3％的共識。全總還一度認為打了一場漂亮的仗，但事後才發現，3％的調薪是近六年來製造業調薪的最低點，即使去年經濟非常不景氣，製造業還調薪 4.3％。全總理事長李正宗事後坦承，第一次協議難免會出現不完美，希望各界支持。但也凸顯全總內部組織的鬆散，連基本工資資料的蒐集都不夠確實。

　　……勞委會希望工總與全總能朝向日本各行各業在工資交涉的「春鬥」為典範，希望能開啟勞資關係的新契機。然而，日本的「春鬥」是以各行各業別工會組織為訴求的當事主體，雙方資料收集齊全，且一步步進行協商，與目前我國全總、產業工會、職業工會「難免同籠」的組織結構大異其趣，且國內參與「勞資會議」的企業僅寥寥百來

家，代表性不足，全總何能承擔工資調整的重任。

——1997 年 6 月 30 日＜聯合報＞第十九版

　　在集體協商制度（collective bargaining）尚未形成之前，許多有關於就業安全、工作安排與勞動成果評鑑等各項重大議題，全部是由雇主片面決定，這種設計也就是傳統以來最為熟悉的雇主規範制度（employer regulation）。對於勞動過程相關事務的參與以及決策的制訂，勞工是一直等到集體協商制度合法化之後，才有機會透過其代表，施展出一些可大可小的影響力（Clegg, 1979）。所謂集體協商制度，就這個概念最普遍被接受的定義而言，主要是指一種中央化（centralized）的制度設計，經由這個制度，全國性的工會組織與雇主協會共同完成所有與就業規範相關的規則制訂。這套規範制訂與條件協商制度的有效運作，端視全國性的工會組織與雇主協會雙方所具有的壟斷力量而定。所以就集體協商制度的結構本質而言，原本並不是指任何一個以單一雇主為中心，與其內部各工廠、分部的工會代表進行有關規則制訂的協商活動。集體協商這個概念後來之所以被漫無邊際地擴大應用，則是在廠場工會幹部（shop stewards）的重要性大增之後才出現的現象。自此以後集體協商制度的定義，甚至包括單一企業內管理人員與分廠工會代表之間的協商制度、廠場工會代表直接與廠房管理人員之間的協商行動。對於這個現象，即集體協商層級的矮化與脫離中央化的現象，本章則以集體協商制度的分權化稱之。

　　回顧先進國家工會參與集體協商制度的發展史，顯示工會對中央化集體協商制度的偏愛程度遠甚於分權協商，常常藉著化零為整的方式，將零星的協商集中起來，以便強化他們在談

判桌前的斡旋力量，這種作法尤其是在當工會想把工作條件排除在競爭環境之外的時候，顯得特別明顯。相對地，雇主對於化整為零的策略卻情有獨鍾，尤其是在分權協商有助於掌握企業與地方特性，甚至有利於雇主對工會展開個個擊破策略之時，益發彰顯雇主特別偏愛分權式的協商制度。

　　儘管勞資雙方因利益、立場的不同，對於集中協商制度展現截然有別的好惡情結，但是若要對集體協商制度集中化的功效做整體性的評估，則有其難度。究其原因，有一部份的困難，是出於缺乏可以直接比較協商結構集中化程度的測量工具；另外，傾向集中化集體協商制度的程度可能因協商議題的不同而有所差異。舉個例來說，在某些國家，工資協商（wage bargaining）是屬於公司或部門協約的範圍，而工作規則（work regulations）卻隸屬於較低層級，多半屬於工廠層級的協定。另外，勞工參與決策制訂的制度，可能又發生在另一個協商層級，或是透過非正式機制，如工作會議或廠場研討等方式達成，而非經由正式的集體協約。因此，不僅協商結構本身，甚至結構的轉變，對於協商過程、協商結果，以及協商的當事機構，即工會與雇主組織的角色，都有至為關鍵的影響力。

　　從 1980 年代早期開始，許多先進國家的集體協商制度的重心出現向下移轉的趨勢，即從全國層級或多雇主層級，下降到公司或工廠層級。這個過程在學術上一般稱之為集體協商制度的分權化（decentralization of collective bargaining）。究竟是什麼因素促使集體協商制度由集中協商轉為分權協商呢？大體上說來，學界從協商對手實力變化、工作結構的重新組合、以及企業組織分化等三個不同觀點，來解釋集體協商制度的分權化。本章將先陳述集體協商制度在英國式微的情形，然後比較

集體協商制度分權化在瑞典與西德的發展經驗，最後介紹學界
對於這個現象所提出的三大解釋。

集體工業關係制度的式微：英國經驗概說

　　1980 年代開始的世代是英國經歷政治、經濟與社會變遷最
為深刻的十年。在政治方面，最為重大的變化是全盤放棄講求
勞資平權的統合主義制度安排與強調國家角色的凱恩斯經濟理
念，而走起自由主義市場經濟的路線。在經濟方面，1980 年代
是一個以經濟不景氣開始，同時以經濟不景氣結束的十年，產
品市場競爭的激烈程度一年勝過一年，但是失業率在整個時期
中卻一直居高不下。政治與經濟環境上所產生的劇烈變動加速
了民間社會對民營化（privatization）與個人主義的認同。在民
營化與個人主義這兩大潮流的衝擊之下，社會風氣到了 1980
年代末期，也變得愈來愈不重視集體主義的價值了，於今 1990
年代所見到的集體工業關係的沒落，多半是這股輕忽集體主義
社會風氣的延續。

一、政府政策與集體協商的式微

　　在這眾多關乎政治經濟環境與社會整體風氣變遷的因素當
中，影響集體工業關係體系變化至重至深的關鍵因素，就屬自
1979 年以來保守黨政府所制訂的勞力市場政策與窄化工會權
力運作的立法架構。在保守黨的認知架構底下，工會向來是妨
害勞力市場正常運作的首要障礙，因此在制訂勞工政策之時，
削弱工會壟斷力量便成為其一貫不變的目標。細數 1979 年以

來，保守黨訂定的對集體工業關係與工會實力兩方面都造成嚴重傷害的相關法令，至少包括下列六項：終止立法支持與政治鼓勵集體協商制度的擴大；解除強迫勞工加入工會的制度；以強制投票的方式，以違法行動來處理政治性與團結性罷工的方式，來削弱工會與工黨間的聯繫；透過立法規定在工會選舉之時與發動工業行動之前，必須通過工會會員的投票表決，來減低工會領導核心集體決策的重要性；限制工會組織與發動工業行動的範圍；不再邀請勞工代表參與國家政策的制訂。

二、集體工業關係式微的徵候

布朗（Brown，1993）曾經指出從多那分委員會（Donavon Commission）成立以來，一直以改善英國亂無章法的工業關係體系為首要目標。如今從 1990 年代回首過去二、三十年努力的成果，不得不承認經過保守黨十餘年的改造，英國的工業關係體系是被徹頭徹尾地改變了，整個集體協商制度在適用範圍、協商結構，以及協商品質三方面，都出現非常重大的變化。就這三方面變化的綜合結果而言，一言以蔽之，就是工會勢力的衰微。根據麥克羅林和果瑞（McLoughlin & Gourlay，1994）的簡要歸納，集體工業關係的式微可從下列三大徵候中看出端倪：一、集體協商制度適用範圍的縮小；二、工會會員人數的持續遞減；三、企業間不承認工會趨勢的迅速成長。

(一)集體協商制度適用範圍的縮小

顯示集體協商制度式微的其中一個線索，是集體協商制度適用範圍的窄化與運作層級的矮化。最能彰顯這個趨勢的指標，是就業條件與工作權益由集體協商制度決定的員工所佔比例的減少。根據布朗提供的資料顯示，全國勞動人口中由集體

協商決定就業條件與工作權益的員工比例，從 1968 年的 65％
爬升到 1973 年 72％的高峰之後，便開始下降，到 1984 年降至
64％，到了 1990 年更減低到 47％（Brown , 1993：61）。

　　若放任集體協商制度從整個企業下降到廠場層級的趨勢自
行發展，終究會導致廠場為基礎的協商與決策層之間出現制度
性的分離。這種制度性的分離為時一久，自然會將工會的活動
侷限在個別廠場之內。若此時又有節制工業行動的法令與之搭
配箝制，工會的實力與運作空間不縮小也是難以想像的事。不
可否認地，分權而治是 1980 年代以來逐步浮上檯面的趨勢，對
於集體協商制度有著強大的殺傷力，不過是否能夠就此斷定，
分權而治的發展是代表雇主有計畫地剷除集體化的雇傭關係，
則是有待進一步探究的說法。如前所述，大多數的情況下，可
能是意外的結果，而非有計畫的陰謀。雇主支持分權而治的動
機應該是多元的，不是用單一因素就可以解釋清楚的。制度性
的分離不太可能是為了削弱工會的勢力而採行的策略；較正確
的說法是，企業面對經濟結構整體變化所做出的不得不然的反
應。在這個過程中，企業或許動過趁勢推翻建立在平權主義之
上的工業關係的念頭，不過可能多半是臨時起意的舉動；對他
們來說，若能藉此機會打擊工會的氣焰，更是意外的收穫。總
之，企業對集體協商制度式微的反應，應該是機會主義的成分
遠大於有計畫的行動（Marchington & Parker , 1990）。

（二）工會會員人數的持續遞減

　　顯而易見地，加入工會人數的減少自然會影響到工會的實
力與集體協商制度運作的效力。就英國的經驗來說，工會人數
自 1979 年以來就一直不斷地下降，已是一件不爭的事實。不過
根據統計資料得知，從 1984 年到 1990 年，工會的密度由 58％

跌至 48%，同時期廠場代表的人數比例也從 82% 跌至 71%（轉引自 Sissen，1993：203）。若換算成人數來說，這意味著英國工會在短短的十年之間總共流失了三百多萬個會員（轉引自 McLoughin & Gourlay，1994：13）。若再將這些數字與堪稱工會發展黃金時代的 1970 年代相比，則可以看出自 1979 年以來，英國工會密度整整減少了 12.7 個百分點，但是，從 1979 年到 1984 年的五年間，工會密度是在下滑沒錯，不過只跌落了 2.7 個百分點，所以顯而易見的，工會人數與密度的急遽減少真正開始的時機是在 1984 年以後。

不過，弔詭的是，自 1984 年起，雖然見到經濟復甦、就業擴大的景象，但卻無助於工會密度的止跌回升，相反地，具有工會會員身份的勞工人數減少的速度卻有增無減。反映這股趨勢的具體指標有二：第一是如上所述，自 1984 到 1990 的六年間，工會密度下滑了十個百分點，是前五年的四倍；第二就是工作場所內沒有工會會員身份的員工在人數上不斷地增加。對工會而言，這個現象的持續，等於在說隨著經濟不景氣或產業轉型而萎縮的工業部門所流失的會員人數，並沒有從新興的、成長中的工業部門所擴大的就業人數中得到彌補。

就工會人數是直線下墜的整個趨勢來說，很難用單一因素就可將成因解釋得清楚明白。不過，基本的動態仍是可以掌握的。大體上來說，1980 年代的前幾年，私人部門沒有加入工會的員工人數的增加，大部份可以歸因於經濟的不景氣。經濟不景氣使得私人部門有為數眾多的製造業或者倒閉，或者裁員，以致使工會會員大量縮減。不過，到了 1980 年代的後半期，相當數量的員工不加入工會，就不再能夠完全歸咎於企業倒閉。雖說企業倒閉造成工人失去了工作，因此也就喪失了工會會員

的身份，但卻不足以解釋全面性工會會員人數的萎縮。換句話說，這個現象似乎暗示有不少有工作做的受雇者不是退出工會，就是根本選擇不加入工會。因此，研究者大多開始將 1980 年代後期經濟雖見復甦，但工會人數卻沒有相對增加的現象，歸諸於當時盛行的個人主義，以及早先強制入會的法令已經不再有效這兩大勢力交互作用所產生的結果。

(三)企業間不承認工會趨勢的迅速成長

最後，集體工業關係的式微也可從企業界出現不再承認工會合法地位的行動，以及愈來愈少的企業會為了方便進行集體協商而承認工會這兩大現象中窺出端倪。根據米爾渥（Millward et al., 1992）等多位學者共同完成的 1990 年工作場所工業關係調查報告顯示，1984 年無工會企業的比例是 34％，到了 1990 年上升到 47％（轉引自 McLoughlin & Gourlay , 1994：13）；同時期在工作場所內設有共同諮詢委員會的企業從 34％減少到 29％（轉引自 Sissen , 1993：203）。造成各個企業單位內沒有工會比例增加的因素有很多，究竟到什麼程度可以說 1980 年代企業承認工會比例的下降，是與向來沒有工會存在的企業，以及新成立的企業不願意認可工會的成立有關，則有待進一步的釐清。不過，如前所述，1980 年代初期無工會企業的增加並不是因為企業不承認工會的行動所致，而是因為製造部門許多大型的有工會的工廠因經濟不景氣而倒閉所致。但是到了後期，確實出現有些企業主動採取不承認工會的行動。

此外，1990 年工作場所工業關係調查報告也指出，該調查進行的前三年，所有私人企業願意承認工會的比例不到 1％，而且新成立的企業比舊有的企業更不願意承認工會。成立二十年以上的企業有將近一半承認工會，但是成立十年以上的企業

只有五分之一承認工會。即使如此，不見得企業成立的時間愈久遠，承認工會比例愈高，愈是新成立的企業，愈不可能承認工會。事實上，該調查發現成立大約有七至十年的企業，也就是 1980 年代初期成立的企業，承認工會的比例最低（McLoughlin & Gourlay，1994）。

三、兩種類型分權化模式的出現

除了集體協商制度適用廣度的減少之外，協商層次上也發生了變化，特別是出現了從中央集權走向企業分權的趨勢。在這數十年之中，集體協商制度在英國的運作，已經經歷了從工會與多位雇主進行集體協商，演變到各廠場工會代表集體與共同雇主進行協商，再窄化到由各個工廠內自行協商的狀況。而這個過程的演變，使得承認工會與集體協商的發展愈來愈受限於個別企業的好惡。

在英國於 1980 年代與 1990 年代早期出現了兩種類型的分權化趨勢。其中第一種是多雇主聯合協約數目的減少。雖然多雇主聯合協約數目自 1950 年代開始出現減少的跡象，但以私人部門來說，自 1970 年代起，多位雇主聯合協商制度才出現比較明顯的衰退趨勢，但是這股縮減的趨勢直到 1980 年代方才轉劇。結果多元雇主協約不是爲單一雇主協約所取代，就是被工廠層級的廠場契約所取代。不過到目前爲止，這股趨勢的演變，尚未出現任何逆向發展——即由公司層級的協約轉回多雇主聯合協約——的跡象。

仍然維持多雇主聯合協商的產業，通常有資本小、規模小的特性。這些產業的雇主擔心公司或工廠層級的協商會增強工會長袖善舞的能力，將各雇主玩弄於鼓掌之中，爲協商過程增

添不穩定的變數。多雇主聯合協商的架構大部份存在於紡織、製鞋、零售、製衣等產業。但是即使在這些產業，多雇主聯合協約的重要性也在衰微之中，因為這個架構的主要功能已經減縮到只用在制訂最低就業條件這一個項目而已！

　　第二項發生在英國的分權化運動是，公司層級勞動協約逐步被工廠、分部、事業單位的獲利中心所訂定的協約所取代。自 1979 年以後，集體協商制度再度從公司層級下放到廠場層級的程度雖然並不明顯，不過是有股趨勢顯示，雇主有退出產業層級的集體協商制度的動向。但是到底有多少協商權力直接下放到每個不同的廠場就難說了。在某些公司，工資協商有下放分權處理的趨勢，但是關於工時與休假的協商仍維持在公司層級。其次，在缺乏公司層級訂定的整體契約的情況下，公司內各工廠所舉行的非正式協商卻成了持續產生標準化就業條件的主要機制。值得注意的是，同一個時期私人部門，特別是私人服務部門，有相當高比例的雇主選擇相反的模式，放棄初期多半以廠場為各自肩負決策責任的制度安排，而走回比較集中的、以公司為主的決策制定模式。1990 年的調查亦顯示，私人服務部門的協商制度並未深入廠場層級。相反地，脫離多雇主聯合協商制度之後，隨之而起的是以企業或公司為主的協商制度。不過，由於廠場工會幹部力量的式微，以及人事部門日益專業化，工廠內的協商也有集中化的趨勢。所以，在英國轉向公司層級的協商有時是和工會結構的強化一併發生。所謂一張桌子協商模式，即一位雇主同時和多個工會代表同時進行協商，就是改變以前採行個個擊破的作法，而把代表藍領與白領工會集合起來一同展開協商。

　　從另一方面來看，對某些加入工會的技術與文書職員，個

人勞動契約的引進更代表了另一種更爲極端形式的分權化協商模式。這些員工的薪資現在則由個人契約來決定，而不是根據傳統公司層級協約的規定。在沒有完全排除工會代表的情況下，很難看到協商可以變得比個人契約還要分權的程度。最後，雖然工作團隊的作業模式在英國並不普遍，但是關於功能彈性，新工時配置，以及更機動性的給薪方法，已經被許多公司所採用。

瑞典與西德的經驗

在普遍經歷到集體協商制度分權化的衝擊之前，英國、瑞典與西德三國本身的集體協商制度各具各的代表性。相對來說，英國建立在自願主義上的集體協商制度的分權特性原本就比較強烈；瑞典強調中央集體協商的制度正好與英國相對照，是一個典型極端中央化的集體協商制度；著重產業層級集體協商的西德，集體協商制度集權中央的程度則屬於中等。所以如果單獨檢討英國的情形，而無對照比較西德與瑞典的經驗，則不足以顯示集體協商制度的分權化是個普遍發生於工業國家的新趨勢。所以在這一節裡，將說明瑞典與西德正式與非正式協商結構的發展，以便對先進工業國家集體協商制度的轉變有進一步的瞭解。其中正式的協商結構要求明確列出某分集體協約所涵蓋下的所有員工。非正式的協商結構通常講求的是比照原則，只要求協商的對手嚴格遵照某個主導協約的規定辦理。

一、瑞典

　　中央集體協商制度（central collective bargaining）、社會民主黨政府，以及工資團結政策，是瑞典以統合主義為基礎的工業關係制度的三大柱石（Lash，1985；Kjellberg，1992；朱柔若，1996）。瑞典劃時代的中央協約出土於 1938 年，由分別代表勞資雙方的全國勞工總會（Swedish Trade Union Organisation，LO）與雇主聯合會（Swedish Employers' Federation，SAF）共同參與規範工業關係規則的制訂。然後於 1950 年工資問題正式被勞資中央協商制度接納為共同協商的議題，兩年後開始第一回合全國性工資協商，五年後完成制度化。自此以後，一直到 1983 年止，中央協約始終是每年一輪的勞資協商行動的基礎，同時也構成了其下屬機構進行工資調漲幅度、非工資議題，以及其他就業條件的詳細建議的重要依據。後來各部門以及公司層級的協商與協定所簽署的協約，都是依據這兩大全國性勞資組織之間所達成的協約建議。

　　正由於全國勞工總會與雇主聯合會在協商舉國適用的協約上扮演如此關鍵性的角色，瑞典長期以來一直被視為高度集中化協商制度的典型代表。這種相對集中化的協商制度，帶動比較溫和的工資協定以及相對較少的罷工次數。工會善用這個結構，協商產業內部與產業間工資差距的限度，進而落實工資團結政策，便成為瑞典工業關係制度最為獨特的特色。

　　建立在全國勞工總會與雇主聯合會之上的瑞典中央協商制度，其中的全國勞工總會，到了於 1960 年代之後，隨著職業結構的轉型，漸漸失去了代表全體勞工的能力。論其原因，先是白領與公共部門的勞工成立了他們自己的總工會組織，即受薪

工人中央協會（TCO），接著有全國專業人員中央組織（SACO）的成立，然後有全國公務員工會（SR）、全國民營企業白領工會（PTK）等代表不同產業勞工的集體組織出現，以至於全國勞工總會反倒縮減成為全國五大總工會之一，成為只代表藍領勞工的工會聯合會。據說從 1960 年到 1988 年近二十年的時間裡，屬於全國勞工總會之工會會員比例從 75％降到 58％；而公共部門員工加入工會的比例，則從 26％上升到 44％。

中央協商制度出現由盛轉衰的跡象，始於 1984 年。該年產業層級的協商完全取代了全國雇主聯合會與全國總工會間的協商。1985 年與 1986 年之間，全國雇主聯合會與全國勞工總會仍進行協商，但是所簽訂的協商與往年處理非工資議題時的作風大不相同。協商的成果大多以建議的形式而非條文規定的形式展現。全國工資協商於 1988 年也被產業層級的協商取代。1991 年全國勞工總會與雇主聯合會展開中央協商，結果達成了一個為期兩年的協定，明白禁止地方層級的工會進行工資協商。不料，二個月之後，全國雇主聯合會斷然宣佈不再參與中央協商，並且將其工資協商委員會解散。因此，在可預見的未來，極有可能將會見到傳統的全國雇主聯合會與全國勞工總會集中協議制度的徹底崩解。

傳統上，瑞典的協商結構本來就包括了相當數量的公司與工廠層級的協商，工資經常隨著協商的次數與層級的變動而水漲船高，就產生了所謂的「工資堆積」（wage drift）的效應。進入 1980 年代，過去支持中央協商的大企業，特別是包括汽車製造業與工程業在內的雇主協會，一改過去對中央協商制度的大力支持，反而展臂歡迎分權式的集體協商制度。瑞典學界與民間的調查，已然發現公司層級的協商強度與深度都在快速增

加中。而且，這些公司層級或廠場層級的協商議題也與過去完全不一致，甚至包括了利益分享與其他機動性的調薪機能，將個別勞工薪資的增減與工廠、個人業績、工作技術水準相結合。究其原因，多半與國際競爭日益激烈有關。這些大企業經常指出國際競爭的壓力迫使他們必須降低勞動成本，並且加大技術層級之間的薪資差距，才能繼續維持國際競爭力，而分權式協商制度正好可以給予大企業更多的彈性與斡旋空間，使他們能夠透過變化勞動條件來應付國際競爭的壓力。相對於大企業，中小企業對於分權協商制度並不熱中，反而擔心分權協商制度會增加工會耍弄雇主的能力，不但增強了工會抗爭的力量，更為工業關係穩定性增添新的變數。

因此，分權化協商行動的出現並不足以凸顯近年來出現在瑞典中央協商制度上的變化。更具殺傷力的新狀況有下列三項：第一、盛行於全國勞工總會與雇主聯合會之間的中央協商行動已經多次停擺；第二、雇主聯合會斷然拒絕與全國勞工總會展開更進一步中央協商的決定；第三、地方協商中非工資議題出現，非工資議題不但躍入地方協商的議程，而且地方上對非工資議題所展開的討論，其深度與激烈程度，皆非過去所能想像。

二、西德

自從第二次世界大戰以後，西德工會的重建是以產業單位為主，將全國分組成十六個產業工會，雇主團體也分別組成十六個相對應的產業同業公會，亦即各產業雇主協會。在各個產業之內，經由全國性的產業工會與全國性的雇主協會締結集體協約，來維持產業內部勞資關係的和平。西德最大的工會組織

是具有兩百五十餘萬會員的金屬工會（IG Metal），這是一個包括多種工業的產業工會，其主要組成份子涵蓋所有受雇於汽車、鋼鐵、造船、電子等產業工人。金屬工會與金屬工業同業公會所締結的集體協約，成為其他各行業的藍本與模範典型。這並不是說，西德完全沒有任何非正式的公司或工廠層級的協商。事實上，在 1970 年代，這類增補性協商造成不小的工資堆積效應。不過，在西德，公司與工廠層級的協商並不能產生具有契約效力的協定。如果在進行增補性協商時，出現工會與管理人員意見不合的情形，工會是不能發動罷工的。

除了以產業部門為主的集體協商之外，德國的工業關係體制尚具有一項關鍵的特性——平行代表制度（parallel representation）——即經由共同決定的程序，勞工獲得代表出席監事會（supervisory board）與參與工作會議（works council）的席位。相關的人事、非工資議題，主要是在工作會議中加以討論。所以工會可以利用他們的影響力對工作會議施壓，使之投票反對加班，或是用別種方式來對抗不受勞工歡迎的管理措施。於是，工作會議在西德成了勞工參與協商工廠與公司層級議題的中介機制，解決原本在其他國家是由地方協商制度解決的問題。

與英國、瑞典相較，西德的正式協商結構並未出現任何重大的變化。一直到 1980 年代，這個以產業別為主的集體協商架構仍舊是工業關係的主流。但如果就此論定這個現象等於說西德的工業關係制度具有不受分權化影響的免疫效果，那就值得商榷！基本上可以從兩方面看出來，一個傾向於分權化的協商結構漸漸在西德工業關係制度中浮現：第一、工作會議職權的擴張；第二、部門協約效力的縮減。

(一)工作會議職權的擴張

　　有研究指出西德協商制度分權化的徵狀主要是發生在工廠層級的工作會議。例如各廠房直接改變操作實務的討論有增加的趨勢；傳統的工業關係制度有朝企業工會主義移動的跡象（Streeck，1984）；傳統兩元制度的平衡點有向下轉移到工廠層級協商的趨勢（Thelen，1991:155）。在講求品質的壓力下，企業會在工廠內組織起生產力聯盟來解決這類問題，不過這項決策通常需要透過工作會議來進行協商與溝通。因此，生產力聯盟在德國，和在其他國家發生的情形一樣，成爲工廠層級協商的成果，專門處理變動工作組合與組織團隊工作的問題。有些情況下，相關議題參與討論以及涵蓋層面的廣泛與詳盡的程度，都可以使工作會議成爲內部勞力市場的聯合管理者（co-manager）。就藤納（Turner, 1991）對德國汽車業近年來勞資關係的分析，可以清楚地看出工作會議在參與人事和變動工作組合等事務上所涉入的深度。協商的主題包括了新科技引進對於工人的影響、產生替換效應的因應之道，以及團隊工作的形式與程序。全國性工會經常高度涉入激發並指導工廠與公司層級的協商，如對於團體工作的構想提出規劃，然後推出特定的方案設計。然而，工作會議顯然比各產業層級的全國性工會組織與雇主協會擁有較大的權力來推動團體工作制度，修正與其他就業條件相關的議題。

(二)部門協約效力縮減

　　部門協約效力的縮減是顯示西德集體協商制度日益分權化的另一項指標。西德協商結構的效力主要是建立在數個區域性與產業別的勞動主契約之上。工會參與是由中央工會居間協調聯繫，其中最重要的一份主約是由十六個隸屬於德國工會聯盟

（DGB）的全國性工會所簽署的。協約內容雖然以工資增長幅度爲主，但是契約中所達成的共識經常是規範其他層級協約的藍本。近年來，在非工資的關鍵議題上，這些經過各大產業全國性雇主協會與工會組織集體協商而產生的部門協約已經不再是具有約束力的法律條文，反而成爲工廠層級協商的參數。1984年之後，關於縮減工時的協商便是彰顯這類變遷的最好佐證。部門協約雖然定出了減少工時的具體日數，但是後來到了各工廠針對工時縮短的條件實際進行協商時，卻又降格成爲僅供參考用的指導原則。這種演變無異於開放雇主變動每週工作時數的自由度、放任各工廠自由選擇最適當的工作時數，影響所及自然產生受雇於不同工廠的勞動力受到不平等的工時縮減待遇。隨著這個過程的發展，不可避免地部門協定的效力將會一步一步地被架空，乃至喪失了影響力。

理論爭議：協商結構轉變的原因

解釋集體協商結構日漸分權化的說法，根據各派強調重點的不同，大略可區分爲三派：協商對手實力變化說、新工作組合說，以及企業結構與勞工利益分化說（Kate , 1993：13-16）。其中前兩派解釋視協商結構的分權化爲一短暫、暫時現象，後一項假設則視分權化爲一長期持續的過程。

一、協商對手實力變化說

從協商對手實力變化的角度來解釋協商結構轉變的學者認爲，協商結構日益分權化主要是肇因於管理人員權力的增長。

不過也有學者指出，分權化可能是管理人員與工會雙方所擁有的協商權力同時式微的結果。這是指絕對權力的下滑，而不是勞工權力的相對減弱而言。早期，在簽訂單一集體協約的多工廠企業之內實施的集體協商制度，通常是比較中央化的；近年來，經濟競爭與國際貿易的增加，則減低了勞工與管理人員雙方所掌有的經濟籌碼，因此促使集體協商制度朝向分廠化的方式進行分權化。

提出這派說法的學者主要有韓菊克斯（Hendricks）、迪頓（Deaton）、柏蒙（Beaumont）與格林柏格（Greenberg）。這派學者基本上視協商結構為當事雙方相對權力的反映，指出近年來協商結構日益走向分權化的現象，其實代表著工會早年能夠成功地利用中央化協商結構，避免掉工資競賽走向惡性競爭情勢的一種逆轉。也就是說，雇主獲得愈來愈多協商權力的現象本身，一方面反映國際競爭的日益激烈，另一方面則顯現工會在會員人數與政治實力上日漸衰退的現象。

這些學者進一步指出，當企業注意到國內外經濟情勢朝著對他們有利的一面發展時，就逐漸展開脫離中央協商制度的行動，期望這項變遷能夠產生有利於管理人員的協商結果。不過即使雇主已經意識到可以利用他們從經濟環境改變所得到的協商優勢來推動協商過程的分權化，以便從協商桌前得到更大的利益，但是這並不意味著雇主與管理人員會為了能在談判桌前贏得降低工資的協定，而不計一切地推動分權化的協商結構。以瑞典的經驗來說，瑞典的企業有心透過工資層級差距的擴大來反映技術差等，主要是因為在傳統中央化的協商結構之下，要見到以擴大工資差距來反映技術差等的協定幾乎是不可能的事。所以雇主需要利用分權化來獲得更有利的協商結果，甚至

為了這個目的而積極支持分權化。但是這個動作的最終目標是在創造提昇勞工生產力的誘因，以避免具有特殊技術勞工的外流。

除了反映勞資雙方政治經濟實力的消長之外，這派學者提出另一種傾向行動者中心的解釋，主張集體協商日益走向分權化，主要是因為雇主視分權化為一項有用的工具，一項雇主可以藉此得到協商優勢的利器。這個說法指出主動操弄、推動分權化這個過程本身，才應該是值得重視的焦點。從各別與地方工會協商的過程中，雇主似乎揣摩出連橫合縱的竅門：誘使地方工會彼此之間展開鷸蚌相爭，然後坐收漁翁之利。當分權化滿足了雇主追求降低工資或是加大工資報酬的差距來反映技術差等之目標後，這派學者指出在可預見的未來，雇主還是會希望回到中央化的協商制度。因為中央協商制度擁有不少長處，如穩定性、可預測性，以及具有經濟規模，這些都是分權協商結構無法提供的特性。

既然中央協商制度有這麼多的優點，那麼雇主為何又要如此大費周章地推動脫離中央協商制度呢？主要是因為雇主提出的訴求，與要求中央工會讓步的措施，大多是中央工會不願意給，而地方工會卻非常樂意提供交換的條款。即使這項說法沒錯，但是該如何解釋當中央工會知道他們的不合作將促使雇主與地方工會協商之後，仍不願意減低勞動成本，或加大不同技術差異之間的工資報酬呢？關於這個問題，這派學者則認為理由相當簡單，大部份是出於既得利益與組織惰性的結果。一方面中央協商制度對於保護中央工會既有的強大利益上，扮演著關鍵性的角色，所以中央工會不可能任意將他們握在手裡的好處隨便放出去。另一方面，中央工會的頑強不合作，有可能是

出於他們對於需要變遷的感知過慢，以至於對於周遭經濟環境的變遷、失業的威脅等變動喪失了敏感度。

二、新工作組合說

　　提出新工作組合說的學者主要有史屈克（Streek）、凱茲（Katz）與柯塵（Kochan）。從這個角度來說明協商結構分權化的學者指出，工作組成的重要性與廠場方面議題的增加，是導致集體協商制度走向分權化的主因。經濟壓力以及引進更具有彈性的科學技術已經使勞工與管理人員重新建構勞動場所內的業務內容與工作組成。例如在德國的某些工廠之內，新近的協商已經發展到促使地方工會與工人成為內部勞力市場的共同管理者。這些變化的結果，提高了非工資議題的地位，特別是關乎勞動品質這類議題的重要性，因而助長了分權化的趨勢。然而，對於這些學者來說，就算在工廠與工作團體層級的協商當中，要求工作結構重新調整的驅力變得愈來愈激烈，但是促使關於工作結構重組與勞動品質等議題，經常發生在地方層級而非中央層級的因素究竟是什麼呢？是由於這些議題本身的特殊性，以至於勞工與管理人員在協商這些問題的解決之道時，會愈來愈依賴地方性的協商嗎？

　　其中一項可能的解釋是，分權化其實是發生在地方協商普遍流行之後，而不是之前。因為創新模式與新工作組成形式出現之後，模式的確定與執行則有賴於勞工與地方工會幹部的直接參與。而這一部分的發展卻不在中央工會能力範圍之內。由於中央工會並未親自涉入勞動過程，因此它能夠設計出切合實際需要的團隊工作方案的能力就相當有限。即使中央工會大力投資研發，並且順利與管理人員事先取得協調，然後透過各地

方工廠舉辦試行，最後獲得定案，但是若希望這整個過程能夠順利成功，確認有效的、可接受的團隊工作體系及其落實運作，仍然得依賴地方行動者的積極參與。換句話說，新工作配置涉及不同種類的雇用措施，包括團隊工作、以績效為基礎的計薪方法、參與計畫、延長訓練，以及就業保障等各種項目，而這些措施通常不是具有屬廠就是具有屬地的特性（即因廠制宜或因地制宜的策略考量），所以必須依賴地方層級當事者積極開發，然後謹慎觀察、切實執行，方能確知新方案的功效與缺失。

　　進一步來說，有許多適當的新就業措施如果透過中央協商制度來處理，反而變得缺乏效率，而且不實際。結果，經過多次嘗試錯誤之後，企業與地方工會就不再願意透過中央協商來開發新的措施，當然也不可能毫無異議地遵照中央協商後所達成的協議，奉行所謂的標準化措施（standardized measures）。我國的勞動基準法自 1984 年實施以來之所以倍受批評，便基於相同的道理。其實，在企業相互競爭的過程中，直接針對工作結構與組成的重新調整進行廠場層級的協商，是一條以最快速度找出最好的工作措施的捷徑。換句話說，地方協商制度是在勞資雙方努力尋找新做事方法的實驗過程之中，逐漸演變出來的結果。在地方上直接進行協商，主要是為了從實驗中找出更為多樣化的可能選擇，畢竟中央協商的速度太慢，限制又太多。

　　面對分權化協商結構的逐漸擴大，這派觀點並沒有因此論斷中央協商制度將會成歷史遺跡。相反地，有學者指出這種分權化的地方實驗，只是暫時的現象。有可能一旦勞資雙方對於新工作措施形成共識之後，就會回到中央協商制度。就這點而言，地方協商只是一個必要的學習過程，如果中央工會與雇主團體能夠從地方上較具有創新能力的分支機構學到工作重組的

表 5-1　解釋集體協商制度分權化的三大論點

派　別	代表學者	主要觀點
協商對手實力變化說	韓菊克斯、迪頓、柏蒙、格林柏格	協商結構分權化主要是肇因於雇主與管理人員權力的增長，而雇主與管理人員權力的擴大，則反映國際競爭的激烈化與工會實力的衰頹。
新工作組合說	史屈克、凱茲、柯塵	工作內容的重新組織與廠場議題的增加，是造成集體協商結構走向分權化的主要原因。
企業結構分化說	普賽爾、阿爾斯丹、馬景森、藍斯柏里、尼藍	推動集體協商制度分權化的動力，來自於公司結構的多元化與勞工利益的分歧化。

心得，或許關於勞動品質議題的協商最後終能回到他們手裡。不過，關於這個問題，這派學者也坦承到目前為止，尚沒有任何跡象顯示現實狀況正如預測——有關工作重新結構化的協商，在經過地方層級的當事雙方確認為成功的策略之後，有向上移動的趨勢。相反地，協商分權化的過程中，有些國家的中央工會一開始就陷入防衛的劣勢，在另一些國家裡，中央工會甚至喪失了對這個過程的控制能力。另外還有一些國家的中央工會，如德國的中央工會，甚至開始為自己界定新的協調角色。如此一來，經由地方協商來敲定工作的組成與配置方案，似乎有可能成為相當長期的現象。

三、企業結構與勞工利益分化說

　　最後一派關於協商分權化的解釋，則把觀察焦點擺在日益

增加的公司結構與工人利益的分歧化上。有研究發現企業多元化、多角化的經營模式刺激工業關係編制結構的分權化。從這個角度來解釋集體協商結構分權化的代表學者主要有下列五位：普賽爾（Purcell）、阿爾斯丹（Ahlstand）、馬景森（Marginson）、藍斯柏里（Lansbury）與尼藍（Niland）。這派學者視分權化協商制度爲企業內部組織分化的一種自然結果：組織分化原先的目的在於增加企業內部各個單位與獲利中心的獨立性，結果部門獨立之後又進一步促使企業將更多工業關係的直接責任，往下交付給層級較低的經理負責，於是埋下了日後協商結構走向分權化的結構動因。

就外在環境來說，經濟環境的千變萬化，加上市場飽和的壓力，促使企業從大眾市場轉變到專門化市場。爲了因應專門化市場的需求，企業嘗試找尋能夠更爲快速反應市場的變動、更能掌握競爭環境的策略，這些經濟壓力結合起來，形成一股強大的驅策力，迫使企業共同追求最適彈性。例如，多國貿易與跨國企業的日益普及，以及跨國企業一步步將其生產過程理性化的行動——集中於某一國從事生產，然後將產品向其他國家銷售——已經使許多國家的多雇主協商制度瀕於瓦解。這些動作一方面增強了跨國企業本身在其子公司之間發展出集中控制的工業關係體制，另一方面也強化了他們規避母國多雇主協商制度的欲望。

一般說來，跨國企業比其他類型的企業較不願意從事多雇主協商。究其原因，極可能是跨國企業追求的主要是全球化的經營目標，所以會用盡一切辦法擺脫生產國或銷售國的特殊立法架構與工業關係制度的限制（Marginson et al., 1988：27）。即使如此，這些因素並沒有解釋爲何近年來連跨國企業本身所

形成的中央化集體協商制度也抵擋不了分權化的衝擊。不過，分權化的現象本身以及企業結構分化的解釋，正好提醒工業關係的集體行動者，是該重新檢討中央協商制度到底是不是「最適制度」這項最根本的問題了。

　　此外，勞動人口異質性——如女性、高齡、部份工時、以及不同族群勞動人口——的增加，也促使學者（Doeringer）提出勞工利益分化致使集體協商制度走向分權化的說法。這派學者將觀察的重點擺在勞工團結之上，指出企業組織的多元化造成勞工利益差距的擴大，進而導致勞工團結所賴以維繫的共同利益受到侵蝕乃至於崩潰瓦解。由於凝聚勞工成為一個命運共同體的紐帶不再發揮效用，受雇於不同部門、產業，甚至同一企業內不同廠房的勞工，變得不再願意團結一致地去追求共同的目標，也不願意為其他工人的利益而犧牲個人一己的利益。這種心態上的變化，掏空了中央化協商結構制定標準化勞動契約的結構動因。瑞典公私部門勞工利益的相互抵觸，敵對利益之間的相互較勁所帶來的惡性競爭，在在都印證中央協商結構不再能夠滿足工業關係體系下個別行動者的最大利益。所以這派學者認為，協商結構之所以會朝分權化的方向調整，主要是因為只有這種改變才能滿足不同勞工群體需求的最大利益。

第六章
無工會主義與人力資源管理

……中華經濟研究院研究員馬凱則表達不同的意見，他認為，以民主精神來看，目前國內企業主反而是弱勢，工會法修法應從經濟大環境來著眼，因為在台灣經濟競爭力在下降時，不要只著重在勞工權益或是關起門來比誰的拳頭大，如何讓台灣整體經濟利益增大，並且做合理的分配才是最重要的。

……勞動黨則另外指出，希望工會法修法後不可限制工人不得採取政治罷工，資方角色也不全然是經濟性的，他們時常在展現如何介入政治的實力，何況政治、經濟怎能一刀劃分，更不可能限制工人只能扮演經濟性角色。

——1996 年 10 月 30 日＜自立早報＞第三版

……勞陣指出，官方版最新工會法修正案，並沒有保障工會幹部以及處罰雇主「不當勞動行為打壓」，卻可看到處處箝制勞工團結權，使勞工無法透過工會組織集體力量，這種工會法不但不能保障勞工權益，反而有利於執政黨與資方聯手控制工會，即使台灣已經解嚴十年，但台灣勞工處境仍處於戒嚴時期。

——1997 年 7 月 20 日＜聯合報＞第六版

……攸關國內工會組織的工會法，行政院已核定通過其修正草案，並將送交立法院審議。不過行政院在審議此案時，已將會員強制加入工會的規定，修改成「自由入會」的模式，也就是員工可以自由選擇要不要加入工會，此舉將影響工會生態與勢力。

——1997 年 7 月 28 日＜中時晚報＞第四版

歐美先進國家向來以集體工業關係制度爲主要特色，因此不論是在勞動關係，還是在人事管理上，工會都扮演著極爲重要的角色。但是自從 1970 年代經過兩次經濟危機之後，工會運動與集體協商制度在先進國家都普遍出現衰退的跡象。到了 1990 年代，就連以自願主義爲特色的英國勞工運動都指出，國際競爭的白熱化、國內經濟長期的不景氣，以及自 1979 年保守黨執政以來所推動的政策與制度改革，已經不著痕跡地將無工會主義（non-unionism）給帶進英國工業關係體系之中了。

　　對於英國，無工會主義的抬頭具有特殊的意義，因其出現的歷史時機，是在工會主義成爲制度化的正統之後，因此英國學界對無工會主義與無工會企業的關照，大多集中在新起的人力資源管理這門新技術的發展之上。學界展現在這個研究取向上的著力，似乎帶有人力資源管理將取工會體制而代之，成爲下一個時代掌握勞資關係的新制度的暗示。反之，對於解嚴後工會氣勢正旺的台灣，在這個時刻來談無工會主義，或許有著時代錯亂的嫌疑。但是無工會主義出現在英國的歷史時序與結構脈絡，並不見得只具有特殊性而不具有通則性的警示作用，因此仍值得國內學界與業界的深思：工會運動的動力在台灣的發展不無可能與壓縮式的經濟奇蹟一般，只有曇花一現的空間，隨即便得面對人力資源管理的攔腰一斬。據此，本章集中探討人力資源管理代表的到底是哪一種類型的制度安排呢？這套管理模式與傳統的人事管理之間有何不同？與工會制度之間可有相輔相成、共容共存的空間？

人力資源管理興起的背景

　　隨著集體協商制度的式微，到了 1980 年代末期，人力資源管理幾乎取代集體協商制度成了工業關係這個領域內的首席概念。關於人力資源管理這個領域的產生背景，產品市場變動的影響力，特別是與日遽增的產品市場競爭壓力，常被視為是引動工業關係與管理模式變遷的主導因素。不過對於產品市場競爭壓力的改變與選擇人力資源管理模式間的關係究竟如何，則尚無定論。雖然不少學者指出管理者具有塑造、改變產品市場的能力，並且擅於使用產品市場的變動做為他們選擇以人力資源管理模式來取代工會協商模式的藉口。不過，一般說來，學界大多承認管理者對於如何管理勞工的決策選擇，大多受制於產品市場環境的變動。

　　馬欽頓與派克（Marchington & Park , 1990）認為產品市場大多透過兩股勢力來影響勞動力管理的方式：一是同業競爭壓力的強度；二是消費者壓力的強度。所謂「同業競爭壓力的強度」是指企業能夠因為沒有其他供應者的存在，而要求消費者照單全收他所開出來的交易條件，或是被迫服從市場趨勢。就此，市場進入的容易程度，對企業是否能夠建立起壟斷的影響力，具有舉足輕重的地位。同業競爭壓力最小的時候，可能出現在市場需要正在成長的時候，以及其他企業覺得因為需要資金的成本太高，而感覺很難打進市場之時。反之，當市場對該企業產品的需求在下跌，同時新的競爭者很輕易地就能進入市場之時，是企業面臨競爭壓力最大的時候。在前一個情況下，

產品市場對該如何管理受雇者關係施加的壓力相對較小。事實上，在這個情況下，管理者有較多、較大的空間來左右市場，並且回應市場的需求。而在後一個情況下，即使管理者的行動沒有完全受到市場的限制，仍深感市場限制的壓力。

來自產品市場的「消費者壓力的強度」，是消費者需要與消費者人口結構的變異函數。需要的可預測性與穩定性愈大，市場上消費者數量與缺乏協調性愈高，管理者所擁有的自由也就愈大。相反地，如果有一個大消費者可以向很多個供應者購買商品，那麼市場的不可預測性與變異性就很大，較可能使管理者認為他們的行動受制於產品市場的壓力。換句話說，面對強大市場壓力的企業在選擇管理作風時受到的限制會多過於市場壓力較小的企業，相對來說，面臨較少市場壓力的企業，有較多的空間，追求夥伴關係的管理模式，也較可能在員工身上做投資。事實上，有些手腕高明的父權主義管理模式之所以負擔得起在員工身上灑下高額的投資，那是因為他們的產品在市場上具有優勢地位。

除此之外，其他影響管理模式的因素，尚有企業產品的特性、員工的行為、以及工會的活動。其中工會的存在更是提供了不同於管理人員對產品市場壓力的解釋的另類說法。特別是管理人員試圖用產品市場的壓力，來合法化他們變更制度的決策時，工會的解釋更形重要。因此，在沒有工會的情況下，員工喪失了挑戰管理人員對市場壓力詮釋的靠山；而有工會存在，至少員工會有機會聽到另一種訊息。

不承認工會對企業的利弊得失

　　不支持工會成立的理由很多，除了勞資雙方權力的較勁與利益的衝突之外，或許就英國的歷史經驗來說，最令企業不願意支持工會成立的主要理由，是擔心工會掌權後，會成為組織改革的阻礙。提出工會構成變遷阻礙的著名學者是弗里曼與麥德福（Freeman & Medoff, 1984）。他們指出工會運作時，常會產生壟斷效應（monopoly effect），而阻礙了企業的有效發展。譬如，透過管制措施、工業行動等等作法，來要求提高工資、強迫企業接受工會的訴求，甚至抗拒或者有效地否決科技變遷，以及與生產組織改變有關的決策，即使這些改變有助於生產力與組織運作效能的提昇，也很難得到工會的支持。

　　除了壟斷效應之外，工會尚能產生另一種效應，而諷刺的是，這種效應在企業想要發動組織與技術變革時，卻頗有助益，弗里曼與麥德福稱之為集體聲音的效應（collective-voice effect）。為了動員集體行動，工會可以成為溝通與解決衝突的管道，而這項功能若用在技術變遷與工作組織改革時，卻能夠促進員工與管理者的合作，使新技術與方法的引進更為有效地落實，生產效率也因此而提昇，衝突與牢騷亦能因此而減少，進而改善員工蹺班、怠工等消極的工作態度。這是工會產生的集體聲音效應，對生產力的提昇與廠場的運作都有正面的貢獻。

　　評估有工會還是沒有工會哪一個比較好，有各種不同的指標可用。其中最具實用性的指標是，是否沒有工會的企業在工

資水準、生產力，與新科技的投資上，展現出比有工會的企業更高水準的演出。如果真是如此，那麼有工會的企業展開剷除工會的動作，沒有工會的企業繼續抵制成立工會的行動就有意義了。在英國，不少研究發現當遇到了技術變遷的問題時，通常有工會運作的工作場所會比無工會的企業具有兩項優勢：第一，承認工會地位的企業更有可能，而不是更不可能，比沒有工會的企業引進先進的技術變遷。第二，和無工會的企業比起來，有工會企業的管理者較有可能徵詢員工對技術變遷的意見。這點非常重要，因為這對技術變遷的成敗有著決定性的影響。單從這點觀之，1980 年代創立的多半不承認甚或不設立工會的企業，雖然避開了工會壟斷效應可能帶來的惡果，但也未能因此而蒙受其利；相反地，不認可工會成立，也阻止了工會發揮集體聲音的效應，以便快速帶動技術變遷。而更荒謬的是，無工會的企業在缺乏工會集體聲音效應之下，竟然也沒有設法找出有效的替代物，來執行這項功能。既然如此，令人不由得好奇在沒有工會出面的情況下，管理者能夠執行重大的技術革新與相關的組織變遷到什麼程度？

人力資源管理的四大重點

　　儘管人力資源管理來勢洶洶，其實並非所有的學者都用人力資源管理這個概念來指涉同樣一組特定的管理作風。齊諾伊（Keenoy，1990）就嚴正地指出，人力資源管理在實際應用上含括了兩個面向，其中一類置重點在管理「人」這個資源時，重視人性層面的特性。這一類與人際關係理論的著重點有異曲

同工之處，管理策略的主要目的是在發展能夠抽取員工認同，並且將之訓練成具有多方面技能的組織成員。另一類人力資源管理作風，則側重資源這個概念「物」的屬性的發揮，這種管理作風強調以一種理性不激情的方式，將勞動力做最適當的運作。不過，根據蓋斯特（Guest，1987）與席生（Sissen，1993）的觀察，引起八、九〇年代業界與學界廣泛注意的人力資源管理模式，指的是一組相互關連的人事政策，專門設計用來保障員工在行為與態度上認同組織，並且透過給予直線管理者對工作場所內人事安排的決策權，以達到人力資源與創新技術的彈性運用，以及高品質組織績效的開創。說得比較具體一點，這類人力資源管理模式具有四大辨識特徵：(1)肯定在人力資源上所做的投資與發展，是促使企業運作成功的關鍵；(2)強調人力資源決策對組織發展具有策略上的重要性，屬於企業全方位計畫過程的一部份；(3)直線主管在執行人力資源管理時扮演極為重要的角色；(4)有系統、有計畫地運用與企業整體發展有關的關鍵性政策，以獲得員工對企業的向心力。換句話說，人力資源管理的重點在於整合，因此可以根據整合的類型，歸納出四類人力資源管理的重點：組織整合、政策整合、功能整合，以及過程整合。

一、組織整合

從組織整合（organizational integration）切入人力資源管理效用的學者，對於人力資源管理策略的存在與人力資源政策的規劃與執掌單位甚為重視，視其為不同於傳統人事管理的關鍵特質。這派學者認為「整合」意指企業策略的規劃，必須在同一個組織層次上加以處理，由相同的一群人所執掌，理想上是

由董事會所主導。蓋斯特認為促使組織整合的因素，主要是建立在直線經理要認同「人力」「資源」管理的價值之上，而不再劃地自限地將直線經理的角色限制在生產過程的監督，機械式地管理線上的勞工。判斷是否擁有這些價值的具體指標，則在於直線經理支持、參與人力資源決策的制訂，並且確實執行達成決議的人力資源政策。

二、政策整合

組織整合重視人力資源管理居於組織策略核心地位的程度，政策整合（policy integration）則更關心人力資源政策的內容，以及人力資源政策與其他組織政策之間的連貫性與整合程度。從企業策略的觀點來探究人力資源管理的學者，主張人力資源政策的實際內容必須不同於傳統人事管理，不是只負責文件處理或其他雜務，應該把自己看做直線部門的重要夥伴，有效地協調統整企業整體的經營策略，才能立竿見影，發揮人力資源管理乃企業最終競爭力來源的具體功效。

三、功能整合

強調策略整合人力資源管理的學者，經常刻意忽略專業人事專家在企業組織內的角色，但是社會趨勢卻顯示人事部門與人事專家的角色愈來愈重要了。重視人事經理角色的學者特別強調功能整合（functional integration）的重要性，例如勒齊（Legge）指出人事經理可以從兩方面來強化其所擁有的組織權力：順從式創新（conformist innovation）與立異式創新（deviant innovation）。「順從式創新」是指輔助直線經理完成想要以高度專業技能來完成的業務或生產活動。「立異式創新」則在於

建立人力資源特有的優先順序的議程。整體來說，這派學者認為高素質的人事部門應該能夠促使人力資源做最有效的管理，因此建議：(1)人事管理部門應該廣泛雇用受過專業訓練、持有人事管理碩士文憑的人事經理，以反映專業素質。(2)人事部門必須有足夠的人力來處理該部門的業務。(3)一個專業的人事部門的主管應該是公司理事會的一員。

四、過程整合

強調的學者主張，該追求什麼目標固然重要，但是追求目標落實的過程亦應獲得該有的重視。不過對於人事效率的評鑑，這派學者則發展出兩套截然不同的看法：第一、人事過程的效率主要是由人事專家所提供，以金錢爲測量標準；第二、重視品質與顧客服務，以人事過程的品質作爲效能的指標，效能的判準在於內部消費者的判斷，特別是資深直線經理對他們所收到的服務品質，來加以判斷。

無工會主義的管理

面對人力資源管理的盛行，引起學界對於無工會企業所採行的管理模式的研究興趣。麥克羅林與果瑞（McLoughlin & Gourley）曾經根據企業的用人政策與其他經營政策之間的整合程度，將盛行於英國的無工會管理模式區分爲四大類型：傳統型（traditional）人力資源管理、開明專制（benevolent autocracy）的管理、機會主義式（opportunistic）的管理模式，以及策略型（strategic）人力資源管理（見**表 6-1**）。

表 6-1　麥克羅林與果瑞的分類架構：無工會情況下的管理模式

管理模式	基本信念與作法	使用產業
傳統型人力資源管理	管理者相信如果能夠有效地把員工當作「人」來管理的話，員工不會把有沒有工會看得太重要。	多為專門雇用專業白領勞動力的企業，而且大多數是晚近方才成立的企業。
開明專制的管理	針對個別員工的特殊技能，建立個人化的報酬制度，以鞏固個別員工對企業的認同。	多為製造業與裝配業中員工人數不超過三百人的中小企業。
機會主義的管理	缺乏全盤性的人事政策與措施，不會對人才培養與訓練做任何投資。	不少是大型企業，雇用的員工有大半是從事製造或裝配的手工工人。
策略型人力資源管理	確保企業發展與人力資源政策的有效整合，以便達到勞動力的最有效使用。	大多為相當大型的企業，高比例的手工工人，多分佈在製造業與裝配業。

一、傳統型的人力資源管理

　　所謂傳統型人力資源管理，基本上是指把人力資源看成達到組織目標的關鍵動力，把滿足員工個人需要視為取得企業競爭利益的主要來源的一套管理哲學。採行這套管理模式的企業通常相信，企業若能滿足個別員工的需要，員工對工會服務的需求與依賴自然就會降低，所以信仰這套管理模式的管理者通常不會赤裸裸地反對工會。在英國採用這套管理模式的大多是雇用白領專業勞動力的企業，幾乎沒有製造業或是裝配業的雇主採用這套管理模式。再者，若就企業成立的年限來看，通常

晚近方才成立的企業較常採用這套管理模式。

二、開明專制型的管理制度

開明專制的管理則常見於製造業與裝配業，雇用員工人數多為不超過三百人的中小企業。在這類企業中，雇主在雇傭關係中的權力相當明確，通常所採用的管理模式，著力於針對個別員工所具有的特殊技能，建立相當個人化的報酬制度，來鞏固員工對企業的認同，並且留住人才。一般說來，這類企業的人事政策與企業整體發展政策之間沒有多大的關係，不會特別針對個別員工設計適合其與組織需要的培訓計畫，即使有也多半是技術性的，而不是管理能力的培養。這類企業幾乎沒有一家是承認工會的，同時由於雇傭關係相對的個別化，也使得工資、考核都因人而異。至於這類企業不承認工會的事實，不見得是因為管理者帶有根深蒂固的反工會情結，多半是因為這類議題很少在這類企業中被提出來討論，所以也沒有機會發展成為正式的制度。

三、機會主義式的管理

採用機會主義管理模式的有不少是相當大型的企業，受雇的員工中藍領工人佔有相當高的比例，而且從事的多為製造或裝配方面的工作。採行機會主義管理模式的企業，通常缺乏全盤性的人事政策與措施，有時甚至連正式的管理制度都沒有。這類企業對關於員工是個「人」，會有屬於「人」的需求這類議題並不重視，在人才培養與訓練上幾乎不做任何投資。將之與開明專制的管理模式做一比較，其間最大的不同在於這類企

業通常接受較高層次的集體制度來規範雇傭關係。屬於這類的企業有的承認工會，有的不承認工會，不過對於工會大多抱持敵意，人事主管的機能多半屬行政庶務上的，遇到需要處理的員工問題時，不是出於事後反應式的，就是機會主義式的。

四、策略型人力資源管理

最後是所謂的策略型人力資源管理。採用這類管理模式的，大多是相當大型的企業，受雇的員工中藍領工人佔有相當高的比例，而且從事的多為製造或裝配方面的工作。策略型人力資源管理所涉及的主要是企業發展與人力資源政策之間緊密整合的問題，以便確保更有效率地使用勞動力。所以這套管理模式沒有固定的形式，對工會的態度也沒有一貫的作法，端視何種人事策略最能幫助企業在面對競爭時，對勞動成本進行最適當的控制，以致獲得最大的利益。因此，在某些情況下，高度的集體化，包括承認工會，有可能會是最適合的制度安排；同樣地，在另外一些情況下，增大個人主義，不承認工會，也可能被視為一種有效的策略調整，以增加企業的獲利程度。

工會與人力資源管理的共存可能性

在這個新潮流的衝擊下，工會與人力資源管理制度有共同存在的空間嗎？一般說來，人力資源管理給人的普遍印象，是以減低勞工對工會勞務需求的方式，來消滅工會的存在價值與功能。就連蓋斯特也指出，人力資源管理的核心特質，基本上是單向主義與個人主義，完全與工會制度所立基的集體主義價

值觀相背，因此不可能留給集體協商任何存在的空間。換言之，採行人力資源管理模式所需要付出的組織代價，會是對工會的忠誠終將被對企業的忠誠所取代，因而增大企業變成無工會企業，或是增加企業維持無工會狀態的能力。

不過，若回顧近年來檢討管理模式的文獻，可以發現人力資源管理與工會制度之間，仍然是有和諧並存的空間的。這類的研究最早可以追溯到福克斯（Fox）的分類架構，他很明確地區隔出主宰雇傭關係的兩大價值體系：單向主義與多元主義。屬於單向雇傭關係價值體系的管理者，通常認為工會專門製造麻煩；持多元主義雇傭關係看法的管理者，則視工會為勞工的合理代表（轉引自 McLoughlin & Gourley，1994：24）。

繼福克斯之後，波賽爾（Purcell，1987）更進一步從個體主義與集體主義兩個面向來分析管理模式的取向。所謂「個體主義」是指企業對每位員工的情感與情緒關心的程度，以及鼓勵每位員工發展工作能力與角色的程度。親個體主義的管理模式通常重視員工，並且把他們視為獨立的個體，因而常會喚起員工對企業產生強烈的人際關係取向的認同；相反地，不重視個體主義取向的企業，通常較為忽略個別員工對企業的貢獻，有把員工當成商品看待的傾向，而且這類管理取向經常無視於員工對工作保障的重視，並且相當計較勞動成本的支出，偏好採用直接控制的措施來要求員工遵守工作進度與企業規範。居於這兩個極端之間的是比較傾向父權主義的管理模式，不過父權式管理的重點通常在照顧勞工，而不在開發勞工的人力資源。另一方面，「集體主義」則是指企業認同員工對會影響到他們權益的管理策略，有權透過員工代表發表意見的程度。承認員工擁有設置集體代表權利的企業，多半對於雇傭關係抱持

表 6-2 波賽爾對管理型態的分類模式

對員工價值是否採取個體主義的態度	對員工權利的保障是否接受集體主義的處理方式	
	接受集體主義	不接受集體主義
採個體主義	結合工會與人力資源管理	人際關係取向的管理模式
不採個體主義	傳統的集體協商制度	傳統的父權主義管理模式

著如福克斯所說的多元主義的態度，通常會認為企業內存在代表員工權益的民主結構，是合情合理的制度。相反地，對雇傭關係若抱持如福克斯所說的單向主義，那麼這些企業就不會承認員工具有設立集體代表的權利。據此，根據這兩個變項的交叉分配，就可以得出四種不同型態的管理模式，其中對個別員工價值採個體主義並且接受集體主義的方式來保障員工權利的組合，就是一個人力資源管理與工會有共存機會的組合（見**表 6-2**）。

與波賽爾的分類架構相近的是馬欽頓與派克所提出的模型。兩者的分類架構最大的差別，在選擇分類變項上的不同。相對於波賽爾以個體主義與集體主義做為區別管理模式的變項，馬欽頓與派克則選擇企業願意投資在勞工身上的強度與願意視工會為合作夥伴（partnership orientation）的強度，作為分類管理作風的變項。所謂「投資意願強度」是指管理者願意投資在培養與訓練員工身上的程度；所謂「合夥意願強度」則是指在工作場所內管理者願意與工會合作的態度與行為。根據這兩個變項的交叉組合，可以得出下列四種管理模式，其中同樣

表 6-3　馬欽頓與派克的管理模式分類架構

投資員工意願強度	合夥意願強度	
	低	高
低	傳統主僕關係的管理模式	傳統工會制度
高	傳統人際關係的管理模式	工會與人資管理整合制度

包括了一組工會與人力資源管理可以共同存在的組合（見**表 6-3**）。具有這個組合特性的企業通常具有較高投資員工的意願，而且相當重視與工會維持合夥的關係。顯而易見地，波賽爾的「重視個別員工的價值」與馬欽頓－派克的「投資員工意願強度」變項，都是帶有人力資源管理特性的變項，同時肯定了工會與人力資源管理並非互不相容的兩套制度，是有可能相互支援、和諧運作的。

　　即使從理論層次上與實務運作上來看，工會制度與人力資源管理確實有截長補短、相互為用的空間。基於後見之明的好處，於 1990 年即將進入尾聲之際，這項觀察心得不至於被鄙為無稽之談，若是在 1980 年代末、1990 年代初提出，那就另當別論了！在那個屬於無工會主義與人力資源管理的盛世裡，傳統以來一直認為要將工會與集體協商制度擴展到經濟體系下每一個角落的理想，不但已經不再是個言之成理、勢在必行的政策主張，甚至工會力量與集體協商制度都面臨著名存實亡的危機。如今隨著英國政局的轉變，獨掌政權十五年的保守黨終於在 1997 年下台，在這個執政大權再度回到工黨手中的世代裡，

儘管大半政策都免不了蕭規曹隨的命運，至少就工黨對回應歐盟社會政策所許下的積極承諾觀之，英國的工業關係制度還是相當有可能會出現新的變局。

未來動向

面對著集體工業關係的式微與無工會主義的抬頭這兩股莫可遏抑的趨勢，未來工業關係制度的演變將會如何發展呢？無工會主義在未來是否有可能取集體工業關係制度而代之，成為工業關係的主流？若如上所述，顯然無工會主義的發展狀況已經不再是有無的問題，而是需要多久的時間可能會出現整個制度的完全轉型？有可能發生完全轉型的情形嗎？在這個過程中，可能會出現哪些變數？在不遠的未來，是會見到多元主義的持續，還是會見到集體工業關係的壽終正寢？以最簡單的決定論模式思考，可以歸納出兩派對未來有著截然不同預測的對立觀點。然而決定論的分析取向不論是正面還是負面的，都有流於極端的弊病。若能在簡單的決定論之外，輔之以行動主義的辯證邏輯，將更能掌握工會與無工會主義間的互動，而對工業關係的未來發展做出比較正確的預測。

一般說來，肯定政策具有打壓工會立法效能的學者，如吉爾柏特（Gilbert，1993），指出政黨拆除集體工業關係的法令規章，的確具有改變了工業關係制度體質的效果。不可否認地，長期經濟不景氣使管理者居於上風，可以利用他們在勞力市場上的有利地位，盡一切辦法來結束集體工業關係制度，重回雇主中心的管理模式。特別是自 1980 年以來，處處可見受到集體

協商制度照拂的員工人數的減少，集體協商執行層級的變化，含蓋在集體協商制度的議題也正不斷地被縮減，各種跡象似乎都在顯示一股朝向剷除工會制度的趨勢正暗潮洶湧地展開。工會的影響力與集體協商制度的適用範圍已然縮小，即使重要性仍在，但多少已經使得這個制度變成空殼子。縱然這股趨勢沒有造成深刻的制度變遷，也已經使不少勞工，甚至雇主，感覺不到要有工會居中調解的需要。據此，這派學者預測回歸自由市場原則對工業關係來說，將是條難以回頭的不歸路。而無工會主義與無工會企業將會是未來講求勞力市場彈性下，落實創造就業成長目標不可避免的犧牲品。換句話說，經過這一波衝擊之後，傳統以來一直認為要將工會與集體協商制度擴展到經濟體系每一個角落的理想，已經不再是言之成理、勢在必行的政策主張。在新生的世代裡，集體協商制度再也不會是唯一的一條，更不可能會是最理所當然的一種解決工作場域內社會關係摩擦的制度選擇。

相反的，對於工會運動尚表樂觀的學者，如唐恩（Dunn，1993），則認為複雜的工會代表制度與協商結構並沒有發生多大的變化。雖然目前工業關係控制權柄已經有移轉到管理者手裡的現象，但是這派學者多半認為這不過是暫時性的現象，只是經濟體系運轉時必須忍受的週期性痛楚罷了！隨著經濟體系的復甦，勞動結構的調整，以及工會的反省，工業關係的主控權遲早會再度回到工會的掌握之中。這群學者根據英國的經驗指出，這個趨勢可以從管理者已經習慣於將集體協商制度納入決策制定時必須考慮的因素這點中看出來，也可以從集體工業關係制度雖然經歷 1980 年代經濟不景氣的磨難，尚具有穩定性、持續性，甚至抗拒變遷的能力中獲得證實。就這點體會而

言，從長期來看，管理者並不認為無工會主義能夠為企業帶來長期而且持久的好處。另外，對這些管理者來說，完全依賴人際關係取向的人力資源管理與無工會主義，不但太過激進、冒險，而且是一項成本過高的選擇。從這個角度來看，一個行之經年而早已被許多工會、管理者及勞工接受的制度，不是一個仇視工會的政府或政黨能夠在短期內就能拆除殆盡的。事實上，這派學者想要強調的，不是集體工業關係體系已經被轉型了，而是為什麼在這樣一個管理者佔盡一切優勢的情況下，工業體制的改變竟然如此之小。然而，最重要的是從 1991 年開始，體認到在可預見的未來，想要在高科技部門或是其他部門，見到企業主動支持工會成立是不太可能的事之後的工會，已經表現出有主動出擊的跡象。當工會運動意識到必須爭取立法的支持，積極進行吸收新會員的工作，以鞏固會員基礎，並進一步展開要求企業追認工會地位的行動時，要重振集體工業關係於式微之中，便不見得是件緣木求魚的難事。

第三篇　新制度形式

第七章
彈性勞動制度

……我們非常肯定在去年底勞動基準法修訂時，透過第 30 條之 1，將工作時間作了相當大幅的放寬，容許新適用的行業在多數勞工同意之下，可以在四週內彈性調動工作時數；第 84 條之 1 更准許中央機關核定的特定工作者可以由勞雇雙方自行約定工作時間、例假、休假、女性夜間工作等事宜。不過我們也深感遺憾，這一項遲來的解放只適用於部份勞工，對於工業部門則幾乎全然加以排除，使傳統上被認為經濟競爭主力的製造業，無以透過這一項自由化的做法一方面提昇經營效率，一方面增益勞工福祉，讓此一時代新招，在這裡受到阻礙，卻為美中不足之處。

——1997 年 3 月 18 日＜經濟日報＞第二版

……國內企業家時常感嘆台灣有反商情結，企業家在國內不受尊重，不過由經建會推動週休二日案的過程來看，企業家的感受恐怕是低估了自己的份量了。經建會第一本出爐的報告，叫「調整國定假日與推動週休二日制背景分析」，結果第一場座談會開完後，企業界聽到要推動週休二日就反彈連連，後來經建會就悄悄地改為「調整國定假日及規劃週休二日制背景分析」，由「推動」改為「規劃」，顯然是讓步不少。

——1997 年 3 月 25 日＜中國時報＞第十七版

……經濟部今天針對企業界如何實施「每月兩次週休二日」提出看法。經濟部次長尹啓銘上午表示，此一制度在落實執行時，有三大前提須特別關注，一是全年總工時不要減少，二是不影響競爭力，三是對部份特別行業能採

更彈性的做法。

——1997 年 8 月 13 日＜聯合晚報＞第四版

　　過去二十餘年來，非全職工作在先進國家成長非常快速。特別是自第一次石油危機以來，當許多歐洲國家全職工作的成長出現停頓，甚或面臨縮減的情況之時，非全職性的就業模式卻呈現持續成長的狀況。不過以歐洲各國為例，在非全職性工作重要性大增的同時，在普遍性上卻存在著相當大的差異，就其佔總就業量的比例而言，從 5％（義大利）到 23％（挪威、瑞典、荷蘭）所在多有（Neubourg , 1985）。

　　從 1973 年到 1982 年的十年間，非全職的工作就一直在增加當中，在 1983 年與 1985 年，非全職就業成長率甚至超過全職就業成長率。在法國、義大利、荷蘭與英國，非全職工作的就業成長成為工作成長的主要來源。在 1983 年到 1986 年之間，每四個增加的工作機會中就有三個是非全職性的工作。不過，只有服務部門的非全職就業機會在增加之中，接近 75％的非全職性的工作集中在服務部門；相反地，製造業的非全職就業機會則在嚴重衰退之中。儘管非全職性的就業模式在男性勞工中也漸漸變得非常普遍，但是接近 80％的非全職勞動力主要是由女性勞工所提供，其中大多數的女性受雇者為已婚的婦女（同前引：559-576）。由此可見，自第一次石油危機以來，非全職的就業形式對就業成長的重大貢獻，以及非全職工作對於女性就業成長的重要性。

　　一般說來，非全職性的就業模式，不論出現的型態是以部份工時（part-time）還是臨時性工作（temporary jobs）的方式進行，都是建立在彈性運用勞動力的架構之上。其中以部份工

時為主的彈性勞動契約（flexible labor contracts）制度，則對於減低正常工作時間、加班數量、增加就業與緩和失業、非正式工作的數量，以及勞動關係的人性化等方面，都有相當顯著的影響。本章首先將介紹彈性勞動制度的種類，然後說明工會排斥彈性勞動制度的原因，接著討論彈性勞動制度的社會功能與經濟效益，最後檢討今後工會在抵制彈性勞動制度的推行上可以改進的方向。

彈性勞動的種類

　　部份工時工作與臨時性工作這兩種類型的非全職就業模式構成了彈性勞動制度的主體。不過，不論是部份工時工作還是臨時性工作，各國的定義不一，涵蓋的工作類型相當廣泛。一般說來，所謂「部份工時工作」是指建立在不定期契約之上，但工時比正常工時為短的經常性就業活動。所謂「臨時性工作」則指非經常性的就業活動，從定期契約、打工、工讀、偶發性的雇傭關係，到隨傳隨到及季節性工作契約都包括在內。本章開頭概略敘述過去二十餘年來非全職工作就業的成長情況，其實支撐起那些一再膨脹數字背後的動力，大部份是來自於部份工時工作機會的增長，另外有一小部份則來自於臨時性工作數量的增加。

一、部份工時的工作

　　大體上，可以從供給與需要兩個層面來解釋部份工時就業機會的增加。就需要面而言，整個經濟結構持續朝向服務部門

轉型，部份工時勞工提供許多服務活動上需要的彈性勞動輸入，所以產業結構轉型可以說是刺激部份工時工作增加的最主要原因。再者，部份工時勞工每小時的工資率常比全職勞工來得低，有時還享受不到與全職勞工相同的附加福利。有些國家的部份工時勞工，甚至得不到就業保護立法的保障。所以，出於勞動成本的考慮顯然是推動部份工時工作成長的第二項動因。就供給面而言，部份工時就業機會的成長，主要是因為女性參與勞力市場所致，尤其是大量已婚婦女的投入勞力市場。事實上，許多研究都顯示女性參與率與部份工時就業成長之間有明顯的正相關。此外，有些社會政策也具有助長某些團體找尋部份工時工作的效果。比如說，政府所採取的保護部份工時勞工以及增加部份工時工作的措施，皆有助於部分工時工作的成長。

　　部份工時工作常被視為全職工作的替代品。這意味著在面臨經濟難關、失業率高漲的時期，雇主會減少全職工作的數量，增加雇用部份工時的人力。社會上一般認為在高失業時期，工人常不得不接受部份工時的工作，因為這個時候，全職工作難找，而且經常根本找不到全職的工作。的確，先進國家有資料顯示，非自願性從事部分工時的工作在全部部份工時勞動人口中所佔的比例，在過去數年中有逐年增加的趨勢；換句話說，就業狀況的惡化是會影響到部份工時的勞力市場的。

　　儘管就業狀況對部份工時工作數量的多寡深具影響力，但是部份工時工作成長背後的主要推動力，還是來自於女性就業者的需求為最大。根據一份歐洲員工就業調查，大部份部份工時工作的從事者多出於自願，有三分之一的受訪者對減低工時相當感興趣，即使減少工作時數同時意味著減薪，仍不減這些

勞工的興致。一般說來,在歐洲受雇者不論是男是女,都比較喜歡每週工作時數介於 20 小時到 40 小時的部份工時的工作。大約有三分之一的全職勞工希望正常工時能夠短一點,即使這代表著收入會短少一些也在所不惜(Neubourg,1988;Leighton & Syrett,1989)。據此,工會應該檢視開創各種不同種類部份工時工作的可能性,特別是每週平均工時在 30 個小時左右的工作型態。換句話說,部分工時工作的開發潛力幾乎是無可限量的。如此一來,也可從供給面找到部份工時工作成長的原因。

二、臨時性的工作

從 1980 年代起,臨時性工作就出現一股向上攀升的趨勢。不過臨時性就業比重不論如何上漲,大略都不超過 5％到 10％的額度。從需求面來說,有三大因素可以解釋近年來臨時性工作的成長:第一、這是經濟循環的自然結果。臨時性工作的比例通常是隨著景氣循環而波動的,雇主常在景氣低迷時裁減臨時性勞工,到了景氣上升的時候再雇用他們。第二、隨著經濟結構朝向服務業轉型,帶來更多臨時性的工作機會。第三、雇主有心想引進新的雇傭措施,來節省工資人事成本。產品需求穩定性降低,勞工成本的上升,包括雇用長期勞動力時所需付出的附加福利,都使得雇主想以臨時性的雇傭契約來使勞動輸入能更妥切地配合市場季節性與週期性的波動,以增進企業的獲利率。就供給面的因素來看,某類勞工在就業生涯的某些階段,可能特別需要臨時性的工作,因為臨時性工作在時間運用上所給予的彈性,可以允許他們同時能夠兼顧工作與其他的活動,如看顧小孩或是半工半讀。另外不乏求職者是受到了高報酬的吸引,而投入屬於專業領域的臨時性工作。不過,大部份

接受臨時性工作的勞工都出於別無選擇的情況下。臨時性受雇者中，大約有四分之三表示他們非常期待有一份全職性的工作。只有13％的男性臨時工作者與20％的女性臨時工作者，樂意接受一份臨時性的工作。

由此可見，與部份工時工作兩相比較之後，一般社會上對於非全職性工作的不穩定性與缺乏保障性的疑慮，大抵是針對臨時性的工作而言，而不是部份工時受雇者的感受與經驗。根據歐盟家計調查的資料顯示，部份工時工作的平均就業年限不見得比全職工作來得短，也不必然比全職工作來得缺乏工作保障。大部份部份工時的從業者，除了年輕的勞動力之外，大多認為他們的工作是固定的、永久性的。所以，要有效處理彈性勞動這個問題，必須將部分工時工作與臨時工作區別開來。

但問題是，工會都是以相同的態度，即拒絕接受的方式，來對付這兩種類型的彈性勞動制度。顯然這種態度不會是最適當的反應。歐洲工會認為勞工只有在找不到穩定的就業機會時，才會接受別種形式的臨時就業。所以工會通常假定部份工時的雇用形式常被雇主用作抵擋經濟不景氣的緩衝，因此蘊含著最終逃不了失業的高度風險，所以認為大多數的臨時性工作多半不是出於自願的結果。但事實是大多數部份工時工作——而不是臨時性工作——的受雇者多出於自願，而且有相當可觀的一群勞工渴望從事部份工時的工作。基於此，值得探究的是，是否還有其他的原因，致使工會不願意見到以部份工時為主的彈性勞動制度的成長？

工會排斥彈性勞動契約的原因

　　工會對彈性勞動契約大多採守勢居多，甚至持敵視的態度。工會反對彈性勞動制度普及化的第一項主要理由是，那將減緩所有受雇人員全面減低工時期望落實的速度。大多數歐洲國家的全國性工會以及歐共體層級的工會都努力追求落實充分就業的理想，希望透過減少每星期工作的時數，來增加就業市場上的工作機會。所以，力主工時降低的工會，對「減時不減薪」的原則，都維持相當強硬的立場，嚴正駁斥工時降低必須配合每週所得成比例減少的論調。工會堅持減時不減薪的立場可以從歐洲工會聯合會於 1979 年慕尼黑會議時，提出在不影響工資的情形下減少 10%的工時的呼籲，窺其全貌。從那個時候開始，工會就緊守城池，不肯稍作讓步。歐洲工會聯合會的這項聲明受到歐洲各國工會的大力支持，最後都獲得減時不減薪的成果（Robinson, 1984）。

　　工會反對彈性勞動契約普及化的第二項主要理由，在於彈性勞動契約合法化之後，可能會成為威脅全職工作成長的最大障礙。因為一般在工會先入為主的印象裡，彈性勞動契約與全職工作數量之間存在著負向關係，也就是說，彈性勞動契約的成長，會自然帶動全職工作數量的縮減。至於在歐洲共同體內，工會抗拒彈性勞動契約的主要原因，有一部份是擔心這類工人會受到剝削，另一部份則是憂慮這類工人的利益會與其他工人產生分歧，而削弱工會的權威力量。換句話說，工會認為彈性勞動契約的增加，會造成加入工會勞工人數的減少，因而產生

「先削弱了個別勞工的地位，然後減損工會協商較有保障的工資與工作條件的能力」的效果。據此歐洲各國工會認為，彈性勞動契約應該以例外處理，因為這種工作狀況並未提供勞工足夠的保護。總之，歐洲工會重視的是工作時數的盡量減低。有些歐洲國家的工會，如德國與荷蘭，甚至提出禁止某種類型臨時性工作的訴求。特別是隨時待命、隨叫隨到的那一類型的契約。而且大多數工會只有在部份工時是出於勞工自願的，同時受到充分的保護的情況下，才願意接受彈性勞動契約的合法性。基於這三大理由，工會對於彈性勞動契約的態度，向來十分保守。正由於工會不支持彈性勞動契約制度，於是經濟與就業環境不穩定所製造出來的臨時性勞工、兼差者、地下勞工、部份工時從業者，以及家庭勞工，都成了受不到工會保護的勞力市場孤兒。

這些次級就業地帶（secondary zone of employment）勞工人數的成長，對有組織勞工的工作保障與工資水準構成一大威脅。部份工時的勞工、臨時性勞工，以及受雇於小公司的勞工，通常都受不到工作保障立法的保護。就以雇主可以用部分工時的勞工來取代全職勞工或永久性勞工的程度而言，受不到法律保障，將會導致部份工時與固定契約勞動力的大幅擴張。若放任這股趨勢自行發展，在可預見的未來，免不了將出現一種三級經濟體系：第一級以健全的工作保障為其要件，包括所有高所得、有年資、大企業中的全職勞工；第二級則由部份工時、低工資、比較不具工作保障、受雇於小企業的勞工所構成；第三級則涵蓋所有非正式部門的勞動力。事實上，最令工會擔心的是勞力市場過度的區隔化會分散了勞工的團結，而這個理由可以說是致使工會極力反對彈性勞動契約的最大原因。

但弔詭的是，目前所見到的勞力市場區隔化有部份反而是拜工會反對彈性勞動契約之賜。工會拒絕接受彈性勞動關係並不會使彈性勞動力馬上消失，反而造成彈性勞工在勞力市場中居於劣勢的地位。結果產生一種惡性循環，工會反對的立場使得彈性勞工無法積極主動地成為工會的會員，使得這些勞工成為缺乏工會保護的孤兒。正因為工會沒有這類困居勞力市場劣勢的勞工為其會員，所以工會不會為他們與雇主協商，到目前為止，工會仍以男性全職勞工的利益為主要護衛的對象。

　　除了反對彈性勞工的立場之外，工會的策略也經常是造成勞力市場區隔的主因。許多工會認為部份工時與臨時勞工不過是暫時性的現象，遲早會回到全職就業的狀況。不過就現今經濟發展的趨勢來看，這個想法將是相當不切實際的，結果反而造成工會只為標準工作模式下的勞工爭取權利，以至於工會對於那些會取代標準工作模式的非標準雇傭措施大加撻伐，對於那些有助於保護核心勞動力的非標準就業模式反而三緘其口。例如，英國的某些機構，臨時性勞工的雇用是受到聯合協約的限制，定有最高可雇用額度的標準。有時這些協約的訂定是以能夠提供永久性勞動力更大的工作保障為前提，因而部分工時勞動者與臨時性勞工就必須接受較差的工作保障，在經濟遇上不景氣時，承擔更多被裁員的風險。再者，有些歐洲工會已經把縮短工時出賣給彈性勞動力運用。雇主對於更大的勞力市場彈性的要求，乃是對於工會要求透過工時的縮減以調適 1970年代末期起較低層次勞動力供給的增加的一種回應。特別是德國、荷蘭、北歐與地中海國家，彈性運用勞動力成為雇主交換縮短工時的籌碼（Campbell , 1989）。

　　除非工會只想代表某些部門工人的利益，否則他們就得正

視各部門勞工之間存在有利益差距的事實，並決心解決這項事實背後所衍生出來的問題。就以英國爲例，即使工會意識到以部份工時取代全職工作的過程，只可能發生在部份工時的勞動者願意接受低報酬、無組織的狀況下，卻仍然執意把縮短一周工作日數當做第一優先考慮的目標，而把部份工時工作的擴大視爲危害整體工時縮減訴求的障礙。另一方面，隨著工會推動縮減一周工作時數攻勢的增強，雇主要求增加與擴大彈性勞動制度的聲浪也跟著水漲船高。於是，縮減工作時數很可能就必須付出增加勞動力運用彈性爲代價，那將意味著工會在可預見的未來中，不可避免地會面對愈來愈多從事部份工時與臨時性工作的潛在會員。因此，在縮減工時與彈性勞動制度之間求得某種程度妥協與折衝，勢必在所難免。於是展望未來，工會遲早得面對的問題是，如何在增加企業生產力並且不破壞就業機會能有更好的分配的條件下，找出能爲各種不同勞工團體接受的新平衡點。

彈性勞動制度的效益

在改善就業狀況的前景不甚樂觀的前提下，歐洲各國的工會仍將朝縮減工時方面努力。在失業狀況無法在近期內獲得改善的情況下，歐洲工會勢將持續施壓，以達到某種類型工時縮短的目標。甚至爲了要對抗工時縮減程度過小，無法產生創造工作機會的效應，歐洲工會可能更加大幅度地提出減少工時的要求。但是從這些國家的經驗得知，由於這個問題涉及到受雇者——特別是核心勞動力——的工資權益，以及雇主成本效益

的考量，預期會遭遇極大的反彈。再者，歐洲的工會雖然擁有相當強勢的政治聯繫，如德國的社民黨、英國的工黨、荷蘭與比利時的社會黨，但是這些政黨在這些國家中，並非全部都是掌有執政權的政黨，以至於工會無法使縮減工時的政策落實。（Neubourg ＆ Caanen , 1988；Campbell , 1989）

一、減低工時

　　進一步減低工時而不造成工資的下跌，是歐洲工會的基本策略。工會通常認為縮減工時一方面可以創造更多的全職工作，另一方面又可以維持勞工適當的收入水準。而且一般工時的縮減代表一種集體性的措施，對於工資並不會造成任何影響，但是部份工時工作反映的是個別勞工對較短工時工作的需求，有可能因此造成工資相對應的成比例下降。基於部份工時的工作既不能給予個人、更無法給予家庭一份適當的收入，因此工會不把部分工時工作當成一個打擊失業的可行措施。

　　但問題是集體降低工作時數而不減少薪資，會增加企業的工資成本，而這個缺點只有靠提高勞動生產力來改變，因此「集體減時不減薪」的落實注定會是個非常緩慢的過程，甚至有可能是在犧牲實質工資上漲的情況下來達成這個目標。相反地，增加部份工時工作會有重新分配就業機會的好處，但是對企業成本的增長卻無直接影響。更為重要的是，小規模地減少每週工作時數所帶來工作機會增加，遠少於其他較大規模地發展自願性部份工時工作與階段性退休制度，所能夠創造出來的就業機會。

　　另一方面，就中小企業部門吸納了相當多數量就業人口的經濟結構來說，這個部門主要的就業人口大多是由雇主自己及

其家人所構成。在這個情況下，工作時數的減少對於就業機會的增加幾乎沒有多大的貢獻，反而會促使自雇的家人違法加班數量的增加。對於雇主來說，能夠彌補縮短工時所帶來的成本增加是問題的關鍵，這也就是企業看重彈性勞動契約之處，因其能夠配合經濟不景氣而給予雇主適切的用人彈性。就這點而言，工會反對彈性勞動契約的動作，不但未能阻止部份工時與臨時工作的成長，反而成為這群勞工尋求工作保障的絆腳石。

其實，工會可以思考一種互補做法，同時兼容這兩大政策的優點，那就是在追求減低工時方案的同時，發展部份工時的工作以滿足企業對這類勞工的需要。這種做法將促使減低年工作時數與部份工時工作之間成為兩個非互斥的基本政策，但是卻使得地位低下的部份工時工作者，有機會填補全職勞工減少後所需要遞補的工作量。而且換一個角度來看，如果部份工時工作變得更為普遍，那麼將與全面性減低工時產生相同的效果。如果造成愈來愈多賺兩份部份工時薪水的家庭，那麼將接近一天工作五個小時，或者一星期工作三天的目標。

二、增加就業

工時縮短和創造部份工時與臨時性勞動契約一樣，都想要創造就業效果。但是德國與法國的研究顯示，增加臨時性的工作機會，實際上並未創造更多的就業，而政府所推動的非經常性特殊就業方案，在歐洲實行的效果也是相當有限，產生的最多只不過是失業再分配效應。

如果要使縮短工作時數產生緩和失業的效果，那麼如何填補空出來時數就會是關鍵因素。如果只減少一周工作時數卻對短少的工資不做任何補救，可能會產生最大的就業效應，但是

對於仰賴家庭人手的中小企業則不然，所以這些企業最常的反應就是降低生產。所以縮短工時對於緩和失業的效果遠小於工會所預期者。實際研究發現，以全職性工作來填補縮短工時所留下的空缺的百分比遠低於預期，只有 50%，甚至更低。若是以引進部份工時工作來填補空出來時數，則發現填補率接近百分之百。這是因爲：第一，部份工時工作的創造可能吸引經濟上原本不活躍的人進入勞力市場。這將會產生增加就業水準的效果，但並不見得會創造減少失業的效果；第二，部份工時工作吸引了許多勞力市場上原本並不活躍、並不需要工作的婦女的就業活動，所以部份工時工作明顯地具有降低隱藏性失業的效果。再者，由於構成社會上消費決策的基本單位主要是家戶而不是個人，所有每個家庭多一個工資賺取者，將會對其他家庭成員的就業決策產生影響。額外賺得的收入甚至會使其他家庭成員不需要外出找工作做。在這種情況下，家裡如果有人想繼續完成學業，就可自在地完成學業；如果有其他成員不需要額外的金錢，就大可不必再兼差加班。與縮短工時以及臨時性工作相較，只有部份工時工作具有創造這種效果的潛力。

三、減少加班與非正式工作

在工會眼裡，加班只有在臨時性與不可預期的環境下，才是合理可以接受的；在許多人沒有工作做時，就不該出現有系統的加班。所以爲了創造新的全職就業機會，工會要求減少有制度的加班。但是對企業而言，全面減少工作時數，就必然會促使加班數量的增加，因此對於緩和失業所產生的短期效應就相當有限。甚至可以這麼說，工會鎖定減少工時與消滅有系統的加班，根本就是相互衝突的兩個政策。不過，發展部份工時

與臨時性工作卻有助減少工廠加班的數量。

　　不論是政府組織，還是雇主組織或是勞工組織，都不贊成非正式的工作。他們認為非正式的工作經常構成一種威脅到正式部門運作的不公平競爭形式。但是部份工時工作卻不會產生這種效果。相反地，事實上，部份工時工作的推動可能有助於抑止非正式部門的成長。兼差打工畢竟出於經濟的動機，大部份的兼差者多為日間有全職工作的男性。兼差很少發生在有小孩需要照顧，又從事部份工時工作的已婚婦女身上。這些女性是不可能再利用她們的空暇時間再去兼差。其他類別的部份工時的勞工，如年輕人、高齡勞動者，或殘障人士，都不可能從事兼差的工作。如果部份工時的就業在男性成年勞工身上成為普遍的現象，也不太可能促使他們兼更多的差。因為就部份工時真正的定義而言，會選擇部份工時工作的人，原本就準備以較少的所得，換取較多的自由時間。於是，不僅僅這兩類勞工的個人屬性大不相同，他們也多半出於不同的工作動機。

　　從勞力市場供給面來看，彈性工作與非正式工作是可以相互支援的，因為都是來自於相同群體的勞工。但是從勞力市場需求面來看，部份工時、臨時性與非正式工作出於相同的需要，也就是節省成本與擴大組織彈性，或許可視為相互取代的而非互補的工作。所以，對工會來說，促進部份工時工作，便具有節制非正式工作快速成長的效果。全面縮減工時造成了不想要的收入減低，工會抵制彈性勞動制度造成想要從事部份工時的勞工無法獲得工資與工作的保障，而這都將成為非正式勞動成長增加的誘因。工時縮短所造成的失業效果或許可以藉由兼差工作而得到彌補。但是禁止某種類型的非全職工作，可能會促使合法形式的工作，轉變成非法甚或半合法形式的工作。

四、促進人性化的就業模式

　　不同於臨時性工作，部份工時的工作可以促使更為人性化的工作模式。這是指部份工時工作可以促使個別工作者將其個人喜歡的工作時數，帶進實際工作時數的協議之中。注意，這裡指的是部份工時的工作，而不是臨時性的工作。臨時性工作通常是出於非自願性的離職，所以常與其他負面的勞力市場經驗相結合，諸如失業、技能與地位的貶低，也可能因此而造成心理傷害。臨時性工作所產生失業的心理效應，意味著失業效應與臨時性就業效應之間有許多相似之處，特別是缺乏工作保障與無法計畫未來方面，都是造成心理壓力的來源。這些心理因素或許輾轉成為威脅從事臨時性工作勞工身心健康的主要變數（Burchell，1989）。

　　臨時性勞工所承受的心理壓力，也可能發生在部份工時勞工身上。但是部份工時勞工一般說來並不會比其他類型的勞工不滿意他目前的工作狀態，因為部份工時勞工的就業選擇多出於自願，而臨時性勞工多半不是出於自願。部份工時的工作提供已婚婦女同時完成有償工作與家務工作的機會，並且提供她們較理想的經濟地位。沒有部份工時工作機會時，大部份的已婚婦女可能根本就不工作。瑞典工會曾經推動一項企圖說服企業主減除阻撓管理者從事部份工時工作障礙的活動。推動這項運動的主要理由是因為工會意識到部份工時工作可能在提昇家庭生活品質上扮演重要的角色。其次，部份工時工作提供年輕的勞動者繼續求學的機會。對於大多數殘障人士來說，部份工時的工作，也是他們唯一的一條參與勞動過程的途徑。所以部份工時工作對於吸納殘障人士進入勞力市場之中也貢獻良多

（Delson，1989）。再者，部份工時工作的引進也具有預防效果：不但可以避免使高齡勞工工作的負荷過重，又可以提供高齡工作者繼續保有工作的能力，因此對於改善高齡就業者生活條件有非常大的貢獻。最後，引進部份工時工作不但有助於成本的降低與組織彈性的增進，又符合雇主的需要，所以終將減少勞力市場上非自願性的與不想要的臨時性工作的數量。正由於臨時性工作與部份工時工作之間存在有相互取代的效應，所以勞動人口中部份工時的人口比例增加時，企業使用臨時性勞工的可能性自然就會減低。總之與臨時性工作比較起來，引進部份工時工作所得到的好處，遠多過於付出的成本，相反地，引進臨時性勞工，則會產生適得其反的效果。

工會未來可以改進的方向

近年來縮減工時的腳步有減緩的趨勢，不少歐洲國家並不準備採取進一步縮減工時的行動。在法國與比利時兩國，甚至考慮採行彈性工時的制度。原因無他，多半是出於預期歐洲整合將促使國際競爭轉劇的心理作用，因此打消了縮減工時的意願。據此部份工時的工作與臨時性的工作，顯然會成為是一個漸進的而且是不可能回頭的趨勢。身為現代社會民主制度一環的工會，對於已經出現在勞工行為與期望上的變化，最好能克服對於這類就業形式的不信任態度，並且在政策上做出比較適當的調整，以保護臨時性勞工的權益。如果受雇於臨時性、部份工時、不規則就業型態的勞工，能夠成為工會主動保護的對象，那麼非標準化就業模式的擴大將不至於對勞工權益產生過

於不利的影響。

一、糾正反對部份工時工作的錯誤策略

工會總認為部份工時的工作，不像縮減工時一方面可以創造更多的全職工作，另一方面又可以維持勞工適當的收入水準。正因為工會先入為主認為部分工時工作無法給予個人或家庭一份適當的收入，因此工會不把部份工時工作當成一個可行的打擊失業的措施。但是問題是雇主已經採取行動，以部份工時的工作與臨時性工作做為回應工會縮減工時的策略。前面提過，到目前為止，工會對於這些新型態的就業模式尚停留在防守的地位，可是這種保持緘默的態度不但不能扭轉勞動制度日益彈性化的趨勢，反而使受雇於彈性勞動制度下的勞工權益，在缺乏工會的保護下，持續受損。戴爾森（Delsen , 1990）就曾經建議，工會在這方面應該採取積極主動的態度，推動某種形式的部份工時工作。工會不應該將全副精力擺在拿彈性制度來交換縮短工時，應該為與雇主協商時提出另一套辦法而努力。其中思考的重點應該可以擺在使不穩定的、沒有人甘願接受的臨時性就業契約，轉化為穩定的、有保障的雇用契約。這個值得努力的方向不僅滿足了相當比例勞動人口的需求，而且與全面縮減工時同樣具有減少失業的功效。推動部份工時的工作還具有減少受雇於非自願的臨時性工作的勞工人數的功能。當然，工會還有其他的選擇，諸如推動禁止契約工或是其他類型的臨時性工作，不過選擇禁止定期契約的方式可能反而會造成大量不合法工作型態的出現，迫使就業形式由合法轉變成非法。

二、找出部份工時工作合乎勞資共同利益的基礎

勞動力的高齡化造成了人力供給上的瓶頸，再加上勞力市場已經出現某部份勞動力不足的現象，以及女性勞動參與的急速增加，都將導致對部份工時工作需求的快速成長。勞動力的高齡化在可預見的未來，會使年紀較高的勞工盡可能地延長工作年數、留在工作崗位上。所以部份工時工作最起碼在某些情況下，可能會成為避免高齡者產生過勞問題的解決之道。對於那些可以由年輕勞工與高齡勞工共同完成的工作，雇主不僅能夠留住、甚至更長期地使用高齡者的人力資本，包括他們的知識與經驗，而且這個制度也成為雇主培養年輕勞工特殊技能的一種更具有成本效益的方式。再加上歐洲目前全職工作數量成長出現停滯現象，而且失業率在許多國家有穩定在一個高水準之上的趨勢，更使得推動部份工時工作在工會、雇主、與政府之間出現了共同利益的根基。

三、探索各種可行的部分工時方案

從制度面著手，突破大多數部份工時的勞工是女性的缺陷，並且透過合法化的方式——如部份工時親職假期的福利措施——將部份工時的工作引進高級職業部門。挪威與瑞典的員工享有法律保障的選擇部份工時工作的權利，例如出於養育小孩的理由。接受這種作法有部份的理由是，部份工時的就業型態在所有工作類型中，已經被許多勞工視為正軌的就業模式。建立全國性提前退休制度、鼓勵高齡勞工從事合法部份工時工作的制度，便是一種從制度上改變傳統對部份工時工作印象的作法。從歐洲施行部份工時提早退休制度的經驗來看，這種作

法對於勞工、企業與社會的潛在效益，遠超過實施的困難與涉及的成本。

此外，工作分享（job-sharing）──聯合享有一份工作的所有雇傭權益與附加福利──是值得考慮的一種模式（Blyton，1989）。無庸置疑地，工作分享有可能成為永久性的部份工時工作。雖然有工作分享政策的工會一半是出於保護全職工作的目的，但通常是以一種被動回應的模式，提供給想要做部份工時或無法從事全職工作的勞工。在歐盟國家中，工作分享普遍流行於英國、愛爾蘭與德國。據研究指出，這類特殊的部份工時工作被引進到專業層級較高的職位，對於那些收入相對比較高，或者配偶也有一份有收入的工作的人，特別具有吸引力。對於選擇這種就業模式的人來說，這種就業模式有助於受雇者以一種比較好的方式協調家庭與事業生活，同時也可以釋放出一個提供失業者就業機會的全職工作。所以英國公共部門的工會特別支持部份工時的工作，大力推動工作分享成為實踐就業機會平等的措施，並且鼓勵開放需要承擔責任的工作成為部份工時的工作。

不過值得一提的是，部份工時勞工每小時的工作量不見得少於全職勞工的工作量，而且經常是超過全職功能每小時的工作量的，所以推動部分工時工作的同時，避免等比例的減薪是值得留意的工作方向。至於部分工時工作創造出來的生產力提高的成果，該如何由部份工時的勞工分享，最好將之留給勞工代表與管理者去協商來決定最後的處理方式。如此一來，個人工時的減少就有可能變得更具有吸引力，全職工作就可以保留給那些最需要這類工作型態的勞動者。而且這種類型的契約對企業的財務運用也有所幫助。原先預備用來支付裁員的資遣

費，現在不但可以用來補償個人減少的工資，更可以用來增加就業機會。

四、保護部份工時勞工的權益

一般說來，部份工時工作機會的增加，如果是發生在勞力市場的底層，那麼就有可能會產生惡化勞力市場的區隔效果，出現初級與次級市場朝兩極化的方向發展。雖然在政治與立法層面，歐洲社會已經出現了不少強化部份工時勞工就業地位的行動，不可否認地這群勞動力仍是勞力市場中最弱勢的一群。因此，工會當有這項認識，需要鼓勵的不是部份工時工作本身，而是部份工時工作所採用的形式。

就目前全職工作所享有的權益與部份工時工作所需要享有的權益之間的落差來說，是有縮短的必要。還有若希望以部份工時工作取代臨時性工作的策略有所成效，就必須糾正社會上普遍流行的許多與部份工時工作結合的不光彩的概念，如「次等階級」（second class）之類的印象。這就是爲什麼要積極尋求改善部份工時勞工在法律上的地位，並且主動推動在男性專業工作領域內與高層職位上積極引進部份工時工作的原因了。若能做到這個地步，促進部份工時工作才算是一個具有組織勞力市場新鮮人的有效策略。

前面提到，目前工會政策仍然以全職勞工的利益爲第一優先考慮，全面性降低工作時數也依然是工會爭取來削減沒有工作可做的人數與改善工作條件的工具。對於勞力市場的新力軍，譬如說從事部份工時工作的大量女性勞動者，工會並未展開任何動作來吸引她們加入工會。因此對於工會來說，值得努力的工作，就是規劃一個完善的政策來吸收這些部份工時者加

入工會，並且在工會協商的議程上給予他們相同的重視（Delsen，1990：264）。

肯定部份工時工作的合法性之後，保障所有選擇這種就業形式的勞工在日後全職工作被創造出來之時，都有選擇回到全職就業的權利，便成為工會另一項重要的任務。這個目標在避免部份工時的勞工成為就業歧視——特別是在工資、工作與雇傭條件，以及工會權利方面——的受害者。

事實上，給予部份工時與全職工時的工作平等的待遇是必要的。不僅是在公司層次上，就連法定的工作條件與社會安全制度上的所享有的權利都該平等。只是到目前為止，工會對於這些方面的考量都只是針對全職勞工。其實這些障礙可以透過爭取部份工時工作的勞工在集體協約、社會安全制度與勞工立法上的地位，而得到改善。工會應該起草一份部份工時工作應享有的有關工作保障與社會保險方面合法權益的目錄，如果工會真的有心想要扶正部份工時工作，使之成為與全職工作具有同等地位的就業型態。這份名單至少應該包括升遷資格、免於不當資遣、享有年金與失業津貼等項目。部份工時工作立法地位的改善，在許多方面會對其他彈性勞動契約產生直接的影響。更為激進的作法尚有截斷勞動與收入間的直接關係，例如，取消職業活動的若干福利，對於非常態員工的社會保護有正面的影響；提供社會上每個成員一分有保障的基本收入，會促進和鼓勵勞動力的彈性化；藉由女性勞工協商地位的改善，鼓勵男性勞工從事部份工時的工作，不但使兩性都有更多、更同等的時間從事家務勞動，同時也有助於勞力市場上兩性地位的平等；當然也具有轉變黑市經濟，使之成為按照規定納稅的合法事業的功用。

制訂保護不尋常工作時數勞工的立法措施，有助於工作時間安排受到法律的保護，以前這方面的事務都仰賴員工與管理者所簽訂的個人契約的管理。有了法律的支持，工作會議於必要時尚可研討重新調配工作時數的問題。如果部份工時的工作不限於半天工時的工作，可以按照個別勞工的需求與不同事業團體的需要，以天、週、月爲基礎來安排，那麼部份工時的工作就可以達到減少每年工作時數的效果。只要在工作契約上可以確實註明每年的總工作時數，每位勞工便可以享受到最大的工時彈性，而不致在社會保護上蒙受任何損失。據此，工會也就不至於反對彈性工作時數的制度了，相反地，反而會護衛這個爲大多數勞工支持的制度。只是值得注意的是，引進這樣一套制度最好避免造成工作量的增加。若增加的工作量違反了最多工作時數的規定，將造成不同勞工群體之間的利害衝突，反而會變成進一步減少工時的障礙。

第八章
勞工福利制度

……再過一個多月，就要過尾牙了，這段期間正是廣大上班族巴望著荷包裡多一份「年終獎金」的歡喜季節，所謂「有錢沒錢，總要讓員工好過年」，國內台塑、聯華電子、長榮、中鋼、裕隆、遠東、宏碁、統一、台泥、聲寶等經營不同領域的十大企業集團，今年犒賞員工的年終獎金規劃，已經陸續拍板定案，從百萬獎金到起碼的兩個月底薪，都反映出企業主對員工終年辛勞的一份「心意」，來年再加把勁，只要營收有進展，年終獎金自然水漲船高。

——1996 年 12 月 22 日＜工商時報＞第七版

主計處統計，八十五年度政府補助各類社會保險支出達一千一百七十億元，較上年度增加 28.5％，遠高於政府其他支出項目；其中以補助全民健保達七百二十億元最多，較上年度成長近二倍，其次為補助勞保二百四十六億元，也較上年度增加 26.6％。

——1996 年 12 月 27 日＜自由時報＞第十四版

一個國家的勞工福利制度，一方面可以反映出該國政府對福利制度認知的程度，另一方面則表現出該國工業關係體系中三大集體行動者的相對實力。從西方先進國家的經驗來看，自工業革命後整段勞工運動的歷史可以說就是一段漫長的勞工福利爭取史。從最早爭取組織工會的權力開始，勞工藉助強大的組織力量，嘗試透過集體協商的管道，來爭取勞動過程中的各項福利。其中工會涉及爭取的福利，從最早期的增加工資、縮短工時、童工及女工保護開始，已逐步擴展到疾病死亡、失業救助，甚至延伸到分紅、入股、分享企業利潤方面的福利項目。

本章先介紹勞工福利這個制度所涵蓋的內容，然後檢討政府涉入社會福利制度提供的利弊得失，最後分析推動勞工福利制度的三大行動者的動機與角色。

何謂勞工福利

　　基本上，根據提供者的不同，可將勞工福利分成三種類型。第一種是完全由政府提供的福利制度：基本上公共救助、維持基本生活保障的設計是完全由政府辦理的福利制度。不過接受這套制度的受助者常是不具工作身份、長期失業陷入生活危機，以至於變成貧戶的勞工。所以由政府提供的社會福利制度可以算是最廣義的勞工福利的範圍，目的在提供勞工生活最低限度的保障。第二種是由政府和雇主共同提供的福利制度：政府透過集體分擔的保險制度約束雇主提供勞工各種保險給付，而勞工保險可以算是保障勞工的最基本的福利制度。第三種是完全由雇主提供的福利制度：基於企業競爭的心理，與企業形象的經營，雇主本身也會安排各種不同的勞工福利方案，也可說是法定的保險給付之外，雇主提供的所有額外的福利措施（詹火生等，1992：28）。

　　由於許多國家提供的勞工福利措施也多透過企業辦理，所以由企業涉入的角度來觀察，一般企業涉及到的勞工福利大致上可分為四大類型。第一類是屬於父權家長式的福利，福利項目多取決於企業主彈性自由的決定，全體員工在這類福利上的享受資格與領受權益不會因職等、性別、年齡而有所差異。第二類是屬於根據勞工的工作表現所提供的福利，這類福利的給

予通常是根據成本效益的分析，由企業依據勞工在其工作上的表現或生產力，而決定勞工應得之福利。一般由企業籌辦的勞工福利方案大致上是遵循這個模式，而項目包括有年終獎金、考績獎金、全勤獎金等等。第三類是屬於財產形成類的福利項目，包括有利潤分享、儲蓄方案、分紅、入股等等。第四類是立法強制性的勞工福利，屬於社會福利制度的一部份，旨在配合福利國家社會功能之達成，以提供勞動者最基本的社會保障。這項福利項目，除政府籌辦的公共救助之外，透過企業辦理的醫療保險、人身保險與退休給付等皆屬之。

據此，勞工福利的內容可分狹義與廣義兩類。狹義的勞工福利項目，主要是指勞工勞務報酬中有別於直接金錢給付的間接給付，通常是以與金錢等值的現物或勞務的方式支付。這部份的勞工福利，多以附加福利（fringe benefits）稱之。加上這類福利多為各企業自行規劃，又稱為企業員工福利（employee benefits），在我國則有專法規範之，稱為職工福利。整體來說，附加福利主要有取代勞工必須自行支出，以購買同值的各項貨品或勞務的功能，其項目繁多不勝枚舉，一般包括下列五大層面中的後四項：(1)由政府強制或是企業自行興辦的，保障勞工物質生活最低水準的各類生活保障辦法：生命健康及意外保險、長短期傷殘給付、病假、退休金、資遣費，以及置產計畫；(2)非工作狀態所得到的給付：年休假、國定假日、事假、全勤；(3)員工服務項目：儲蓄計畫、入股計畫、年資獎、優良員工獎、年節獎金、商品折扣、代辦折扣旅遊、膳食、工作服、進修機會及助學補助、捐獻補助、社交及休閒活動、員工輔導、法律服務、緊急貸款、遷移及調職津貼、汽車保險、交通及停車設施、公司汽車、兒童照育、購買公司使用過的設備、保健計畫；

(4)加班津貼、值班津貼、隨時候班津貼,以及繁累、異味、有危險性工作津貼;(5)工作獎金:論件計酬、短期盈餘分享、短期銷售競賽、建議計畫、特別獎金(羅業勤,1995)。

從另一方面來看,爲改善勞工工作條件、保障勞工就業生活之安定,並激發勞工生產潛力,以發展經濟,提高全民生活水準,除了附加福利項目之外,廣義勞工福利的內容當更廣泛地涵蓋社會福利中所包括的有關就業安全、與勞動條件方面的項目,以及與保護勞工組織工會權益相關的法令制度。就歐美先進國家的經驗來說,與就業安全與基本勞動條件有關的廣義勞工福利項目,多爲法定的勞工福利項目。狹義的勞工福利則由企業與工會透過集體協商制度來加以規範、議定,多屬於協定勞工福利部份。換句話說,根據勞工福利的內容與項目來分類,又可以說廣義的勞工福利主要是由國家主導、立法強制執行的,屬於福利國家的一部份;狹義的勞工福利則主要是由企業主導,或與工會進行集體協商之後,所議定的的附加福利設計。下節先就政府涉入社會福利提供的得失功過所引起的爭議做一番扼要的檢討。

關於政府涉入社會福利提供的利弊爭議

一般說來,社會學界對於政府涉入再分配以及與社會整體就業安全和生活保障有關的福利制度,大體可歸納出四大不同的解釋與政策建議:激進右派的救殘補缺說、馬克斯主義的結構決定論、工業主義的功能附件說,以及改革主義的社會良心說(Sullivann,1987:63-102)。

一、激進右派的救殘補缺説

　　激進右派信仰自由主義，相信市場機能的運作效率，因此激進右派對於國家涉入社會福利提供的看法，自然與市場經濟的理念相結合，認爲剷除價格機制只會帶來低品質的服務。以房屋住宅津貼這項福利項目爲例，激進右派學者除了主張採行嚴格的財力調查措施做爲核放住宅津貼的標準，以便確實讓經濟狀況最差的個人與家庭從國家規劃的住宅政策中獲益之外，更大力鼓吹自有住宅運動，重新肯定追求個人成就的理想。

　　激進右派學者有海耶克（Hayek）、弗里曼（Friedman）、皮卡克（Peacock）與鮑威爾（Powell），都針對福利國家的社會後果提出條理清晰、體系完整的批判。基於他們對自由主義的信念，這些學者相信自然狀態下的人，是自由自在的個人主義的、是免於國家管制的，幾乎普遍認定所有國家對社會經濟事務的涉入，最後都將令人民有悔不當初的感慨。儘管如此，這並不表示激進右派學者否定社會上有不平等現象的存在，相反地，這些學者承認自由與實質的平等是不可能共存的事物，有時爲了確保自由，犧牲平等是必須的。

　　儘管這派學者大多認爲國家福利制度是那些立意良善、深具同情心的大人物的大手筆，但是長期施行福利國家制度卻會使物質與精神的誘因喪失了吸引力，因而產生了一個撿現成的社會。對激進右派學者來說，一個爲其人民作了所有他們可以自己做到的事的福利國家並不是個好的國家。這樣一個減除了人民所有的選擇與責任的國家，把人民變成一個個只會享受現成好處的人，只會造就一個無責任感的社會。在一個無責任感的社會裡，沒有人會在乎是否努力工作、是否勤儉儲蓄，沒有

人會爲未來費心。因爲每個人民都會覺得自己何必費神，反正有國家在那兒爲他們張羅，爲他們費心盡力地從有幹勁、有能力與勤奮的人民的薪水袋裡拿到錢來分給他們。所以對激進右派的學者來說，國家在所得維持、醫療、教育、住宅及個人社會服務方面所提供的福利設施，只會帶來一項後果：剝奪了自由、拿走了責任感、消滅了鬥志。

　　具體來說，激進右派的學者認爲國家涉入福利提供總共會帶來四大惡果：

(1)招致社會埋怨：由國家提供福利服務的措施會誤使人民把需要當成權利，進而觸動社會分裂。不考慮社會上需要免費服務的程度，以及需要免費服務的人口分佈，便將同樣的福利服務免費地提供給極端需要這些福利的少數，以及可以自行提供甚或有錢購買這些服務的多數人，將使得資源分配過於分散，以至於每個人所分配到的福利服務分量驟減，因此反而會造成潛在的受惠者對國家提供服務的怨言與不滿。

(2)造成資源浪費：在完全不必付費的情況下，民眾對社會福利的需要將會是毫無止境的。因此免費供應的國家福利服務將刺激出不是有限資源所能滿足的需求來。在這種情況下，服務的提供者將無法確實評估出哪些是合理的需求，哪些不是，結果便造成了資源的錯置與浪費。

(3)降低經濟效率：中央統籌管理的國家福利制度，實際上就是項政府壟斷的事業，完全不受私人市場價格與利潤機制的管制，因此易流於揮霍無度。同時國家壟斷的制度安排也刺激不出更有效提供福利服務的新方法。

(4)消滅個人自由：課程設計一元化的國民教育不但強迫父
　　母送子女到特定學區的學校就讀，更剝奪了父母爲子女
　　選擇適合其性向的學校就讀的自由。

　　激進右派學者最終是以拆除福利國家爲主要目標。即便是
現階段的發展，他們也呼籲全盤改造國家在福利制度的提供上
所扮演的角色：要求縮減社會福利的涵蓋範圍、配合財力調查
的福利領受資格、減低國家財政在福利上的支出、推動地方性
的而非中央控制的福利制度，以及民營化社會福利服務。總而
言之，會得到激進右派學者支持的福利制度，是一個實質縮減
政府角色、補殘式的福利制度，政府專司救殘補漏的角色。

二、馬克斯主義的結構決定論

　　就馬克斯個人看來，在資本主義制度下要發展出滿足人民
需要的全盤性福利制度，是件不可能的事。不過，提供局部福
利措施來滿足人民的某些需求，不但是有可能的，而且是不可
避免的。就某種程度上來說，馬克斯相當肯定 1833 至 1867 年
工廠法的貢獻，認爲該法對資本主義的經濟與社會體系產生了
重大的修正，特別是工時的節制限制了雇主剝削工人的能力。
這項發展被馬克斯視爲勞工階級與統治階級間長期階級鬥爭以
來的一大成就。

　　不過，就國家在資本主義制度下所具有的角色而言，馬克
斯的立場常顯得曖昧不清，有時視國家爲優勢階級的工具，另
外一些時候，又不時提到國家具有獨立於階級結構的相對自主
性。然而，不論國家是否具有相對自主性，就馬克斯對資本主
義的分析邏輯來看，總是在結構決定論的思維脈絡中移走。因

此，最常見他採用的說法是：如果勞工階級的壓力夠大、夠顯著，或是資產階級之內出現利益分裂的現象，資本主義國家會出面干預並發展福利措施，做出不利於工業資本主義利益的行動。其實，除了馬克斯本人之外，其他支持馬克斯主義的學者——巴倫（Baran）、史威茲（Sweezy）、歐康諾（O'Connor）、高夫（Gough）與吉斯柏格（Ginsberg）——對福利國家的看法，也多脫離不了結構決定論的框架。他們多主張國家福利措施的發展多爲資本主義體質變化的反映。對於資本主義的發展與國家在福利提供上角色的轉變，這些學者有如下的描繪：工業資本主義發展的早期階段，大部份都沒有所謂的國家福利，而有提供所謂的國家福利的地方，多半是出於支援以企業家爲主導的資本主義經濟體系的需求；衛生與住宅政策的發展是爲了確保工業區附近有一群健康的勞動力可供使用。除此之外，沒有多少國家干預是需要的，因爲對企業家來說，針對市場變化做出相對應的調整原本就是他們的本能。不過，隨著十九世紀的企業家資本主義發展成二十世紀的公司資本主義，國家便被捲入透過社會與經濟的干預來幫助新形式的資本主義獲取利益。究其原因，主要是因爲公司資本主義對市場變化的反應比企業資本主義來得相對遲鈍得多，因此企業爲了確保消費量的穩定，需要依賴國家出面干預並且制定社會安全、社會保險與失業給付的體系。如此，收入中斷的工人還可以繼續消費，方才不至於傷害到企業的利益。

　　換句話說，馬克斯主義者認爲，生產的潛力遠大於對產品的需要，是現代資本主義最主要的一項特色，因此需要仰仗能夠刺激需求的政策，而收入維持政策就是其中的一種。即使馬克斯主義者認爲國家涉入福利措施的提供是起源於資本主義的

要求，但是他們都未因此而斷言福利國家的出現即意味著資本主義的終結。相反地，他們只是反覆強調國家福利措施的提供有助於資本擁有者鞏固其權勢與財富。另外，也有些馬克斯主義者肯定國家福利政策中，至少有一部份是勞工階級努力爭取到的成果，因此勞工可以享受到比較好的健康、教育、居住，以及經濟安全。即使如此，這些學者依然強調，這些浮上檯面的福利措施，代表的不過是資產階級原本就準備透過階級工具——國家——所做的讓步。更重要的是，國家所做的或能做的讓步，僅限於資本家所願意接受的，而且是屬於關乎經濟效率與社會穩定的部份，因此可以見到資本主義國家將大量的資源投入教育與醫療設施的擴展，因為教育與醫療政策有助於創造更有生產力的勞動力。特別是資本主義的教育政策，以灌輸勞工資本主義的價值與規範、培養具有知識技術與良好健康的勞工為職志，更是對資本主義的穩定大有貢獻。

三、工業主義的功能附件說

屬於工業主義學派的代表學者有科爾（Kerr）、當寧（Dunning）、何波（Hopper）、哥布雷斯（Galbraith）、威冷斯基（Willensky）與勒鮑斯（Lebaox）。這派學者對於國家涉入社會福利提供的看法，帶有相當濃烈的功能主義與決定論的色彩，主張工業社會的發展不可避免會帶動福利國家的發展，而福利國家的作用，主要是在修護工業主義社會建構的不足之處。

一般說來，工業主義學派是從下面三個方向來敘述工業社會與國家福利制度發展之間的關係：第一、隨著社會發展工業基礎，存在於農業社會相對簡單的交換關係，將被較為複雜的

工業經濟所取代，因此促使國家成爲經濟關係的主要規範者。第二、隨著工業勞工取代自雇的農民與工匠成爲主要的勞動力，爲取得工資而工作就成了勞工與雇主間經濟交換的首要形式。第三、當工資勞工成爲主要的消費群體時，不論是生病還是失業所引起的收入中斷，都會對企業造成重大的傷害，故而催促著國家提供所得維持等等的措施，以避免這類困境的出現。以英國爲例，這派學者認爲本世紀之初保守黨制訂的若干措施，就有維持工人最起碼的維生水準的用意存在。1940 年代制訂的所得維持立法，主要也是爲了補救戰爭對就業模式與工業過程所造成的破壞。同樣地，1966 年所採行的所得相關的失業給付，也是爲了補救勞工面臨技術落伍而遭致失業，以及爲了裝備這群勞工能夠於未來進入需要新技術的工作領域，而發展出來的特殊措施。

說工業主義學派的觀點是建立在功能決定論之上，主要是基於兩個因素。就決定論而言，雖然這派學者不認爲政治共識或政治衝突是影響社會結構與社會制度發展的最重要因素，但是工業主義學派並未因此而脫離決定論的框架。相反地，他們與其他決定論的學者的差別，只不過在於工業主義學者認爲對社會制度模式影響最爲深刻的力量是工業科技的發展罷了。工業主義學者經常斷言，任何一個國家只要一旦決定要擁有現代工業，結果會怎樣幾乎是不言而喻的。即使對一些後期工業化的國家來說，不可避免會面臨要求一致（工業發展）與要求差異（如意識型態）兩股衝突勢力的相互拉扯，但是沒有任何一股勢力抵擋得了工業主義這個邏輯最強勢的運作。因此，所有工業化中的國家都可能在他們工業發展相近似的階段上，發展出相類似的支持與維護體系。另外，就承襲功能主義而言，主

要是基於工業主義學者大多認定福利國家是輔助工業發展不可或缺的一項功能性附件的這項看法而來。工業主義學派主張國家涉入福利提供主要是建立在工業化中的社會有需求要滿足，有功能必須執行的前提之上，因此國家所提供的福利措施也僅限於回應性的，亦即因應工業社會出現的新需求而發展出來的設計，目的在促進工業科技的持續進步、社會與體系整合的持續維繫。

四、改革主義的社會良心說

主張改革主義福利觀的學者有史拉克（Slack）、馬歇爾（Marshall）、克樓斯蘭（Crosland）、派克（Parker）。基本上，改革主義的福利觀是建立在國家及其制度人員乃受到經由民主制度選舉出來的政府所治理的大前提之上。這就是說，這派學者不認為在社會政策發展的過程中，國家在目標設定與功能選擇上享有獨立的角色，更別奢望去扮演與民意相對立的角色。相反地，這派學者認為國家涉入社會福利的類型與範圍，其實是社會上廣大群眾對這些議題看法的反映。就此而言，改革主義的福利觀與其他學派的福利觀最大的不同在於，改革主義者多認為國家涉入福利提供是出於民意，而非受制於抽象的結構力量或發展邏輯等不可控制勢力的操弄。此外，改革主義學者多半肯定福利國家具有造福社會的貢獻。

就本體論來說，改革主義的福利觀是一種社會良心論（social conscience thesis），認為國家涉入社會福利服務的發展是源自於社會大眾——特別是社會上中產階級與上層階級——日臻成熟的集體良心所致。社會上對於減輕需要者的問題所匯集成的共識與承諾，敦促國家有組織、有系統地提供福利服務

的措施，因而得以反映在有組織的國家行動上，為需要者提供福利服務。所以，改革主義的學者大多相信國家福利服務的提供，具有創造品質更好的生活經驗的實力，而國家福利具有矯治被扭曲的社會結構的功能，能夠將部份民眾從疏離、邊陲化的困境中解脫出來，使他們的生活品質因而獲得改善。

表 8-1 社會學四大派對國家福利制度的看法

學　派	代表學者	主要觀點
激進右派	海耶克、弗里曼、皮卡克、鮑威爾	國家福利會帶來四大惡果：招致社會埋怨、造成資源浪費、降低經濟效率、最後消滅個人自由。
馬克斯主義	巴倫、史威茲、歐康諾、高夫、吉斯柏格	勞工福利的提供，特別是社會安全、社會保險、失業給付，以及收入維持政策，都是為了使收入中斷的勞工還有能力繼續消費，以維繫企業的持續獲利。
工業主義	科爾、當寧、何波、哥布雷斯、威冷斯基、勒鮑斯	福利國家是輔助工業發展不可或缺的一項功能性附件，國家涉入福利提供是因為工業化過程中產生的新需求所致，目的在促進工業科技的持續進步、社會體系的整合。
改革主義	史拉克、馬歇爾、克樓斯蘭、派克	國家涉入福利提供是由於社會上中產與上層階級日臻成熟的集體良心所得到的結果，具有矯治社會結構的扭曲、解救人性邊陲化、改善生活品質的功能。

勞工福利制度的建構：由誰發動？爲何發動？

就由誰發動加以觀察，值得思考的問題是：推動這股規劃的動力來自何處？是誰會對勞工福利的享有與提供有興趣，並積極策劃推動？是政府？是企業？還是勞工？可想而知，不同的動力來源代表對勞工福利需要動機的不同。因此，由於推動者的不同，推動勞工福利的火力與追求勞工福利的內容亦將有所不同。一般說來，工會對於勞工福利的爭取，主要的動機莫過於爭取勞動過程中的最大權益，從最早期的重視普同性原則，逐漸有朝向講求差異性原則的趨勢，所以在美國可以見到福利項目的提供已有從重視公平、自主，不分年齡、性別差異都享有相同福利的設計，朝向以滿足員工個別特性的彈性福利（flexible benefits），或稱自助餐式的福利（cafeteria benefits）設計。

然而，就開發中國家來說，由於工會自主性低、力量薄弱，勞工福利提供者的角色不是由政府擔綱，就是由企業負擔。促使開發中國家的政府出面推動勞工福利的動因，多半出於執政者迫於情勢，不得不放下身段來籠絡政治實力遠高於經濟實力的勞工，即便如此，勞工得到的福利仍然受限於該國經濟發展的動力，難有大幅度的進展。促使企業涉入勞工福利，多半是來自商業競爭的壓力，希望透過額外福利的提供，網羅到技術好、工作勤奮的勞動力，進而對內建立起勞工對企業的認同，對外增加企業的競爭力。因此，單獨由企業提供的福利項目，多與勞工的工作績效有關。

表 8-2　勞資政三大集體行動者規畫勞工福利體系的動機

行動者	政　府	企　業	工　會
動　機	出於恩賜，或出於社會良心、壓力	爲了競爭	擴大勞工權益
項　目	工作生活最低保障	看對手狀況	利益最大化

從歐美國家勞工福利制度發展的歷史演化上，可歸納出三個不同的階段：第一、殘餘模式（the residual model）階段：勞工福利主要是出於雇主的恩惠，或企業基於自身的利益所提供的福利，政府在勞工福利提供上所扮演的是消極的、不主動介入的、暫時性的角色。就本質上來說，殘餘模式的勞工福利算不上是個制度化的福利制度，大多發生在工業革命初期，福利國家發展之後，幾乎沒有國家採行這種補殘模式的福利提供。第二、強調制度再分配的福利模式（the institutional redistributive welfare）階段:工業社會並沒有將勞工福利的工作完全任由企業隨意處理，相反地，政府爲了達到社會安全與平等，保障勞工基本的生活不虞匱乏，常基於普遍性、市場、需要這三項原則，來制訂勞工福利政策。這類福利制度的目的，並不在於激發個別勞工的生產力，而在確保勞動者工作與生活中的基本所需。第三、依據工作表現的福利模式（the work-performance welfare model）：通常是建立在成本效益的分析之上，由企業或雇主依據勞工在其工作上的表現或生產力，而決定勞工應得之福利。一般由企業籌辦的勞工福利大致上是遵循這個模式。

表 8-3　勞資政相對實力與勞工福利制度的可能形式

動力來源 ╲ 動力來源	政　府（力量：政府強而企業弱）	企　業（力量：政府弱而企業強）
勞工（工會）主動策動	由下而上法定式勞工福利	平行模式側重協定式勞工福利
勞方（工會）需求並未明朗化、壓力尚未成熟	父權式國家福利主義由上而下法定勞工福利	單純由企業提供企業家長制傳統式、日式

一、工會對勞工福利的促進

　　以美國的經驗來說，勞工福利計畫是在第二次世界大戰期間及之後方才出現大幅度的成長。論其成因，整體來說，除了雇主的創舉、稅務上的優惠、社會立法，以及一般經濟與人口因素的變化所產生的影響之外，最重要的兩個因素為：第一，戰爭的爆發迫使政府對工資進行控制；第二，工會透過集體協商對企業所展開的爭取行動。至於工會為何有如此強大的組織力量，主要是基於工會保障（union security）制度的建立。在這個制度之下，透過四種措施的執行，使勞工的工作安全得到保障，並使工會協商地位得以增強：第一、雇主同意所有工人為保有工作，必須加入工會，並且允諾在雇用新進人員時，只雇用工會會員；第二、雇主同意所有工人為保有工作，必須加入工會。不過為了保護雇主在雇用新進人員時，有自由雇用權，新雇用之人員得於三十日內加入工會，否則將失去這份工作；第三、雇主同意現在雇用的工人與未來將雇用之勞工，如為工

會會員，在雇用契約內不得脫離工會，否則將失去工作；第四、雇主與工會協議，工人有權自由選擇加入或不加入工會。如果選擇不加入工會，卻仍然想保有這份工作的話，必須付給工會一定數額之款項，做為工會為其代辦交涉的活動與行政之費用。

再者，歷史上美國政府對工資進行控制出現過兩次，一次是發生在第二次世界大戰之時，另一次是發生在韓戰之時。在這兩次戰爭期間，為了有效地抑制通貨膨脹，美國聯邦政府嚴格控制工資上漲的幅度與頻率，並且進行物價管制。然而，基於對勞工的勞動條件不該被凍結的信念，再加上戰爭帶來了勞力短缺的問題，於是聯邦政府特別通融雇主合理增加提供給員工的福利，也因此奠下了管理者與勞工都將勞工福利的擴大視為增加勞工報酬的合理管道的共識基礎。

另外，1940 年代末期美國聯合鋼鐵工人與內陸鋼鐵公司的爭議促使 1948 年全國勞動關係部（National Labor Relations Broad）裁定，受華格納法（Wagner Act）規範的集體協商中所指的工資，必須包括諸如年金與保險給付的項目，因此更加確定了年金、團體保險與相關勞工福利項目在集體協商中的地位。這種劃時代的決定意味著雇主必須本著誠信的原則，與工會協商勞工所提出來的福利要求，而且對於這些集體議定的福利方案，雇主不可以片面地隨意變更，更不可以隨意終止（Rosenbloom ＆ Hallman, 1991：8-9）。是故，從 1955 年到 1987 年的三十二年間，勞工福利佔薪資的百分比成長了兩倍以上，與直接工資比較，福利已經成為勞動報酬中相當重要的一部份了（見**表 8-4**）。

另一方面，對工會來說，有時爭取到附加福利比爭取到加

表 8-4　美國勞工福利成長趨勢：1955-1987 年

年代	總給付金額（單位：十億）	福利給付佔薪資百分比
1955	36.1	17.0
1965	78.2	21.5
1975	244.4	30.0
1986	743.0	35.5
1987	813.9	36.2

資料來源：Rosenbloom ＆ Hallman, 1991, Employee Benefit Planning, New Jersey：Prentice Hall, p.11。

薪更具有較高的價值，得到的回饋也更大。如果能夠成功地從雇主那裡爲勞工爭取到永久性的附加福利，就可以向工會會員討功勞，這對工會幹部來說，意義非凡，尤其是對他們領導地位的鞏固，更是大有助益（Reez, 1979：195）。因爲爭取到加薪常被視爲工會幹部的主要工作，爭取不到必然會被視爲失職，但是爭取到了常被視爲盡了基本的職責，因此並不會增加工會會員對他們領導的信服。所以爭取工資固然重要，但與附加福利的爭取比較起來，工會反而更會全力以赴。除此以外，以附加福利來取代加薪，也有助於縮短工會會員之間在整體薪資上的差距，特別是附加福利的享有，常是根據勞工的實際需要而設置辦理，不會因勞工工資的多寡、職位的高低而有所差異。再者，如果工會同時爭取到代辦附加福利的行政管理權，更是增加了工會的權力與可掌控的資源。是故可以見到，近三

十年來工會對附加福利爭取的興致是與時遞增。

二、企業與勞工福利

固然就先進國家的經驗而言，藍領勞工的工會組織在爭取附加福利上所做的努力，對勞工福利項目的擴大與增加是無庸置疑的，而且藍領工會爭取附加福利的動作，還會產生溢出效果，促使雇主同時提高白領勞工的附加福利。不過，平心而論，評斷工會在勞工福利爭取上的成就，最好要將企業規模這項變數給考慮進去，否則恐有高估工會效果之虞（Freeman，1981）。

自 1950 年以來，美國私人部門花在勞工附加福利上的支出有日益增加的趨勢。這裡所謂的附加福利涵蓋所有的私人退休給付，生命、意外及健康保險給付，資遣費，失業津貼，帶薪假，公司住宅，以及其他雜項的福利給付。同樣以 1950 年到 1980 年的三十年間來看，勞工福利項目中諸如在醫療保險上的成長率，平均每年就比薪資成長率整整高出 0.4％。不過就企業類型來說，雇用的多為工資高、所得稅高的勞工的企業會提供比較多也比較好的附加福利，而且附加福利大多數是大企業提供給工會化的非文職勞工，以及無工會化但具有特殊技術的文職員工的福利。至於缺乏工會保護的低工資勞工，通常這方面的需求都得依賴工作場所以外的私人機構來提供。

對於這種比較有資源的勞工得到比較多福利的現象，實不難理解，主要原因有三，其一為附加福利常被視為正常商品，領取高工資的勞工自然會要求公司給予更多的附加福利。其二，由於附加福利不列入所得計算，因此不必繳稅。所以目前要繳的稅率若比未來要繳的稅率高的勞工，或許寧願附加福利在薪資中佔有較大的比例。這麼做可以使領取高工資的勞工在

未來，特別是退休以後，在只需繳納較低的稅率下來運用這筆薪資。此外，就勞工所擁有的人力資源來說，倘若勞工擁有的是使企業獲利的較具特殊性或關鍵性的技術，那麼這些員工不但享有較高的工資，企業也會特地提供他們較高的附加福利。原因很簡單，因為具有特殊技能的員工的離職成本，遠比沒有特殊技術勞工的離職成本來得高出許多，所以可想而知企業對這類勞工的高度依賴，自然也有足夠的誘因提供他們較具吸引力的附加福利（Alpert & Ozawa，1986）。

其次，從組織學的角度來看，企業勞工福利的提供可以創造三大效果：第一，內在滿足（intrinsic satisfaction）效果，屬於心理層面的影響，促使受惠於企業勞工福利提供的勞工，更願意投入工作，並且忠於企業；第二，外在滿足（extrinsic satisfaction）效果，屬於社會層面的影響，有助於和諧勞資關係的養成，並具有穩定勞動關係的作用；第三，工具滿足（instrumental satisfaction）效果，屬於經濟效益層面的影響，有助於勞工生產力的提昇，解決問題勞工的成本，以及企業競爭力的增進（王麗容，1995）。

根據美國這方面的研究發現，總體來說為勞工重視並且對企業發展有正面貢獻的福利措施主要有四：(1)托兒服務：一項針對 415 家企業的調查顯示，企業提供托兒服務最起碼可以有兩項好處，一是可以減少員工的離職率，二是提昇企業形象（Burad，Aschbacher，& McCroskey，1984）。以國內的經驗來說，中興紡織三重廠、斗六的豐泰製鞋廠都因設置托兒服務中心而增加企業在社區中的形象（王麗容，1995：14）。(2)分紅入股制：研究指出員工入股制度所創造出的滿足感與員工對組織產生的向心力成高度正相關（r = .701），而與員工離職率成

負相關（r = -.579）（Buchko , 1992）。所以一般認為與財產形成有關的勞工福利項目——諸如年終獎金、分紅入股、盈餘分享等等——具有增加員工對組織的認同、對企業效忠的效果。

(3)員工協助方案（employee assistance program）：通常一個問題員工只能為企業賺進個人薪資的四分之三，但所製造出來的問題則會增加企業保險成本，以及企業因其工作錯誤而付出的爭議與訴訟費。以 1990 年代的美國來說，企業為處理問題員工所引發的問題，每年所需承受的損失大約六千美元（Casio, 1991）。若企業開辦員工協助方案，不但有助留置人力，減少問題員工出現的機會，尚可以減少企業五類成本的支出：招募成本、訓練成本、員工適應與督導成本、離職前降低生產的成本，以及機會成本（Luthans & Weldersel , 1989 ; Bruce , 1990）。

(4)勞工的個人與社會屬性對希望享受到的附加福利的類型，亦具有關鍵性的影響。如果勞工大部份的年齡比較高，大多會要求保障安全的福利，如健康醫療保險、職災補償，以及退離職金等等的福利項目。尤其隨著勞工愈來愈接近退休年齡，可能對能夠轉變成老年年金類型的附加福利興趣濃厚。同樣地，女性勞工對托兒類附加福利的需求自然高過男性在這方面的需求，此外，兼職與全職、已婚與未婚勞工對福利的需求也不盡相同。發展出自助餐式的彈性福利設計，更能掌握雇用數量大、異質程度高的勞工對企業的忠誠度，加大企業的吸引力。

　　正因如此，許多企業也相信發展一套健全的勞工福利方案至少可以從五方面來增進組織效率與商業利潤：(1)提振士氣；(2)增加升遷機會；(3)必要時落實人力精簡計畫；(4)促進勞工認同企業利益與工作效率的重要性；(5)提昇雇用勞工的素質。首先是企業若有一個計畫完善的福利方案，勞工會立即感受到雇

主對他們的關心，而使工作士氣大增。其次，某些有關退休的福利設計還有保持升遷管道暢通的重要功能。這類福利可以被用來有系統地鼓勵年紀較大的勞工，特別是行政人員的提早退休，因此有機會將位置讓出來給有能力的年輕職員向上爬升，這樣就可減少有能力的年輕員工另謀高就的可能性。另外，多樣化的退休方案也有助於人力的精簡。再者，一般說來，諸如分紅入股的制度，會促使勞工認同公司利益，進而增加員工對公司效率與獲利的情況的重視。此外，某些選擇性的，特別設計來照顧那些對企業有較多個人貢獻的福利計畫，則更有助於提昇企業績效的水平。最後，完善的員工福利制度也有助於提昇企業雇用人員的素質，進而改善企業效率。尤其為了競爭到人才，大多數的企業都會規劃一套相當合理甚至吸引人的勞工福利方案，沒有這類制度的企業可能會發現在需要招募新人或留住舊人時，都處於相當不利的地位（Rosenbloom & Hallman，1991：12-13）。

即便如此，對企業來說，除了上述的誘因之外，尚有不少因素使企業在籌劃勞工福利時遲疑不前。第一、勞工福利的支出很明顯地會增加雇主薪資報酬的成本。因此雇主是否願意負擔這些成本，端視本身的財務與獲利狀況、競爭能力、成本與收益的評估等變數而定。第二、有些勞工福利的成本會隨著時間的增加而增加，甚至變得不可控制。例如，醫療保健費用的膨脹，常導致勞工福利制度中醫療給付的增長。雇主對這類成本的增加相當敏感，勢必會盡全力去調減。同樣地，影響這類福利的立法變動，也會造成雇主勞工福利成本的增加，如退休金提撥或年金額度的調增。第三、對雇主來說，勞工福利項目一旦給出，是很難有機會取消或縮減的。許多企業覺得要員工

表 8-5　對企業發展有積極貢獻的福利類型

類　型	項　目	功　能
與年齡相關的福利	退休給付、提早退休計畫、退職金、離職金	使升遷管道暢通。
與性別相關的福利	托兒中心、工作分攤、部份工時、彈性工時	減少離職率、提昇企業形象。
財產形成類的福利	分紅入股、儲蓄計畫、年終獎金	養成勞工對企業的向心力、重視個人與企業整體的業績、減低離職動機。
員工協助類的福利	員工諮商與協助方案	留住人才，並且可以減少企業五類成本的支出。

接受取消已經提供給他們的福利服務是件不可能的事，甚至有可能引起勞工反彈。第四、如果企業內員工已經工會化，所有的福利方案都需要經過集體協商的討論。因此，雇主不太願意提出新的福利計畫或改善舊的計畫，以免引起工會更進一步的要求。此外，雇主有時也覺得員工並不瞭解也不感謝企業在辦理福利時所花下的金錢與心思，所以有時雇主寧可選擇以直接增加工資的方式來激勵勞工。而且就某些方面而言，勞工比較喜歡直接工資的增加，而不喜歡額外的間接福利或延遲福利。這就引發了所謂哪種薪資與福利分配，才是支付勞工勞動報酬的最適組合的問題。而且誠如前述，最適組合的評斷，會隨勞工本身的特性以及在企業工作的年資與職位，而有不同的變化（Rosenbloom ＆ Hallman, 1991：21-22）。

　　儘管在很多情況下，企業的勞工福利方案與其說是個吸引

勞工加入或留在某個企業的正向積極誘因，還不如說是個激勵勞工的維持原工作效率的關鍵因素。換句話說，有這麼一個計畫存在不見得是保證高生產力與業績的必然因素，但是企業若無適切的福利計畫，必然會引起勞工的不滿與挫折。總之，這是個相對剝奪與主觀感受的議題。勞工福利制度對勞工的影響大部份是有賴於企業提供福利的類型，以及享受福利勞工的年齡、態度、職位，以及其他個人屬性而定。更重要的是，企業與勞工溝通福利制度的方式，更是對勞工的士氣與生產力有重大的影響。不過，勞工福利的比例佔企業全部報酬總額的份量愈多，總體來說對員工的延攬、留用及生產力，應是有正面貢獻的。

三、國家的角色

無庸置疑，國家保護主要是出於對弱勢團體的扶持。就勞工福利的設計與規劃來說，如果面對的是一個工會實力不甚健全的社會，國家似乎頗該當仁不讓，一頭栽進，由上而下地來規範出一套放諸四海皆準、各行各業一體適用的勞工福利，以保障勞工的權益。從另一方面來看，國家保護愈多，勞資雙方自主的空間就越小，勞動者與企業各自因社會與組織上的差異而產生的不同需求，便難以關照得到。在這種情況下，或許國家將角色限制在遊戲規則的制訂，將心力集中於建立一套保障工會協商權的集體協商制度，然後放手讓勞資雙方進行集體協商，在雙方都熟悉的格局內，協商出雙方合意的福利項目。

然而，集體協商制度的落實係於工會制度的健全。就目前我國的狀況而論，工會組織受到法律強大的干預，組織不自由，因此力量不足以與企業相抗衡，自然很難站在平等的基礎上與

企業主管進行集體協商。即使有機會進行集體協商，企業過高的姿態，帶有濃厚的施恩示惠的性質，以至於經常出現企業片面決定協商的議題與涉獵的內容。如此一來，如何保障工會自主，使集體協商不至於流於形式，而能得出具體的績效，則頗值得執政者努力。換個角度來說，方此勞動價值劇烈變動的轉型期間，企業若能以先發制人的動作，掌握勞工對企業福利項目的重視，細心與工會溝通，規劃符合所雇用勞工需求之福利制度，而非持臨陣觀望的投機心理等待勞工索討，自然能帶出勞工的向心力。有了這個基礎之後，再談企業競爭力的提昇，當不是難事。總之，在勞工意識抬頭的時代裡，若想要達到勞資雙贏，唯有把握一項關鍵原則，那就是確立集體協商制度，落實工會參與，由工會出面與企業協商，才能得到合乎勞工需要的福利設計。

第九章
婦女就業與兩性平等

……粉領聯盟、女工團結生產線發起的「反單身、禁孕條款」遊行，昨天中午在台北市展開，活動矛頭直指未納入勞基法的東區商圈服務業，沿路許多支持民眾及商家女性勞工頻向遊行隊伍揮手、歡呼；遊行隊伍並到工業及商業總會辦公處遞呈抗議書，要求支持服務業納入勞基法適用範圍。

　　……目前還有行業存在歧視女性的單身條款與禁止懷孕條款，台灣省勞工處昨天指出，此規定明顯違反就業服務法，雇主應處新台幣三千元以上三萬元以下罰鍰。

　　　　　　　　　——1995 年 3 月 8 日＜聯合報＞第三版

　　……在台灣，由於近二十年來極其幸運地承接了第三波工業革命的浪潮，勞動力結構的變動極其明顯：第一、白領工人佔總工人數的比例大幅上升……第二、婦女勞動參與率提高。在工業發展進入較高層的階段之際，由於半自動或自動化生產的推進，使機器替代了藍領工人；機器可以委由不以體力取勝但相對較細心的婦女操作，從而提高了婦女的勞動參與率；同時改變了社會生產力的結構。

　　　　　　　　　——1996 年 4 月 11 日＜聯合報＞社論

　　……正當婦幼安全問題引起社會重視之際，一項攸關懷孕婦女保護的勞基法施行細則「母性保護條款」卻面臨被行政院刪除的厄運。勞委會為避免這項條文就此拍板定案，導致懷孕或哺乳的婦女工作保障不足，正設法向行政院尋求翻案。

　　　　　　　　　——1997 年 5 月 7 日＜中國時報＞

從勞力供給面來看，可發現一股強大的歷史趨勢正在發展。就勞動力的性別分配來看，男性勞動人口明顯且持續性的下降，業已降低了第二次世界大戰以後的男性勞動參與率。反之，女性勞動力的發展趨勢則呈現完全相反的脈動。這些趨勢發展的綜合結果，將會是男女兩性勞動參與率的平等化。另一方面，由於結婚與育兒的需要，每年有相當數量的女性白領勞工被迫離開工作職場，更有數量眾多的中下階層的女性勞動者可能終其一生，都得一面承擔無償家庭勞務，一邊從事有償的廉價勞務提供。

就許許多多實際已開發國家與社會主義國家的經驗來說，在追求兩性工作平等這項政策目標的實現過程中，真可謂立法容易落實難。在社會主義國家，兩性享有同等的權利與同等的勞動報酬，在婦女大量進入勞力市場之前就已成為立法條文。相反地，在西方社會，法律通常都出現在事情發生之後。在這兩種社會裡，雖然都定有明文法律規定禁止對女性雇用有任何歧視，但是歧視女性的行動與事實卻比比皆是。本章首先敘述現代化理論對兩性平權的樂觀預測，接著說明兩性職業隔離的類型，然後介紹解釋兩性職業隔離的五大理論，最後檢討落實兩性工作平等的政策建議。

一項過度樂觀的預測

過去一個世紀以來，目睹全世界的婦女在政治、經濟與社會地位方面的長足進步。1900 年以前，只有少數幾個國家的婦女有投票權，到了 1960 年，全世界幾乎每一個國家的婦女都有

投票權。婦女投入有償勞力市場的比例，1900年時在許多工業國家大約為20%左右，到了1990年擴大到超過50%。同時婦女所享有的各種與婚姻有關的權利，也擴大到離婚權、子女監護權、婚姻財產權，以及生育控制權。這股趨勢使得歐美學術圈內逐漸形成一派看法，一般以現代化理論（modernization theory）稱之，主張社會日益分化與複雜化的結果，促使「個人主義」與「女性自主」成為區隔出現代與傳統社會的主要特性。於是在現代化理論的框架底下，婦女平等與選擇自由便成為標示現代化的屬性，而父權主義的意識與制度成為傳統落後的表徵。

支持現代化理論的學者通常相信，如果有愈來愈多的婦女接受更多的教育，進入勞力市場成為受薪階級，有能力決定生育控制的決策，並且享有平等的公民權，那麼婦女就能擺脫父權的控制，實現兩性平等的理想。但是這種樂觀的看法持續不久，1970年代中期開始就陸陸續續出現了對女性就業與婦女地位間一對一的互動關係，提出深刻的反省與思辯的聲音。綜合而言，主張現代化將帶來女性平等的論調，已經遭遇三方面的挑戰：

第一、參與現代工業社會有償勞力市場，並不必然為婦女帶來充分的經濟平等。就婦女勞動參與率比較高的先進國家來說，勞力市場上仍然有高達50%的兩性職業隔離（occupational segregation）。就水平隔離來說，女性大多受雇於相當有限的職業類屬之中，尤其是那些傳統以來被認定是女人的工作的範圍之內；就垂直隔離來說，女性大多集中在職業梯階的底層，從事的多屬報酬少、聲望低的

工作。

　　第二、縱有設想周到的育嬰休假制度、幼兒托育設施，以及平等就業機會政策，並不必然會帶來兩性在公共生活、工作場所，甚至於家務處理上的平等地位。在先進已開發國家，在家務料理方面，有關婦女權益顯然有長足的進步與改善。這大多反映在這些國家的男士會主動幫忙料理家務上，以及家庭電器產品的發明上。特別是家用電器的發明，確實減輕婦女不少繁雜的家務負擔。儘管如此，這些國家中的婦女仍要努力對抗在工作場所內的從屬地位，以及在政治參與上的女性代表人數過低的現象。就連制訂有舉世羨慕的公共政策以支持兩性平等理想的北歐國家，其婦女人數在專業與主管層級的代表性上仍遠低於男性，而且在職業上也有明顯的根據性別刻板印象，而產生男人工作與女人工作的區隔。

　　第三、工業化與現代化並不必然保證兩性在勞動上與社會地位上的平等。從跨國資料來看，日本受過高等教育的婦女並不特別重視完成訓練後一定得找到專業性的工作或管理級的職位，反而接受社會對她們的期望：婚前做個安安分分的上班族，婚後好好料理家務，集中精神做好養兒育女的工作。其次，再就最能實現兩性平等的社會主義中東歐國家來說，在充分就業的政策下，婦女享受到國家社會提供的育嬰托兒服務，在工作場合中與男性是平起平做、一較長短，但是回到家之後，絕大多數的婦女卻必須獨自承擔所有的家務事。

職業市場性別隔離的類型

　　一般說來，以性別為基礎的職業隔離，主要可區別出垂直隔離與水平隔離兩類（Hakim , 1979）。

一、垂直職業隔離

　　以性別為基礎的垂直職業隔離（vertical occupational segregation）是指男性通常受雇於高階職業，而女性則多受雇於低階職業。一般說來，垂直隔離的維繫主要是靠兩種方式：一為差別雇用，二是在內部勞力市場中，將女性受雇者的雇用與升遷皆限制在低階職位之內。所謂「差別雇用」是指同一個職業之內，分別雇用男性與女性於位階高低不同的職位。中小學老師性別差異的分配，是最能表現垂直職業隔離的典型例子。幼稚園與國民小學的老師，是屬於同一職業之內層級較低的職位，幾乎都是女性，而高中以上的校園，即同一職業之內層級較高的職位，幾乎都是男老師的天下。這類垂直職業隔離的模式相當接近水平職業隔離，是同一職業內刻意發展層級結構的結果，也可以說是藉由外部勞力市場而完成的垂直職業隔離。垂直隔離也發生在內部勞力市場之中，在這種情況下，主要是透過內部排斥的策略運用來產生隔離的效果。例如，企業剛開始招募新人的時候，同時招募男性與女性員工於同一等級的職位，但是錄用之後，卻提供男性員工升遷的機會，卻不把同樣的機會開放給女性員工。這種內部勞力市場的垂直隔離廣佈於銀行、保險等白領服務業。對於這種差別待遇，有些是出

於男性主管刻意把女性員工排除於升遷管道之外。不過雇主經常將此歸因於女性員工缺乏正式文憑，也有的雇主認為女性員工的就業模式經常是時斷時續的。相對於男性受雇者來說，女性受雇者經常缺乏完整連貫的經歷，所以爭取不到升遷的機會。

二、水平職業隔離

以性別為基礎的水平職業隔離（horizontal occupational segregation）是指男性與女性普遍受雇於不同類型的職業。水平職業隔離的維持主要是根據性別類屬，剛性職業只招募男性勞工，柔性職業只雇用女性勞工，即雇用男女兩性於不同的職業磁場之中的方式來達成。職業位階秩序同樣是由醫師、老師、律師、護士，以及其他專業人員構成高階職業，以及垃圾清潔工、女性餐服員等構成低階職業。雖然通常男性職業的位階比女性職業的位階來得高，但是兩性在水平職業隔離的情況下，護士之類的女性專業職業的位階，仍然比清一色是男性受雇者的垃圾清潔工的位階來得高。除此以外，水平隔離也有可能是身為劣勢勞工的女性，大量湧進低階職業所產生的結果。大部份的辦公室清潔工、料理家務的幫傭是女性，主要是因為她們是廉價勞工，而不是因為她們是女人的緣故。所以雖然有許多女性確實受限於沒有特殊文憑與市場機會，而被迫進入低階職業，但是也有不少情況，是女性因為受雇於以性別區分的女人職業之中，而被認為是缺乏專業訓練、特殊技能的勞動力。

總之，水平隔離包括兩種類型的職業，一為依照性別分類而選擇雇用人員的職業，也就是說，某些職業是只有女人或是只有男人，才會去申請的職業；二為勞力市場上因女性勞動供

表 9-1　性別職業隔離的類型

職業隔離類型	垂直隔離	水平隔離
定義	男性通常受雇於高階職業，而女性則多受雇於低階職業。	男性與女性普遍受雇於不同類型的職業。
策略	一為差別雇用，同一個職業之內，分別雇用男性與女性於位階高低不同的職位；二為在內部勞力市場中，將女性受雇者的雇用與升遷皆限制在低階職位之內。	根據性別類屬，雇用男女兩性於不同的職業磁場之中；如剛性職業只招募男性勞工，柔性職業只雇用女性勞工。

給過多，而致報酬過低的女性職業。垂直隔離也有兩種類型：
一種是在一個職級高低結構明確的職業磁場中，直接雇用女性
於永久性低層級的職位。另一種則發生在內部勞力市場之下，
以文憑主義與父權歧視將女性限制在某些職級位階之中。

關於職業市場性別隔離的解釋

　　不論是保守的新古典經濟學理論，還是激進主義的勞力市
場理論，對於兩性職業隔離現象的解釋，多認為女性在勞力市
場上所具有的劣勢地位，主要是因為他們必須負擔家務責任所
致。這項解釋似乎不驗自明。但是若以這項事實做為怪罪女性
在勞力市場上業績不良的証據，那麼由於女性本身也是受害
者，自然不必為這項缺失承受任何指責。事實上激進主義的成
就，便在於指出職業結構被性別化是源自於男性在公領域內刻

意排斥女性的措施，不是女性可以等待他們從家務勞動中解放出來，便會立即獲得改善的事實（Crompton ＆ Sanderson，1990）。

一、從供給面來解釋

　　從供給面來檢討兩性職業隔離的問題，可簡單分爲三派。最具影響力的一派是從經濟學的角度來解釋性別關連的職業隔離現象。第二派從常規角度來說明婦女勞動供給的特性，強調社會文化力量在界定女性角色，特別是女性在家務勞動方面所扮演的重要角色。最後一派是馬克斯主義的學者，他們主要是從兩性在家庭中與在正式經濟體系中的角色分工，對資本主義的生產模式有不可磨滅的正面功能的角度，來解釋性別關連的職業隔離現象。

（一）人力資本論

　　經濟學家主張在一個完美的市場經濟狀況下，工人所收到的工資，是供給等於需要的情況下所產生的工資水準，如果供給大於需要，工資會下跌；反之，供給不敷需要，將促使工資上漲。如果雇主支付生產力相同的勞工不同的工資，那麼就會出現歧視。不過，經濟學家認爲正因爲全天下的雇主，都是以賺取最大利益爲目的，所以不太可能出現歧視的狀況，因爲若發生歧視，別的雇主就有機會以低廉的工資雇用到生產力相等卻受到歧視的勞工，並因此而獲利。換句話說，市場機制具有消弭歧視的功能，而婦女所獲得的工資水準，取決於婦女勞動力的供給與需求狀況。按照這個邏輯，女性平均工資低於男性，原因無它，不是因爲女性勞動力供給過剩，就是因爲女性的生產力低於男性。

根據人力資本理論（human capital theory）的解釋，不同的職業需要不同的技術。待遇愈高的工作，表示需要的人力資本愈多。女性工資低是因為女性所擁有的人力資本，即所受的教育、訓練與技術，多屬於較低的層次之故。而女性的技術水準較男性為低，是因為女性所受的教育與訓練皆不及男性所致。那麼問題是，在教育與訓練機會均等的情形下，女性所擁有的人力資本為何還會比男性少呢？人力資本論者指出三大原因：第一、在人生旅程上，女性勞動者比男性勞動者比較可能為了養育小孩而退出勞力市場。因此就算女性投入與男性相同的時間與精力，去累積所謂的人力資本，但是得到的也是一個時斷時續的經歷；就這份經歷的時斷時續的特質而言，女性累積的人力資本價值常被打折扣，得不到雇主的等值評價。第二、對於生兒育女與賢妻良母的角色期待，常使女性傾向於選擇不太要求教育程度與職業訓練的工作。第三、雇主認為女性員工會為公司賣命的可能性比較低，所以比較不願意花錢培訓女性員工。在這三大因素交互作用之下，女性獲得的訓練會比男性要少，即使接受訓練，訓練的層次也必較低，所以女性勞動者的平均工資，整體來說，比男性勞動者來得低（Chiplin & Sloane，1982）。

若不仔細求證，或許會認為人力資本理論對於女性工資報酬低的解釋似乎頗為言之成理。但若深入探討，便會發覺這派推理犯有循環論證的弊病。人力資本不足不但被用來解釋女性在有償勞力市場居於劣勢地位的原因，而且也被視為其結果。反映這種推理模式的標準人力資本解釋，例如，兩性工資水準的相對差距，使得由女性來負擔養育小孩的勞務，在家務經濟上構成了一項物質誘因。工資對於要養育小孩的女性來說，構

成了一項重要的機會成本，促使女性勞動者決定在生養小孩以前或之時，追求較少的培訓，以避免養育小孩而離開勞力市場，會造成家庭收入受到過多的損失。基於這項經濟考慮而減少在培訓上做過多投資的女性勞動者，自然就得到較低的薪資報酬。

另外，古典經濟理論也有從家務經濟學（home economics）的角度，來解釋兩性間勞務分工。這派學者認為家庭是社會主要的決策與消費單位，劃分家庭與市場的兩性分工，其實是基於個人的理性抉擇。家務經濟學家指出當兩個人面對兩組不同的工作型態，最好的解決之道就是每個人都將其全部的時間花在其中一組的工作之上，然後交換他們各自獲得的生產剩餘，而不是讓兩個人都把他們的時間切割來做這兩組的工作（Mincer & Polachek，1974；Becker，1981）。儘管如此，家務經濟學這套解釋也遭到嚴酷的批判。批評者質疑家庭成員之間分工的極端專門化，是否能夠帶來所謂的經濟效率。關於女性在家務工作上比男性較具有效率的想法，除了根據生物能力，即生育小孩的能力來加以認定之外，別無其他證據的支持。就算不挑戰這個論點，批評者也指出需要完成這些生物目的的時間，由於科技發達，實際上已經減少許多。在這種情形下，要求婦女維持家務專門化的角色，可能不見得特別有效率（Owen，1987）。

由於新古典經濟學理論認為個人工作的報酬是受到教育、訓練，以及盡本分、守紀律的工作態度等因素的決定，所以主張女性如果有較少的小孩，願意為她們自己在技能訓練、教育與工作上投資較多的人力資本，並且延展就業時期的長度，那麼她們就有可能爭取到比較好的工作機會。對這派學者來說，

如果女性接受這項建議，在社會上自然就可以見到從事高層工作的女性在數量上的增長，在工資上也可見到女性工資相對於男性工資比例的增加。但問題的重點在於，女性勞動者的選擇空間相當有限，而且實際上女性勞動者的決策，經常是在不平等的環境下做出的。既有的性別角色以及不平等的權力分配，都使得女性與男性進入勞力市場的基礎不具有平等性。據此，這項建議正好又回應了 1950 年代、1960 年代社會學界對女人的兩個角色所展開的討論。在那一場爭論中，有關婦女就業的問題被定位在結合家務與工作角色的困境。更重要的問題是，性別分工不僅出現在家務勞動之內，社會對於技術分級的建構都帶有性別的差等。特別是古典經濟學者所引證的例子中，典型的婦女職業都是有專門技術卻是地位低下的職業，因而引起了學界對職業場所中劃分男人工作、女人工作的重視，同時帶出了女性不如男性的爭論。

(二)社會文化面的解釋

從社會文化面來解釋性別關連的職業隔離，強調社會透過文化體系來界定性別角色的行為規範，因此塑造了兩性職業選擇的鮮明區別。這派學者如馬賽（Matthaei, 1982）指出，性別通常是兒童最先習得的社會身份標識，個人的人格、自尊，以及在社會上受到尊敬的程度，都看他表現的行為是否合乎他的性別。女性從事有償工作與女性在家庭內所負責的工作之間，有相當高度的一致性——煮飯、打掃清理、照顧小孩與病患等等——亦即不是看護性，就是搭配性的工作。就這點而言，工作不只是收入的來源，也成了社會身份的基礎。顯然，從事護士、小學老師、托兒所看護幼童之類的職業，甚至受雇於托老中心的工作，都符合女性的刻板印象。

這派論點雖然提出頗為符合一般人常識見解的性別職業隔離說，明確地指出女性在公領域內——特別是勞力市場上——的活動，主要是反映女性在私領域內的家務角色與性別身份，但是卻有項致命的缺點：社會文化說只是為我們描述了現況，對於性別關連的職業隔離，卻未提供任何進一步的說明。換句話說，家務工作其實是相當多元異質的，「對於哪些家務工作被視為是女人的工作，哪些又被歸類為男人的工作」要進行單純的兩元區分並非易事。對於這個最為關鍵的問題，社會文化解釋卻又未能提出進一步的說明與有力的解釋。

(三)馬克斯主義功能論

馬克斯女性主義學者對於女性參與有償勞動的分析，主要有兩方面的貢獻：一是關於女性構成充沛的勞動力後備軍的問題；二是關於家務勞動的論戰（domestic labor debate）。關於女性構成勞力後備軍這個議題上，馬克斯主義者席康、碧琪、桑莫微（Seccombe，1974；Beechey，1978；Somerville，1982）指出，婦女家務勞動對於剩餘價值的開發具有間接的貢獻，因為女性提供低於市場價格的勞動力，誘使雇主雇用女性來替換高成本男性勞動力。另一方面，關於家務勞動論戰中，功能派馬克斯女性主義者認為進入勞力市場的已婚婦女，其實是一個人同時扛起養兒育女家務勞動與有償勞動兩份全職的工作，因此對於男性在資本主義有償勞動過程中剩餘價值的創造，有著不可抹煞的積極貢獻。馬克斯主義所激發的家務勞動爭論與家務經濟學的看法相當近似，只不過家務經濟學從個人偏好與家計理性出發來解釋家務分工。而功能派馬克斯主義學者強調進入勞力市場之前個人所接觸到的社會化，特別是教育過程與社區文化，在制約兩性選擇家務勞動與有償工作時所扮演的角

色。儘管有著這些差異，但大體上這兩派學者都未質疑「男公、女私」（public man, private woman）分工模式的社會基礎。

二、從需求面來解釋

從需求面來解釋性別關連的職業隔離，特別強調勞力市場區隔的重要性，以及其他制度性因素的影響力。

(一)兩元勞力市場論

巴倫與諾瑞斯（Barron & Norris，1976）援引兩元勞力市場的理論來解釋婦女在勞力市場中的次級地位。他們指出以性別做為區別指標，女性勞動者是次級勞力市場的主力，而初級勞力市場是男性勞動力的天下。所謂兩元勞力市場（dual labor market）主要是指勞力市場特質，特別是勞動報酬與勞動環境的分配，有呈現朝向初級勞力市場與次級勞力市場兩極化的發展態勢。受雇於初級勞力市場（primary labor market）的勞工會得到較高的工資、較好的勞動條件、較穩定的工作、較優渥的升遷機會，還有工會透過協商來強化他們已有的好處。受雇於次級勞力市場（secondary labor market）的勞工則受到相反的待遇，不但沒有層級分明的升遷路徑，提供驅策他們勤奮工作的誘因，高比例的換職率又成了工會化的絆腳石，即使進入次級勞力市場的勞工，所具備的技術與能力與進入初級勞力市場的勞工不相上下，也無法改變劣勢的市場地位（Piore，1975；Dex，1985，1989）。

除了從供給層面來看，市場上存在著大量沒有特殊技能、欠缺訓練、樂於接受低工資的女性勞工，正等待著次級部門雇主的聘僱，以至於女性勞動者的勞動水準難以獲得改善之外，盧柏里（Rubery，1978）指出，男性勞工經常透過工會控制女

性勞力的供給，限制女性勞動力進入某些特定的勞動部門，以便藉此保護甚或增進男性勞工的經濟利益。寇克朋（Cockburn，1983）則進一步透過對印刷業勞動過程的個案研究，指出男性工會幹部主動向雇主施壓，達成排斥女性勞動者於雇用名單之列的協議，同時運用工會的影響力封鎖女性勞工受雇機會，干預技術分類與工資等級的訂定。就此，工會參與成了區隔兩性勞動力的技術差等與工資比率的關鍵性制度變數。

總體來說，女性勞動者之所以會成為次級勞力市場的主要構成份子，根據巴倫與諾瑞斯的歸納，主要是出於四大因素的作用：第一、性別是一種不會引起男性勞工反對工作區隔，甚或歧視的職務與報酬分派標準。第二、女性為了他們在家庭中所扮演的角色，比較無法全力全意投入工作，所以願意接受低於男性的勞動條件。第三、婦女經常會隨自己的意願而辭職，同時也比較容易接受被雇主突然解雇的事實。第四、女性比較少加入工會，即使是工會會員，在基層工會裡，女工的權益不受男性工會領導者的重視，集體協商權利也受到限制。

（二）父權主義的解釋

批判取向的馬克斯主義者指出，家庭之內的分工造成了女性普遍受到男性權力的宰制；而在工作場所，男性有意識地操弄，於是女性被排除於高物質報酬與高社會聲望的職業，因而使女人從事的職業與工作變成地位低下的女人工作。哈特曼（Hartmann，1979）認為兩性職業隔離的現象，基本上是資本主義與父權主義（partriarchy）兩大體系共同運作的結果，他指出資本主義的發展創造高低不等的勞工位階，但是傳統馬克斯主義並未說明誰來填補這些高低不等的市場位階，而父權制度則是個決定由誰來填補這些空位的層級體系。父權制度不僅僅

是個由上下高低不等的位階組成的制度，而且是個建立在一組獨特物質基礎上的社會關係，除了在男性成員之間有高低不等的位階結構之外，所有男性成員都團結起來宰制、剝削女性的勞動力。據此，父權制度賴以維繫的關鍵機制有：異性聯姻、由女性養育子女、料理家務、在經濟上透過勞力市場的特殊安排來強化女性對男性的依賴關係，並且根據男性社會關係模式來建構政府與其他社會制度。

　　儘管父權主義有上述特性，哈特曼也指出把女性限制在家務勞動範圍之內，不見得會為資本主義帶來最大的利益。就資本主義始終以最低薪資換取最大勞動力為其目標而言，資本主義的本質是性別中立的社會建構。正因為資本對勞工進行剩餘價值的抽取時，並沒有任何基於性別的差別待遇，所以資本主義制度本身蘊含著消滅父權制度的潛在因子。至於資本主義為何並未毀滅父權主義，關鍵在於資本主義形成初期，為了增加男性對家務勞動的控制權，並且保障男性勞工在勞力市場的位置，因而將女性排除於從事工資勞動之外，於是曾經一度反而更加強化父權制度。儘管如此，父權制度與資本主義間的結合並不如一般想像的平順和諧，而主要的關鍵在於男性與資本家之間，對於女性勞動力的使用這方面，本質上是存有相互衝突的利益：大多數的男人可能想要把他們的女人留在家裡自己使用，但是有一小部份身為資本家的男人，除了他們自己的女人之外，想要把大部份的女人弄到勞力市場上去工作。據此，建立在父權主義之上的資本主義，其實是充滿著緊張與高度不穩定的社會制度。

　　渥比（Walby, 1986）針對資本主義與父權制度之間的緊張關係，深入探討男性控制女性勞動力的過程。他指出父權結構

表 9-2　解釋兩性職業隔離的理論觀點

派　別		代表學者	主要觀點
勞動力供給面解釋	人力資本論	契普林、史龍、敏舍、波拉茹克	女性傾向於選擇不太要求教育程度與訓練的職業；爲了養育小孩，女性很難維持一份完整連貫的就業經歷；雇主認爲女性認同於家庭角色高過於就業角色，因此比較不願意培訓女性職員。
	社會文化論	派森斯、馬賽	女性在公領域內的活動主要是反映社會文化對於女性在私領域內家務角色與性別身份。
	馬克斯主義的功能論	席康	女性無償家務勞動的提供，使資本主義能夠更有效地剝削勞力市場上男性勞動者的剩餘價值。
勞動力需求面解釋	兩元勞力市場	巴倫、諾瑞斯	性別是不會引起男性勞工反對的工作區隔，男性勞工常透過工會的力量，使女性勞動者成爲次級勞力市場的主力。
	父權主義	哈特曼、渥比	父權主義的制度安排，將女性排除於高物質報酬與高社會聲望的職業，使女性無法獨立維持生計，必須依靠父權主義的生產模式，承擔大部份的無償家務勞動。

主要展現在家務勞動、工資勞動、國家的角色、男性暴力、性的建構，以及文化制度等六方面，而父權制度透過這六大管道集體塑造了兩性的職業隔離。在父權體制下，女性主要負責家庭私領域內無償勞動力的提供，從事社會延續方面的勞動。私領域加上提供的是無償的勞動力，注定了女性的從屬地位。後來隨著工業化的發展，女性被資本主義吸納，得以進入有償的勞力市場。女性原本期待她的社會角色將會藉由私有領域跨入

公共領域，從無償家務勞動變成有償生產勞動的提供，能夠改變長久以來附屬於男性的從屬地位，但是有償勞動力市場的支配者——男性，面對女性勞動者的入侵，不聲不響地在勞力市場中製造出正式與非正式的性別歧視，阻擾女性進入較多報酬的職位，削弱其維持獨立生計的能力，不但使女性在公共領域內成為劣勢族群，更加重女性對父權主義社會關係庇蔭的依賴。

當下值得努力的方向與作法

　　所有的社會都必須解決生產與再生產的問題，生產活動幫助社會解決存在的問題，然而有了再生產活動，社會才能延續。所謂生產（production）活動，包括所有的經濟活動與社會制度與結構的創造。所謂再生產（reproduction）活動，主要指的是社會的再製（social reproduction），社會制度與結構的傳承與延續，生物性的傳宗接代與文化上的社會化過程都包括在內。

　　前工業社會解決這個問題的方法主要是建立在性別分工的基礎上。生產面的勞動主要是由男性來負責，女性則負責再生產面的勞動。生產面的勞動屬於公領域（public sphere）的範圍，對社會的貢獻重點擺在當下；再生產面的勞動屬於私領域（private sphere）的範圍，重點在於未來；公領域的勞動是有酬勞動，而私領域的勞動是無償勞動。這種以性別為基礎的分工來執行生產與再生產的功能，如果執掌兩個不同領域的性別群體都擁有相同的權力、地位與財富，或許這種分工體系本身並無所謂的對錯或好壞之分。但問題是，這種分工模式隨著女

性教育水準的提高，經濟體系與勞力市場對女性勞動力的需求增加，而對女性成員產生不利影響時，政府就有責任滿足女性成員從事有酬勞動力的需求，政府也有義務幫助女性解決其在滿足社會對其生產層面勞動力需求的同時，又過分依賴女性提供再生產方面的勞務的問題。

因此如何使女性取得具有與男性平等的社會地位與就業權力，基本上可從生產與再生產兩個層面來加以思考：

(1)在生產活動層面，兩性平等是指女性與男性在接受教育、選擇職業、聘僱任用、薪資待遇、升遷管道、政治參與方面，都享有同等的權利與機會。

(2)在再生產活動方面，兩性平等的意義則是指給予適當的支持，以幫助兩性扮演在家庭內的角色，至少避免將所有家庭內的勞動全部集中在女性成員身上。

一、生產活動方面

就許許多多已開發國家與社會主義國家的經驗來說，立法容易落實難。在許多社會主義國家，兩性享有同等的權利與同等的勞動報酬，在婦女大量進入勞力市場之前就已成為立法條文。相反地，在西方社會法律通常都出現在事情發生之後。但是在這兩種都有明文的法律規定禁止對女性歧視的社會裡，剝削女性的行動與例子，更是俯拾即是。在東歐與蘇聯，法律保障婦女就業平等，但是這些國家的女性工資只有男性的65%到75%，而且絕大部份的家事雜務是由女性來承擔。在美國、英國、甚至日本，都有同工同酬、禁止性別歧視的立法，但是職業區隔與工資差距依然存在。據此，追求兩性在勞力市場上地

位的平等可從兩個方向著手：第一種是以突破兩性在生理上與社會上限制為基礎，以消弭性別所造成的職業區隔為宗旨。就這個層面來說，可以透過提高婦女在非傳統工作上的就業比例，來加強就業機會平等政策的落實（Roos，1985）。第二種則是重新反省社會文化建構的性別分工的正面意義與功能，積極肯定被歸類為女人的工作的社會價值與地位。也就是說，從等值工作的角度，接受所謂男人的工作與女人的工作對社會貢獻的價值相等，並據此回饋他們等值的勞動報酬。透過這種方式來消弭女人工作低於男人工作的就業歧視。

(一)提高女性在各職業場所的受雇比例

推動兩性平等的雇用政策，這包括了同等接受教育的機會、同等的就業機會、同等的勞動報酬、同等的升遷機會，但是談到政策落實的具體策略，透過機會平等策略來增加婦女在非傳統女性工作上的代表性，則是其中一項可行之道。其次，可仿照美國，要求與政府訂有業務契約且企業規模達到一定水準的事業單位，分析他們雇用員工的性別比例，察看是否符合勞力市場上相對應的各個職位、技術、能力的兩性比例。如果差距太大，則該企業就必須採取補救行動，以改善其雇用上的歧視性別。若經過多次糾舉，仍未見改善，則該事業單位將受到喪失與政府部門簽訂業務契約資格的懲處（Lundberg，1989）。

(二)建立兩性工作等值比較制度

除了強化就業機會平等、同工同酬的政策落實之外，強化兩性就業平等這個理念，也可以在接受傳統對職業所採取的性別區隔的架構下進行。很明顯地，由於性別社會化的結果，男性與女性極可能選擇在不同的職業領域內工作，於是出現了性

別職業隔離的現象，而其中又以女人職業的勞動報酬向來比男人職業報酬低，而產生了男性職業高尚、女性職業低賤的問題最為嚴重。對於這個現象，可以透過建立男女性職業的等值比較（comparable worth），亦即政府可以依照男性職業薪資標準等比例調高女性職業的薪資等級，藉著這種方式來推動婦女就業平等。不過，就這個制度在美國施行的結果來看，大部份的受惠者主要是國營企業的員工，私人部門對於這種措施尚難接受。不過值得慶幸的是，歐洲共同體對於這個政策方針相當支持，有擴大應用的趨勢，這極可能帶動下一波全球性的示範效果。

二、再生產活動方面

在生產活動方面，不管採取第一或第二條途徑來改善兩性在勞力市場的差別地位，都得解決私領域內執行社會再生產功能的必要勞動該如何分擔的問題。換句話說，如果只有兩性平等的雇用制度，沒有支援性家庭政策的配合，女性勞動力仍將面臨「既要主內，又要主外」的雙重負荷，而難以全力以赴的瓶頸，結果勢必使兩性平等的雇用制度終將因流於形式，而猶如虛設。所以就某方面來說，支援性家庭政策其實乃是針對工業社會延用傳統社會建立兩性分工的三大價值，提出嚴正的批判：(1)育兒與家務是女人主要的而且是唯一的職業；(2)料理家務必然無法與從事有償勞動同時兼顧；(3)育兒與扶養依賴人口純然是家庭的責任，不應該由雇主與社會共同承擔。

西方國家一般都為了因應婦女勞動力參與的增加，而發展出各式各樣的家庭政策。根據先進國家的經驗，婦運人士對於反性別歧視法實施結果的失望，著力於發展連結工作與家庭這

兩個界面的社會政策。於是工作與家庭兼顧政策在 1970 年代與 1980 年代成爲社會關心的焦點,其中特別以育嬰托兒與包括育嬰假在內的彈性上班制度最引起輿論的關切。美國學界也預測,隨著有學齡前小孩的母親大量投入勞力市場,1980 年代末期,小孩年齡在一歲以下的職業婦女人數就已經超過了 50%,因此可以預期的,家庭政策馬上會浮上檯面成爲重大的社會議題(Kamerman & Kahn,1981;Hayes,Palmerb,& Zaslow,1990)。

‧規劃完善的家庭政策

目前在先進國家已經探行的支援性家庭政策包括兩個方面:第一,提供良好的幼兒看護與托兒服務設施;第二,可供選擇的工作組合與帶薪的育嬰假。不過一般說來,政府有許多措施經常顯示女性的時間是可以剝削的這項認知。政府看準了女性會繼續扮演看護者的角色,因此經費不足時,總是最先刪減衛生、教育、育嬰、托老、以及其他基本服務的預算。所以,政府提供托兒設施與母親參與勞動力的比例之間,始終有某種程度的緊密關連。如擁有最完備的政府補助托兒設施的北歐國家,就有高達四分之三的婦女投入勞力市場。

另外一項因應職業婦女所做的調整,是提供多種不同的工作組合,包括部份工時的工作與育嬰假期。在西方國家,部份工時的工作已經成爲有小孩的年輕媽媽的正常工作,只可惜幾乎在每個國家裡,這些工作都與低工資、沒有升遷希望的特質脫不了關係。瑞典與芬蘭則定有十二個月到十五個月的男女皆可分享的育嬰假,其實可做爲其他先進國家效法的典範。這方面的各種措施,目的都擺在避免家庭與育兒的勞務傷害到女性的就業權利。不過若是育嬰假或是托兒所等措施變成爲針對某

個性別（女性）的特殊設計，那麼可能會惡化職業的性別區隔與工資的不平等。避免落入這個陷阱的主要措施，就是使這類政策成為性別中立的政策，專門針對有工作的父母所設計的，而不是特定的某個性別。

因此尋求兩性之間或世代之間的角色分享，是解除長久以來加諸在女性身上過重負荷的主要途徑。想要落實兩性工作平等、角色共享的理想目標，首先必須改變態度，重新肯定再生產與養兒育女工作的價值，並且將之視為一種當享的權利，而不僅只是一種當盡的義務。在落實兩性間社會與經濟平等這個大目標上，固然可以仿效某些國家，將小孩視為公共財富，國家社會未來存亡絕續的基石，而要求有子女與沒有子女的家庭來共同分擔養育子女的經濟成本。但是在小孩乃家族財產這個概念尚未改變之前，更重要的是，喚起男性視承擔養兒育女的社會性勞務為其應享權利的觀念，不要任由女性或是男性單獨來負擔男女有別的代價。就這點而言，除了透過兩性平等雇用制度的建立、強化支援性家庭政策的配合之外，就得從教育上灌輸兩性平等、公共與私有領域等值並重的理念，建立做個實至名歸的好父親或好母親，花時間育嬰養兒是值得所有兩性已婚勞動者以追求平等工作權同樣的心力來主動爭取的權利，唯有如此多軌並進，方能加速社會觀念的改變，早日見到兩性平等理想的落實。

第十章
高齡勞工與年齡歧視

……正當朝野為是否發放老農津貼爭議不休之際，具民進黨中常委身份的立委朱星羽昨天表示，他將在今天的民進黨中常會中，提議將「老年勞工津貼暫行條例」納入民進黨全力推動的優先法案；他希望未領其他津貼的老年勞工，每人每月能領七千元津貼。

——1995 年 3 月 8 日＜聯合報＞第三版

……國內的退休制度既規定在同一企業內的年資方可計算，使得不肖業主有強烈誘因藉資遣或歇業以卸除此一重擔，這是導致中高齡失業問題惡化的另一個重要原因。幾年來勞工退休年金制度之建立宕延未決，也必須為此後果承擔重要的責任。

——1996 年 1 月 5 日＜經濟日報＞社論

……有感於現行勞工退休制度不足，導致勞資爭議不斷，勞委會主委許介圭昨日表示，將儘速修訂勞基法退休制度，至於新制是改採勞工老年附加年金保險，或是公積金制度，由於任何一種辦法都是有利必有弊……公積金制的特性是財務很清楚，老年附加年金保險則涉及退休年齡、給付開始年齡、投保薪資與薪資結構、退休條件等，制度內涵較為複雜，費率精算不易，一旦財務發生虧損，恐會造成政府財務負擔。不過，許介圭也承認，老年附加年金保險的費率負擔相對來說比較輕。

——1997 年 5 月 18 日＜自由時報＞第十四版

……為適應新制勞工領取退休金可以在一次領（公積

金）、每月領（年金），和兼領一次和每月等三種給付制度中擇一適用，勞委會草案把現有勞工退休基金一分為二，一是來自公積金的勞工退休準備基金，一是來自月領和兼領勞工的勞工退休年金基金。

——1997 年 11 月 6 日＜聯合晚報＞第七版

受薪高齡勞動人口比例的大量減少，是過去二十年來普遍見諸於已開發國家的一大社會趨勢。這個趨勢在年齡介於 55 歲到 64 歲的男性人口特別明顯。年齡介於 60 歲到 64 歲之間的男性有一半，年齡介於 55 歲到 59 歲之間的男性有三分之一，已經不再屬於受薪的就業活動人口。此外，與高齡勞動參與率縮減平行發展的另一股趨勢，則是高齡者生命期望的顯著增長。以英國為例，1991 年時一名 65 歲的男子可以期望再活 13.4 年，一名 65 歲的女子則可期望再多活 17.3 年。一世紀以前同年齡的男子只能期待多活 10.3 年，女子則多活 11.3 年。這意味著提早退出勞力市場的正常受雇者可以預期他們的生命中有段不算短的時期——少則二十年，多則三十年的光陰——不花在工作賺錢上。實際上，對某些團體的人來說，這個階段可能會和他們生命中花在工作上的年數一樣長。

面對社會整體失業率的上升，以及高齡人口平均餘命的延長，大多數先進國家直到 1980 年代末期以前的公共政策，大致上還是以鼓勵高齡勞工儘早離開工作崗位，以便降低失業率為主要考量。即使高齡勞工一旦遭遇失業之後，將會面臨比其他任何一個年齡層團體更長的失業年數，但是「失業」仍然被認定為年輕人找不到工作做的問題。不過從短期來看，進入勞力市場的年輕勞動者人數的減少，從長期來看，人口老化所造成

的生產成本增加，都有可能使高齡勞工成爲一個可以有效運用人力資源。換句話說，在這個青黃不接的過渡時期，政府有可能因而制訂新的公共政策，鼓勵高齡勞工延長他們的退休年齡。若果如此，這項政策的發展勢必會增加即將面臨法定退休年齡的勞動者退休抉擇的不確定性。據此，本章首先檢討「退休」這個概念的含意，將一部分的重點擺在區別高齡勞動市場緊縮所帶動的提早退休與提前退出勞力市場之間的差異。然後介紹提前退出勞力市場的四種情況，接著檢討提前退出勞力市場措施的社會效應，最後討論未來高齡勞工政策所需面對的問題。

概念釋疑：提前退出？提早退休？

對福利制度尙稱完善的先進國家來說，1970 年代末期以來社會與經濟的發展帶出一個新的階段，在這個階段裡，「退休」的概念出現了新的變化。而變化的關鍵在於許多高齡勞工的生涯中，在就業身份結束與領取國民年金(public pensions)之間，多出了一個中介階段。就傳統定義而言，「退休」是到了某個年齡之後才會發生的現象，而且會與領取國家所提供的年金一併出現的一個人生階段。但是近年來，許許多多退休的準高齡勞動者還沒有到社會共同認定該退休的年齡，就早早領了一筆職業年金（ occupational pensions ），揮別勞力市場了。另外更有不少很早就與勞力市場絕緣的高齡勞工，根本還沒有領到國民年金，卻自認爲已經退休了。

政治經濟學家指出，二十世紀的資本主義社會，透過國家

的幫助，已經成功地把高齡勞動者給邊陲化與依賴化：在這個過程之中，高齡者失去了勞動報酬與職業地位，被逼進入一個高度依賴他人扶養的地位，而退休制度也成了把高齡者排擠出勞動人口的一種帶有年齡歧視的特殊設計（Townsend，1986；Walker，1990）。對於政治經濟學家的說法，也有反對者提出反駁，認為政治經濟學太偏重從市場經濟的需求面來解釋退休的成長，而且含有強烈的「退休即依賴、工作即獨立」的因果論斷。有學者（Johnson et al., 1989）甚至指出，男性勞動人數在過去八十年來的急遽縮減，是否完全基於對男性勞動力需求的緊縮使然，則尚待查證，不過，確實有研究顯示，年金雖然比起工作收入來說，的確是少了很多，但是經濟地位的改善促使更多高齡男性勞工寧願選擇舒適的退休生活。對他們來說，退休或許是比困在枯燥的工作中更令人滿意的生活型態。即使在高齡者之中，領取低額年金者，通常也就是那些經歷工作不穩定、工資報酬原本就低的受雇者，但是對於這些原來就對勞力市場的風險具有較少控制力的人來說，退休很難說不是意味著更為安全的生活、對收入擁有更多的控制能力、較不需要仰人鼻息的一項好選擇（Kohlin，1988）。這兩派說法各執一詞，各有其理。然而就 1970 年代與 1980 年代勞力市場變化的情況來說，不少高齡勞工其實是被推出勞動力之外，但是並沒有進入到一個安全的退休階段，反而進入長期的失業狀態，或是進入某種形式的不就業狀態，如長期的失能。對於這些勞工而言，就「退休」的傳統定義來說，是愈來愈難經驗到所謂的真正的退休了。

　　換句話說，原先已經習以為常的，從工作階段直接過渡到退休身份的自然轉變，已經發生了變化。許多高齡者發現他們

處身於一個介於就業與退休的中間階段。就英國的經驗來說，從 1980 年代開始，統計數字就已經顯示具有前退休身份的勞工人數有日益增加的趨勢。在這同時，國民年金制度也不再能夠扮演一個關鍵的角色，來界定退休階段的開始。這些變化業已影響到社會與個人界定退休的方式。特別是提早退休的意義，自從 1970 年代開始就已經經歷了劇烈的變化。根據英國官方文獻定義，提早退休是指到達領取國民年金的年齡之前退休。但是，勞工有可能是在工作生涯的後期被裁員了，感覺到沒有再找另外一份工作的必要，所以就「退休」了。也有可能勞工受雇於實施某種職業年金制度的企業，由於領取資格的年齡限制比國民年金來得低，所以到了領取職業年金年齡的勞工，就申請領取職業年金，提早退出勞力市場。

據此區別「提前退出」（early exit）與「提早退休」（early retirement）之間的差別頗具有分析價值，一方面可以彰顯提早退出勞力市場的高齡勞工之間的差異性，另一方面則可以指出離開勞力市場途徑的不同，將把高齡者帶進完全不同的不平等遭遇。比較上來說，「提前退出」這個概念的重點，在於彰顯處身於工作與退休之間階段的勞工所面臨的問題，及其對社會政策的意涵。相對地，「提早退休」這個概念則是常被工會、雇主及政府官員用來合理化有效裁減高齡受雇者的政策措施，順理成章地將失業的重擔，不成比例地加諸在高齡勞動者的肩上。

尤其值得注意的是，在高齡者所得地位沒有明顯改善之前，提前退出勞力市場可能會在退休者之間產生新的貧窮類屬。另外，被用來合法化將高齡者排出勞力市場之外的「提早退休」制度，有可能助長社會對高齡者長期無業可就的狀況的

冷淡反應，因爲這項選擇本身便預設了高齡者有一個新的、提早退休後的角色等著他們去扮演。

提前退出勞力市場的四種狀況

1980 年代老人學（gerontology）上的一項極具有影響力的觀點，便是老化的政治經濟學。這個理論的出現將學界的注意力徹底扭轉，把研究焦點從探究個人如何適應退休後的生活，轉變成檢視影響退休結果的社會政治因素。近年來政治經濟學的研究取向不僅被用在解釋先進國家高齡人口的社會地位，而且也被用來解釋退休的出現。這個模型的焦點在於社會結構如何模塑「退休」的各種路徑，以及不同的退休路徑如何影響在不同社會位置下的個人反應。換句話說，在這個研究取向下，「退休」被視爲社會建構的實體，受到個人的社會地位與國家政策的變化而變動。

就英國的經驗來說，在 1970 年代與 1980 年代之間共出現了四種提前退出勞力市場的狀況：(1)職業年金類；(2)國辦提前退休制度（工作釋放方案）；(3)失業；(4)殘障與失能（Laczko & Phillipson，1991）。這四種提前退出勞力市場的狀況，前兩種屬於提早退休類，後兩種狀況則屬於提前退出類。這四種情況各有各的特性，離開勞力市場的途徑是屬於前者還是後者，對於高齡者如何界定他們後半期工作生活的地位與認同，有著相當關鍵性的影響。

一、提早退休類

（一）領取職業年金類

　　以領取職業年金而提前退出勞力市場的情況，屬於提早退休類型。這個制度的實施大部份取決於雇主有沒有足夠開辦職業年金的財力。只有受雇於雇主開辦提早退休制度的企業之勞工，才有資格享有職業年金的給付，同時也才有機會在這種制度下，累積一筆相當可觀的年金權益。不過，這套制度有個缺點，那就是實施這套制度的雇主，並沒有太多的能力採用同樣的制度來減少高齡藍領勞工與女性勞工的人數，所以這類工人較不可能享有職業年金的給付。即使企業有能力為藍領勞工開辦同樣的福利，但是這類勞工也可能會因領到的額度太低，而無法負擔提早退休之所需。正因如此，這項措施的提供有可能進一步引爆退休階段的職業不平等問題。

　　以英國的經驗來看，在 1970 年代以前，大部份的企業都尚未發展出一套處理提早退休的標準化政策。到了 1975 年，公民營企業才漸漸重視在既有的基礎上開發提早退休制度。進入 1980 年代之後，幾乎所有的機構都提供想要自願提早退休的員工提早退休的安排。根據 1983 年英國政府的調查資料，在白領勞工部份，有 72% 的男性與 40% 的女性領取職業年金給付；在藍領勞工部份，則只有 52% 的男性勞工與 18% 的女性藍領勞工受惠於這個制度，而且這些受惠的勞工大多受雇於國營企業。此外，受雇於公共部門的男性白領勞工有比較高的機會提早退休，因為這個部門工作的退休年齡通常比較低。設有 65 歲以前就可提前退休的公家機關，在英國就有英鐵、教師、英國廣播電視公司、全國衛生醫療局、郵政局等單位。受雇於地方政府，

服務年滿 25 年的員工，就有資格選擇在 60 歲到 65 歲之間的任何一個年齡提早退休。在 1980 年代早期，領取職業年金的男性勞工之中，約有 40%在 65 歲以前就有資格領取全額的職業年金。

　　雖然私人企業實施提早退休計畫的例子不多，但是幾乎所有私人開辦的職業年金制度，都給予身體狀況不佳者與能力不足者，申請提早退休年金的權利。個別員工若因個人因素想要提早退休也是可能的，只不過可能會因此而承受相當數量的年金損失。不過，若是基於公司的利益，如人事裁減或重新調整組織結構，而要求個別員工提早退休，公司就必須支付因此被迫提早退休的員工全額職業年金。

　　自從職業年金制度中增添了提早退休的安排之後，自可預期提早退休人數的顯著增加。不過值得注意的是，隨著企業界普遍使用提早退休制度來做為處理人事縮減問題的措施之後，1980 年代末期以來實施職業年金制度的企業，在退休措施的運用上，又出現了新的策略變化：有日益偏離早期全面開放、自由加入的方案，而走向選擇性封閉、鎖定特定職別的制度設計。所謂封閉式的提早退休計畫，主要是指專門為某個職別群體所做的設計，目的在於逐步精簡人事，而不是以全面解散某部門的全體員工為目的。

（二）工作釋放計畫

　　相對於由企業提供提早退休的服務，經由政府工作釋放計畫來輔助企業開辦提早退休的制度，則大部份是針對男性藍領勞工的設計。與提前退休給付不同的是，工作釋放津貼是以固定費率（flat-rate），而非所得相關費率（earning-related）來計算給付額度。而這一點就足以說明為何工作釋放計畫的採行率

比較低，更別提大多數的領取者是工資低、半技術甚或無技術的勞工。對於平常領取接近平均水準或平均水準以上工資的受雇者，單就金額數量來說，就不怎麼具有吸引力，更不用說對那些無法從雇主處獲得其他補貼的勞工，對這個計畫更是興趣缺缺。就英國於 1983 至 1984 年間的試行經驗——有 60％藉助工作釋放計畫而提早退休的高齡勞動者，同時領有職業年金——來看，正說明了為何工作釋放計畫在公共部門中有較高的接受率，因為只有這個部門的藍領勞工比較可能領到職業年金。

配合工作釋放計畫的提早退休制度，在英國主要是試行於 1977 年到 1988 年之間，屬於一種臨時性的就業措施。該措施允許某些特定職業的高齡勞工提早退休，以便使剛從學校畢業便面臨失業困境的年輕人遞補他們的工作。加入這個制度的先決條件，在於雇主能否提供一份新的工作給失業的年輕人。在 1977 年與 1988 年間，有二十五萬人受惠於工作釋放計畫而提早退休，其中 80％是男性受雇者。這個計畫於 1984 年達到最高峰，提供了九萬五千人工作機會，不過從此以後便式微了！到 1987 年只有兩萬兩千人收到工作釋放津貼。究其原因，主要是因為 1983 至 1984 年間，工作釋放計畫的年齡限制比較寬廣，所有年齡在 62 歲到 64 歲且身強體壯的男性受雇者，只要其雇主願意聘僱新人遞補遺缺，皆可提出提早退休的申請，所以這短短一兩年間，因工作釋放計畫而有機會進入勞力市場的人數，上升到四萬九千人。不過 1984 年以後，工作釋放計畫的適用範圍縮小，僅限於年齡達 64 歲且體力尚可的男性高齡勞動者，於是重要性大減。

二、提前退出類

(一)失業

　　工作釋放措施開辦之前，在沒有其他提前退休選擇之時，大多數受僱於藍領職業、在年屆領取國民年金年齡之前，便退出勞力市場的高齡勞工，只有靠失業給付與財力調查的所得支持金維持生計。從 1981 年起出現了新的政策取向，所有年齡 60 歲以上男性的失業勞工，只要找不到工作滿一年以上，便符合長期請領所得維持金的資格，而且不再被登記為失業人口。這項措施一直延續到 1983 年，適用於所有失業年齡超過 60 歲的男性受僱者，不管他們失業年限的長短。不過，對於高齡的失業女性受僱者，則沒有相對照的援助措施。

　　1983 年後出現了另一項重大的政策變動，保守黨為了保護年齡超過 60 歲的男性勞工到了 65 歲請領退休年金時，不致喪失以前的繳費權益（contribution credits），而廢除要求年齡超過 60 歲的失業男性勞工登記失業的措施。年齡在 60 到 65 歲男性的退休年金權益將會自動保留，不論期間的差距是因低收入還是失業所造成的結果。由於這項措施的採行，1983 年以前的男性失業率顯得比較高。就以該年為例，單單三、四兩個月就有十六萬兩千名男性勞動力不再被包括在失業人口之中。比較 1982 年與 1983 年男性失業人口比例，馬上就可彰顯這項政策效應：1982 年 60 歲以上男性失業率為 19.7%，而 1983 年男性失業率驟降為 9.6%。

　　隨著失業期間的延長，高齡勞動人口當中出現了一種現象，那就是愈來愈多不具有正式退休地位的失業高齡勞工不再積極去找工作了，這些失業的高齡勞工不是自認為已符合退休

資格，就是努力去獲得失能的資格。根據相關資料顯示，1983年有42%的年齡在50到55歲之間、靠領失業津貼過活的失業婦女，不再努力找工作做。1985年，有四分之一的失業男性年齡在45歲以上，長達三年以上沒有任何工作可做，其中甚至有接近一半的勞動者竟然有五年以上沒有工作做的經驗。這種現象反映出相當顯著比例的高齡失業勞工根本喪失了找工作的意志。至於高齡失業勞工不再找工作做的理由，有四分之一年齡在50到59歲之間的男性認為最重要的理由是根本沒有工作可做；年齡在60歲到64歲的男性勞工也認為如此，不過有三分之一的這個年齡群的勞工則認為，他們已經退休了，所以不必努力去找工作來做。另外，則有相當比例的高齡勞工認為自己太體弱多病，所以不必再找工作做了。雖然這些高齡男性勞工都是請領某種形式的失業給付，但是這些勞工通常都認為他們早已離開了勞力市場，即使這些人之中，領取的不是職業年金，甚至有不少人領的還是失能津貼，不過相當數量的人不是認為自己病得太嚴重了，就是認為自己已經退休了，而不認為他們正處於失業狀態。換句話說，隨著失業給付成為一項關鍵措施，使相當高比例的高齡勞工有效地退出勞力市場。

（二）殘障與失能

在英國，並不要求個人符合某種層級的殘障標準，才可請領殘障失能給付，通常是由醫師認定，只要失能者能夠提出醫療證明，即可領到這類的年金給付。雖然政府機構並未考慮勞力市場機會因素與請求殘障失能給付之間的關連性，但是近年來，領取失能給付而退出勞力市場的高齡勞工人數出現顯著增加的趨勢，有學者指出相當高比例的高齡勞工活動率的減低，是出於高比例高齡勞工認定自己已經喪失了工作能力。換句話

說，失能的判斷隨勞力市場情勢變動而變化，殘障失能的人數隨著失業人數的增加而增加。

1980 年代以來，所有年齡群體中失能的比例都普遍升高，但是以高齡年齡群增加得最多。這個現象顯示，隨著勞力市場的惡化，有愈來愈多的高齡男性勞工，積極尋求獲得失能地位的機會。就階級背景而言，絕大多數年齡在 60 到 64 歲、認定自己有病或失能的男性勞工是受雇於藍領職業，而幾乎所有年齡在 60 到 64 歲、認定自己有病或失能的男性勞工，都正在領取疾病或失能給付。嘗試獲得失能身份的勞工可獲得數項好處：第一、提供給失能者的社會安全給付遠高於失業者所收到的其他類型的給付。由於保守黨政策的變動，1971 年時失業給付與失能給付的金額相差無幾，到了 1981 年，失能給付的金額高於失業給付三分之一。第二、失業給付只能領取一年，但是失能給付則一直可以領到 70 歲。第三、被劃歸為失能，比劃歸為失業，是件比較不丟臉的事（Piachaod , 1986）。

提早退休制度的功能

探討提早退休制度的效果之前，先要區別企業採行提早退休制度的目的是在裁減人力，還是改變勞動力的組成。作為精簡人事的工具，雇主偏愛選擇性的自願提早退休措施，因為這個作法比起自然淘汰與「最後進來最先出去」這類強制裁員作風，不但給予管理者較多的掌控權，還能夠擺脫強制裁員的負面含意。實行提早退休，雇主可以設計不同的方案來引誘較不具有生產力、雇用成本較高的勞工離職。除了精簡人事之外，

開辦提早退休的另外一項好處是，可以雇用年輕員工來取代年紀大的員工，如果年紀大的員工想要提早退休，可以讓他們提早退休，甚至換掉體弱多病的員工。至於加入工作釋放計畫的最大的收穫，就是使企業得到了使組織更具有彈性的能力。換句話說，工作釋放計畫有助於企業重新改變其雇用人員的年齡結構，使之年輕化。

一、關於職業年金制度

自 1979 年以來，設置職業年金制度的企業，以及雇用員工有老化跡象的企業，使用提早退休來進行精簡人事的現象有急遽增加的趨勢。然而，由於提早退休的成本相當可觀，雇主能夠運用這個制度來減少其雇用人數中高齡藍領勞工與女性勞工的能力，其實相當有限。因爲這些受雇者要不就是較不可能享有領取職業年金的權利，就算他們可以領到職業年金，也會因爲金額太低，而不足以誘使他們接受提早退休的福利。所以有能力而且負擔得起的企業，通常是其員工有資格領取職業年金，並且已經累積相當數量的年金權益的企業。就這些限制而言，提早退休在應用上比較不適用於中小企業，因爲這類企業多半沒有能力設置職業年金。所以這種形式的提早退休制度，比較可能被大企業的雇主用來精簡人事，而且對精簡高齡白領男性員工比較管用。

其次，這類提早退休制度的好處是，提供雇主一個被社會接受的有效裁減高齡非藍領勞工的措施。不過，英國的經驗日漸顯示，爲了更新其雇用員工的年齡結構，雇主複雜化提早退休制度的動作有增加的趨勢。比較明顯的跡象是選定特定的員工群體、建構封閉式的提早退休措施。這種設計的好處在於藉

著限制提早退休的適用範圍，使雇主保留對於應該提供給哪位員工提早退休的最大控制權。一旦雇主對於哪位甚至哪類員工可以提早退休掌握有較多的控制權之後，他們減少企業成本的能力自然就會加倍。通常雇主使用這種類型的封閉式提早退休措施來提拔年輕員工，促進組織內部人員的新陳代謝，幫助企業適應組織與技術的變遷。

雖然短期來說，推行提早退休制度對需要精簡人事的企業是一項非常有用的措施，但是制度設計若欠考慮也可能使雇主付出相當可觀的成本。第一，對於自行辦理提早退休制度的雇主來說，如果提供的措施太具吸引力，或是適用條件過於開放，可能會使他們失去比預期更多的重要員工。第二，對某些企業來說，如果低估了適用辦法的吸引力，或是忘了加上年資限制，或是未曾仔細計算過實施整套制度所需的預算，那麼提早退休計畫可能成為比原先預料的更為耗資的一項措施。第三，如果盲目推動提早退休制度而不知節制，可能會扭曲雇用員工的年齡組成，若不留意造成高峰型年齡結構，將不利於升遷，有損員工打拼的衝勁。

二、關於工作釋放計畫

領取工作釋放津貼的勞工，大多是受雇於半技術或無技術的職業。許多雇主認為這個措施最大的好處，就是能夠使他們提供半技術或無技術的高齡藍領勞工提早退休。在正常情況下，這些勞工也許完全沒有機會加入公司自辦的提早退休計畫，而工作釋放計畫正好適時地幫助企業改變高齡化的員工結構，使之更加理性化、年輕化，更重要的是，也不致於喪失專門技術人才。和自辦提早退休計畫的企業比較起來，加入工作

釋放計畫的企業，雖然對於提早退休者的選擇上並沒有多大的控制權，但是卻擁有比較大的權限提供年紀較大的藍領勞工提早退休的福利。儘管加入工作釋放計畫不致使雇主損失專門技術人才，也不需要雇主自行承擔提早退休的成本，而且以年紀較輕的員工來汰換掉年紀較大的勞工，也有助於維持一個年齡結構較平衡的勞動力。不過，採行工作釋放計畫仍有數項缺點有待克服，例如流失生產力較高的員工、受限於必須從就業中心招募新員工、訓練新人的成本，以及行政處理上的問題。

三、提早退休的社會效應：減少失業、增加工作機會？

大部份的企業採行提早退休計畫，主要是為了精簡人事。所以可想而知，如果沒有提早退休制度，可能有更多的勞工會遭到裁員的厄運。同時可以預料的是，如果採行其他類型的精簡人事的方案——如「最後雇用最先解雇」原則——那麼將會有更多的年輕勞工因而喪失工作。據此，施行提早退休制度最受各界關切的社會效應是其產生總體經濟效果的能力。顯而易見，提早退休對接近退休年齡的勞動者的失業率會產生正面的效應，因為沒有工作的高齡勞工被重新界定為提早退休人士之後，就不再被列入官方失業統計的計算，所以具有減低失業率的效果。其次，如果雇主沒有實施提早退休制度，那麼某些勞工可能早就失業了。在需要裁減人事的時候，提早退休對年輕勞工的工作特別具有保護作用。不過，工作釋放計畫無論是對年紀較大還是年紀較輕的員工，都不具有保護其免於失業的效果，因為加入這個計畫的企業並不是出於精簡人事的動機，而在於重新調整員工的年齡結構，所以有助於降低企業的薪資成本。若沒有採行這項措施，某種程度的裁員可能是不可避免的。

即使如此，值得注意的是，提早退休最多只能維持勞動力的供給，並不具有創造勞動力需求的效果。因此，提早退休制度並無法爲經濟體系創造更多的就業機會。如前所述，雇主自辦提早退休的原因主要是爲了精簡人事，所以很少會有雇主會雇用新人來遞補提早退休勞工所留下的空缺。實際上，如果自辦提早退休的規模過大，將消耗過高的成本，雇主之所以負擔得起，主要的關鍵在於維持高水準的空缺率。總之，提早退休雖然具有從官方統計數字中剔除某一部份失業的高齡勞工的效果，也具有保護相當數量的年輕勞工不致遭遇失業的困境，但是提早退休並不能爲失業者增加就業機會。理由很簡單，主要是因爲大多數採行辦理提早退休的企業，並不準備遞補提早退休者所留下的空缺，即使有遞補的意願，也不見得會優先考慮失業者。而工作釋放計畫，則是一個相當溫和的提早退休計畫，雖然能夠爲失業者製造就業機會，特別是失業的年輕人，但能夠創造出的工作機會也是相當有限的。

未來政策的可能走向

　　進入 1990 年代之後，繼續實施提早退休制度可能在企業政策與國家政策之間製造出矛盾與緊張。面對一個逐漸老化的人口結構，年輕人口數量急遽減少的情況，國家極可能想要改變提早退休制度，但是企業可能持相反的態度，極力想保留繼續實施提早退休制度的權利。因爲保留這個制度方便企業更加有效地調整雇用人員的年齡結構，更何況當遇到市場需要緊縮時，提早退休制度給予企業的是一個爲社會大眾所接受的裁減

人力的措施。據此，即使政府有意變更對提早退休制度的支持，但是對整體經濟體系來說，並不可能朝這個方向發展。除了企業想要繼續保留提早退休制度之外，另一方面員工也不想放棄享受提早退休的福利。換句話說，普遍施行提早退休制度之後，很少有勞工計畫一直工作到領國民年金的年紀為止。在員工心裡似乎已經產生了一種認知，認為提早退休是他們可以享受的一種權利。提早退休似乎已經改變了許多勞工對工作生涯的歸劃，特別是促使白領階級勞工產生一種期待，一種渴望人生中有一個比較短的工作階段的期待。總之，以英國的經驗來說，提早退休措施在許多大企業裡，似乎已經成為行之有年、難以回頭的制度了。面對這樣一個制度僵局，國家有可能採取任何有效措施鼓勵高齡勞工延遲退休嗎？世代之間可能因為勞動者與領年金者的比例太過接近，導致年金承諾難以維繫，而出現緊張的狀況嗎？

一、薪資勞動者卯上年金領取者

進入 1980 年代，與退休有關的一個重要政治議題，就是持續實施提早退休將會增加政府年金支出的成本，以至於大幅降低薪資勞動人數對於年金領取人數的相對比例。在英國，這項爭議正式浮上政治議程，是在柴契爾夫人第一次出任首相的任期之內。當時柴內閣閣員針對薪資勞動人口的納稅總額中應該規劃多少比例用來支持退休者的年金給付，提出了質疑。對於「年輕的薪資勞動者付出的資源愈來愈多，享受到的資源卻愈來愈少，甚至到年老退休的時候，可能面對的又是個無力供養他們的政府」這個現象，提出「薪資勞動者與年金領取者之間利益衝突說」的學者指出，1980 年代的高齡市民已經為他們自

已創造出一個全方位的福利國制度，而降低了年輕人擁有相同資源的可能性，這股趨勢若不加以調整，有可能引爆世代之間的爭奪資源戰（Johnson et al., 1989；Thompson , 1989）。

湯普森（Thompson , 1989）是最早詳細探討薪資勞動者與年金領取者之間利益衝突的一位學者。他在《福利國與世代衝突：贏家與輸家》一書中指出，擄獲福利國家使之適切地滿足他們需要的高齡市民，是世代資源爭奪競賽中的最大贏家。相反地，被要求支付愈來愈高比例稅額來供養高齡市民，到頭來卻發現他們自己到達退休年齡之時，卻享受不到相同好處的年輕市民，則是最大的輸家。以英國的經驗來說，如果繼續放任高齡市民福利的持續擴大，那麼不用等多久，年輕市民有可能就要面臨收入不足以養家活口的危機。走過 1970 年代與 1980 年代，英國年輕市民對於福利資源日益短少的現象，已經有所警覺，甚至意識到他們的福利國家，根本提供不了什麼福利，也沒有意思提供給他們現階段高齡市民正在享受的福利服務。這種對福利資源享有的相對剝奪感受，在社會上創造出「年輕市民有可能隨時會背棄對他們好處不大的福利契約，轉而支持右派政府大幅修正福利國家制度的政策」的疑慮，不但為潛在的代間衝突加溫，甚至直接威脅到整個福利國家制度的存廢（Johnson et al., 1989）。

二、關於彈性退休制度

建立彈性退休制度的特質在於務實。因為不論那個年齡被選定為正常退休年齡，男性與女性勞工都可以選擇先拿到他們的全額年金，然後繼續從事全職或兼職的工作，或是延遲領取年金，以便到了他們想要退休時賺取更多的年金額度。至於任

何想要在正常退休年齡之前退休的勞工，都可以選擇領取較低年金的方式提前退休。正因如此，務實的特性使彈性退休制度成為一個頗具吸引力的社會政策。同時，若給予延遲退休的高齡勞工額度較高年金的措施，也將成為使重要的勞工願意繼續留在勞力市場之內的一個頗有價值的誘因。

關於實施彈性退休制度的討論，大多圍繞在建立為期十年的退休過渡期，以便高齡勞工在選擇退休年齡時，能夠享有較大的彈性。瑞典「部份退休」（partial retirement）制度的特色，是在 60 歲與 70 歲之間建立一個為期十年、兩性皆適用的退休過渡時期。這個制度將標準的年金支領年齡定在 65 歲。在 60 歲與 64 歲之間，任何一位男女市民如果平均每週最少減少五小時的工作時數，或是每週從事的部份工時工作最少不低於十七小時，皆有資格領取部份額度的基本社會安全年金；對於選擇到了 65 歲甚至之後才退休的勞工，則於退休之後，每年可領取 30%基本社會安全年金的免稅現金紅利。

不過如果要使這項制度成為所有勞動群體都能共享的權益，那麼必須考慮數項配合措施。首先是必須終止存在於男性與女性勞動者之間任何不合理的退休年齡差距。換句話說，若要實施彈性退休制度，必須同時對年齡介於 60 歲至 70 歲的男女勞工一併施行。歐洲聯盟定有兩性平等待遇的指令（Equal treatment Directive），禁止會員國制訂任何帶有性別歧視的兩性不同退休年齡的措施，就是為了避免因性別差異而產生退休歧視。特別是想要阻止雇主以年齡為由，要求達到「女性正常退休年齡」的女性員工離職，卻繼續雇用已達到「女性正常退休年齡」卻尚未到達「男性正常退休年齡」的同齡男性勞工的現象。

第二則是關於平衡不同壓力團體對於共同退休年齡的制訂有不同意見的問題。以英國為例，代表高齡市民的關懷年齡基金會提議以 70 歲為共同退休年齡，制訂禁止任何以年齡為由逼迫未滿 70 歲的勞工退休的立法。另一方面，代表勞動階級的壓力團體則要求以 60 歲為共同退休年齡。這些團體甚至指出由於大量失業的問題、勞動階級的男女性勞動者生命期望的減低，以及藍領勞工對於國家退休年金的高度依賴，政府應該考慮實質提高國家年金的給付額度。

　　第三是關於年金領取額度如何設計的問題。若決定採行彈性退休制度，執政者必須留意儘可能避免造成選擇在「過渡期的前段」退休的勞工領取的年金額度長期偏低，選擇在「過渡期後段」退休的勞工領取的年金額度長期偏高的問題。如果於過渡期前段退休的勞工領取的都是低額年金，一直延續到七、八十歲，那麼低額年金可能造成這群年金領取者的物質生活上的難度。何況大多數所謂年紀較輕的年金領取者，通常多為達不到殘障失能標準的男性，那麼要求過渡期前段退休者領取低額年金，可能會被視為歧視男性——特別是歧視勞動階級男性——的制度設計。另一方面，對平均餘命比男性為長的女性來說，低額年金同樣也會增加物質生活上的難度。對於這個問題，有學者建議可以透過建立「階段」年金制度的方式加以矯正。換句話說，可以嘗試提供較年輕的高齡者低額年金，但是到了 70 歲則給付正常年金，到了 75 歲或 80 歲，則給予高額年金（Forgarty，1990）。

　　不論是立法建立彈性退休制度，還是制訂一個領取全額國家年金的共同退休年齡，對於預算編列捉襟見肘的政府來說，這兩個制度似乎都不是個務實的政策建議。因為真正的問題在

於國庫收入的緊縮，以及各預算項目處於相互競爭、相互排擠的狀況。就共同退休年齡的制訂而言，相對於 65 歲或 70 歲，以 60 歲或 63 歲為共同退休年齡的規定，是個要求政府支出更多的昂貴政策，在經濟資源緊縮的時代，可能會成為政府無法承受的負擔。就這點而言，彈性退休制度可能會是個比較可行且具有平衡退休年齡效果的一項政策。不過若選擇建立彈性退休制度，那麼尤其必須慎重考慮克服執行過程中的難度與不確定性的問題。

三、重建高齡勞動者的社會角色

如果人口變遷與年輕勞動力短缺將迫使高齡者提前退出勞力市場情勢有所改變，那麼在鼓勵建立新制度之前，需要先進一步確立社會上的高齡者充分投入工作、與工作相關，以及工作以外的角色。摩里森（Malcolm Morrison, 1986）指出，為了減少世代間出現利益衝突的嚴重性，有必要發展出新的社會共識與權利義務模式。首先，必須建立新世代社會成員需要高齡者的生產貢獻的新社會價值。換句話說，光指出社會需要鼓勵更多數量的高齡者延遲退休或重回勞力市場是不夠的。更重要的是，必須進一步思考社會整體允許高齡者扮演的是什麼樣的社會角色。簡言之，不僅應該要求高齡者要改變，尚且需要政府與企業的配合，調整工作以及與工作相關的制度，以因應一個高齡化社會的到來。

摩里斯指出，這項改變有一部份必須藉助放棄傳統以工作或退休這種二分法來切割人生階段的生活模式。相反地，社會應該更加重視其成員終其一生在開發創造力、才能、與動機上所做的努力。這個廣大的目標可以藉著採行終身教育與訓練的

「工作—退休乃一連續體」的概念來實踐。唯有如此，退休的定義才有可能漸漸改變，高齡者的社會地位才得以提昇，而公共政策與民間措施也可能因此而獲得修正，帶動更具創新特質的工作與退休的選擇。總而言之，關於提前退休、福利世代，甚或勞動者與領年金者比率的問題，最先出現的面貌絕對不是狹隘的經濟學之爭論。相反地，其所涉及的應該是更爲深層的關於工作本質、年齡，以及與誰該工作、該工作多久、該做哪種工作等問題的價值選擇之辯論。也只有透過對於這些關鍵議題的不斷討論與對話，社會才有可能釐清高齡者的社會角色定位的問題，並且降低世代間因資源競爭所引發的衝突。

第十一章
產業民主與勞工參與制度

……部份電信工會分會日前以動員三、四千名員工集
體抗議的方式，第三度成功的阻止了立法院審查電信三
法。據報導，由於電信工會提出了「產業民主」的主張，
很得到經濟部所屬國營事業部份員工的認同，不僅聲援了
當天電信工會的抗議活動，石油、郵務、中船等工會更將
在今日立法院審查電信三法時，發動所有公營事業工會加
入支援電信工會的行列，為「產業民主」條例催生。在各
公營事業工會串連結合下，「產業民主」似已成為未來公
營事業工會運動的主要訴求之一。

　　　　　　　　——1996 年 1 月 6 日＜工商時報＞社論

　　……連日來引發熱烈紛爭的「電信三法」攻防戰，在
電信工會喊出「產業民主」口號做為抵制利器後，據聞已
在全國公營事業造成強大的「骨牌效應」。因為透過在野
黨的支持，包括運輸、銀行、鋼鐵、造船等公營事業工會，
已在電信三法審查的同時，爭取公營事業一體適用產業民
主制度，看來台灣產業經營和經濟將面臨另一番局面。

　　　　　　——1996 年 1 月 17 日＜中國時報＞第十一版吳惠林

　　……為因應產業民主的世界趨勢，勞委會檢討我國國
情及現制後，有意提升現行的「勞資會議實施辦法」位階，
改定「勞資協議法」，做為未來推動產業民主的法令依據。
勞委會十五日邀集相關部會研商後，將報請行政院核准訂
立勞資協議法。
　　……官員表示，所謂的產業民主、工業民主或勞工參
與，都是指勞動者以勞工的身份，直接或間接行使企業經

營之職權，使勞工對影響本身利益的各項企業決策有參與的權利，以達成企業組織合理化、勞工待遇人性化的目標。

——1997 年 4 月 8 日＜中國時報＞第十六版

如果說政治民主是指人民對會影響他們日常生活之決策制訂的參與，那麼產業民主自然是指工人對影響他們工作生活之產業決策之參與。因此，愈是民主的社會對勞工有權控制勞動過程的概念支持度愈高，大都認為民主制度的列車不應該只開到工廠或是辦公室大門口便停住不再前進，應該繼續向前開去，駛進工廠。然而，誠如單純易懂的政治民主概念，在落實成可運作的制度之後，其類型之多，五花八門、所在多有，在轉化產業民主成可運作的制度之時，也不可避免會出現相同的情形。

由於許多影響勞工工作生活的最基本的層面，包括聘僱、人事調動、企業合併、裁員與關廠等等重大議題，都不操在勞工的手中，而是掌握在數步之遙的決策人士手裡。這種勞動關係地位的差距不是勞工透過單獨的個人力量就可改變的，遂有勞工運動的興起，是為勞工迫使政府與企業接受其能夠透過正式合法化的組織力量，來改變其在生產關係上所居的劣勢地位。當勞工待這項目標之實踐之後，勞工運動便進入制度化的階段，工會成了代表勞工繼續爭取對工作情境、勞動過程與生產關係更多控制權力的代理人。

工會制度建立之後，出現過各式各樣追求「擴大勞工對勞動過程的參與」的行動，「產業控制」（workers' control of industry）為其中之一，「集體協商」（collective bargaining）為其中之二，「員工參與管理」（employee participation in management）是其中之三，「產業民主」（industrial democracy）為其中之四。最令工人關切的問題是增加他們對勞動過程主要層面——如工資、工作條件、雇主宰制——的掌控能力。通常集體協商在這方面頗有成就，但是有些特屬於各別企業的問題，如決定新的投資方向、停止分廠營運、遷廠、併購等，可能不是集體協商制度所能有效解決的，必須依賴員工參與董事會之類的制度設計，方能獲得有效的處理與解決。

對以勞工為生產過程中唯一主體的人士來說，落實工人對工作生活主控權這個終極目標最為徹底的方法，無非是將所有阻隔勞工掌控其就業機會與安全、工作執行的自主權，以及勞動過程成果的所有權的障礙物給排除，由勞工自己或其代表來掌握工作生活的主權，即工人控制產業的制度。其次，有別於工人控制產業制度的產業民主，基本上是認為勞工不是勞動過程與生產關係中的唯一主體，因此勞工所擁有的權利應該與勞動過程與生產關係中其他的主體相當，所以根據這個理念所發展出來的制度是集體協商。

劃分集體協商的範疇與管理特權間界線的工作，並不如想像中的輕鬆容易，自集體協商制度形成之後，更是如此。其實，在集體協商制度形成之前，另一個層次較低的、歷史悠久的員工參與工作生活決策的方法，是員工參與管理的制度。不過，「員工參與管理」也不是個整齊劃一、落實的機制都是一模一樣的制度，但不論是工作會議（works councils）還是聯合生產委員會（joint production committee），在工會與管理階級之間所出現的關係形式大多跨越不出聯合諮詢制度（joint consultation）的界線。聯合諮詢制度名曰聯合，應該所有相關的主體都具有同等的決策權利。事實不然，聯合諮詢制度下決

策權與決定權皆掌握在管理者的手中，工會角色與權限相當有限，只有知悉權，卻沒有否決權；縱然有提案權，也沒有決定權。

最後，值得注意的是這個分類架構之下所標示的產業民主制度。此處所指的產業民主制度，實為企業內的產業民主制度，專門針對提高各個企業內的勞工，對其工作生活主權的掌控所做的設計。就其特定的結構安排而言，可以說是在以各別企業為單位之下，員工參與層次最高的一種制度設計。企業內產業民主制度的典型，可以「共同決定制度」（co-determination）為代表，特別是指將股權發配給員工，並在企業的董事會中安排工人代表的席位，使其共享參與公司決策制訂的過程（Poole，1986）。由此看來，對認定生產過程的主體是權利地位相同的勞資雙方的人士而言，欲落實工人控制工作生活主權的最終目標，勢必要結合跨企業的產業民主制度即團體協商，與企業內的產業民主制度即共同決定，方有實踐之可能。據此，本章首先詳細敘述英國工會追求產業民主的經驗，然後介紹勞工參與制度的類型，最後檢討推動勞工參與制度的理由。

產業民主在英國：成敗概說

勞工運動的目的不外是落實工人對勞動生活的控制權。雖然聰明的經理人員早就著手增加工作趣味性、改善與員工溝通的方法等多方面來聆聽員工的意見，來增加工人對勞動過程的興趣與參與感。但是在這些方面上的進展，是不是就代表工人對勞動過程已經獲得了更多的民主控制了呢？此外，歐洲經濟

共同體於 1975 年甚至發布了綠皮書，要求所有會員國都應該設立工作會議，以便在這個基礎上，逐步發展在董事會上設立工人代表的制度，以便進一步實現產業民主、由工人控制工作生活的理想。可是對於歐洲共同體的這個作法，並未見到英國工會張臂歡迎的動作，反見其大肆抨擊歐共體主要會員國家實施的工作會議制度，有動搖工會運動根基的危險。何以如此呢？只有從英國勞工運動的意識型態中去尋求答案。

自本世紀以來，英國勞資雙方朝向產業民主邁進的社會發展指標頗多，包括第一次世界大戰時期惠特里報告（Whitley Reports）的提出、工作會議的籌組；第二次世界大戰期間聯合生產委員會的出現，以及其它包括關於要求資訊公開的有限立法，涉及工業安全代表的安全衛生立法，以及拓展集體協商的試用範圍，與擴大實施廠場代表制度，都是明顯的例子。在這些許許多多的例子裡，工會與雇主代表間的協商內容已經延伸到聯合控制與規範的制度，涵蓋的議題遍及用人、解雇、訓練、產出目標、加班與輪調等等原本屬於管理權的層面。此外，生產力磋商以及誘因設計與工作評鑑等方面的商議，都大大推動了勞資聯合進行政策制訂制度的發展。尤其以 1978 年工黨提交國會的產業民主白皮書中，提議設立員工及其代表能夠共同參與足以影響他們利益決策的架構，更可說是達到工會追求落實工人主權這個目標的最高峰。下面就針對各個時期出現的各種不同層次的產業民主制度的特性，加以分析描述。

一、第一次世界大戰及戰後時期：聯合工作委員會

第一次世界大戰期間的英國工會多以工作控制（work control）或聯合控制（joint control）爲追求的目標，認爲在社

會主義社會，產業的經營管理應該由工會來控制，或是由一半來自工會、另一半來自政府所組成的聯合董事會來管理。這時大多數的工會相信，只有工人透過他們自己的組織來從事經營管理，才能結束勞工成為工資奴隸的處境（Clegg，1979：153）。這個由工會主宰國營企業董事會的理念，於 1921 年與 1931 年工黨執政時，因摩里森（Morrison）提出經營管理國營產業的董事會成員的遴選，應該依據能力而非根據是否擁有工會身分的強力主張，遭受到猛烈的攻擊之後，聲勢頓挫。

第一次世界大戰即將結束之前，惠特里報告建議要求所有組織完善的產業皆必須設立聯合產業會議（joint industrial council），以便執行兩項重要的功能：(1)處理工資與就業條件的設定；(2)幫助工人更加靈活有效地運用他們所有實用知識與經驗。這兩項目標的達成，在中央，需要靠勞資雙方全國性組織間的合作；在基層，則靠設立聯合工作委員會（joint works committee）來負責維持工作場所內的合作關係。聯合工作委員會的首要任務是進行聯合諮詢，而諮詢的內容與項目不得涉及有關工資等級與工作時數的問題。

在私人部門，遵照惠特里報告的建議設立聯合產業會議的產業不在少數，但大部分私人部門的聯合產業會議的功能多集中在集體協商上，對設立工作委員會的興趣缺缺。即使有不少私人企業設有工作委員會，但多因 1920 年代經濟不景氣而消失殆盡。不過這個現象到了二次大戰爆發前夕，又有了新的發展。不少在人事管理上頗具有知名度的大企業，竟然遵循惠特里模式設立了工作委員會，不過這些在其分公司、工廠遍設工作委員會的大企業有意避開工會對其企業內工作委員會的干預，然而在工會的強大壓力下，並未如其所願。這些包括卜內門（ICI）

在內的大企業，雖然同意成立中央勞工諮詢會議（Central Advisory Labour Council），定期會晤工會資深幹部，不過這些公司仍不接受廠場工會代表的地位，並規定出席工作委員會的工人代表，應從包括非工會會員在內的全體員工中選舉出來。

同樣地，公家機關、郵局及鐵路部門中的工作地點內的組織發展，也可以追溯到 1917 至 1918 年頒布的惠特里報告。公家機關的工會與鐵路工會並不反對建立工作委員會，他們甚至允許未加入工會的工人，參與工作委員會代表競選與投票活動。公共部門的工會只在乎工會代表在每個分支機構是否能取得絕對的優勢，來主導會務的運作。正常的情況是公共部門都有許許多多的分會與支部機構。政府的公共部門的每個分支機構都有一個支部工會，所以工作委員會上代表工人的主要席位，很自然地就落到支部工會的幹事或總幹事的身上了。

公共部門工業關係的主要特色，在於該產業或部門在服務條件與薪資比例等方面，都有一套標準化的協約。所以，在公共部門比較不可能會出現關於工作組織與工作場所方面的協商現象。若果如此，通常公共部門的工會代表有些什麼事務可做？除了工資協商不是他們的職權範圍之外，工作場所內的一般事務、環境衛生與工業安全、訓練、調職、引進新技術與工作、加班等等，都是製造業廠場工會代表經常處理的議題，這更是公共部門工會常常接觸的議題。

換句話說，公共部門標準化的工資結構，並未阻止廠場工會幹部施展對其成員報酬的控制力。公共部門有許多靠勞力賺錢的勞工，也有相當數量的白領員工從事著超鐘點的工作，因此加班的額度與分配，就成了公共部門工作場所工會代表可以協商的項目。升級或升等也是公共部門廠場工會代表與管理階

級可以協商的另一項議題。在公共部門、公家機關、郵政單位、鐵路局等各個機構對升級或升等協商的重視程度，遠比製造產業部門來得高。因為在這些部門工作的公務員的服務期限通常都比較長，因此也比較希望在同一個機構內升遷。另外，在郵務部門，有關輪調、輪職的問題則是另一個會引起員工普遍關切的議題。相對地，在鐵路部門，員工工作的時數、班次又是另一個產業相關的特殊議題（Clegg，1979：31-34）。

二、第二次世界大戰及戰後時期：聯合生產委員會

對於早期反對以工會會員身分做為選拔董事會成員的主要依據所引起的爭論，全國總工會終於在 1944 年接受了摩里森的提案，只不過錦上添花地加上——「工會經驗是出任董事會會員強而有力的資歷」、「被派認為國營企業董事會的工會幹部必須辭去在工會所擔任的職務」——等補述。不過，這些建議對於擴展工人對產業政策的影響力這個目標來說，一點效用也沒有。在工人控制或聯合控制的權利被剝奪之後，如何奢談工人權利？對於這個問題，總工會則根據第一次大戰期間的經驗，提議建立聯合諮詢（joint consultation）制度。

所以當第二次世界大戰帶動一波新興的工廠民主的浪潮時，那種「只接受產業工會諮詢的地位，卻拒絕承認廠場工會代表」的工業關係制度，便普遍發展成被勞資雙方接納的協商機制。不過這段時期社會上到處瀰漫著「增產報國」的情緒，基層勞工的心態也比較不像 1914 年到 1918 年間那般叛逆。到了 1940 年末，工廠中出現了歷史上第一個聯合生產委員會（joint production committee）。次年工程工會要求工程業所有的工廠都採用這個制度，而總工會也趁勢推波助瀾，於是這一

波運動便順利地擴展到其它的產業，如航空業、造船業，甚至連煤礦業都設有礦坑生產委員會、工地生產委員會。尤有甚者，這個推動普遍設立聯合生產委員會的政策，在英格蘭中地地區更是受到工會的大力支持，一下子有四千五百個聯合生產委員會成立。

聯合生產委員會的成立，可以說是英國歷史上第一次將參與企業生產計劃的權利讓渡給工會，基層工人的意見受到一種全新的接納。所以到了第一次世界大戰結束之後，各界成立聯合生產與諮詢委員會（ Joint Production and Consultative Committee ）的動作，更是多如雨後之春筍，紛紛浮上檯面。有了這番歷練之後，工會不再認爲影響生產的決策是他們不可以觸碰、完全屬於管理階級的職責與業務。雖然這個制度並沒有獲得全面性的成功，但是這番體認卻擴展了勞動者的視野，爲英國後來盛及一時的廠場工會運動奠下了基礎，並且埋下了日後追求更高層次產業民主行動的因子。

三、六〇年代：多那分報告

到了 1950 與 1960 年代，不少研究指出聯合諮詢制度出現走下坡的趨勢。例如，工程工業界的聯合諮詢委員會的數目，從 1955 年到 1960 年之間，就減少了將近三分之一；又如 1957 年勞工部的調查，英國全國雇用五百人以上的企業只有三分之一有常設的聯合諮詢委員會；民營企業中設有聯合諮詢委員會的單位大約只有 32%（Marchington , 1989：280）。一般說來，造成這個時代聯合諮詢制度衰微最爲直接的原因，可以說是廠場工會組織的成長。由於廠場工會幹部堅持透過協商的方式，而不是屈服於雇主片面決定的方式，來解決工作場所內的勞資

爭議，因此不是常常杯葛諮詢會議的進行，就是不擇手段改變委員會的性質，而使其成為集體協商機構的一部分。工會認為聯合諮詢委員會只有在沒有工會存在或廠場工會勢力較弱的企業內，才有存在的必要性。在工會組織與結構良好的企業體內，實無聯合諮詢委員會存在的空間。

　　另一方面，生產力日益下滑的 1960 年代，卻見到社會上要求工資上漲的聲浪一波強過一波，到處充斥著沒有總工會支持的、由廠場工會主導的罷工行動，俗稱「野貓罷工」（wildcat strike），迫使工黨於 1965 年籌組多那分研究委員會（Donovan Commission），針對當時英國混亂的工業關係展開調查。不過就多那分委員會的觀察，就當時的要求分權的社會局勢來說，訴求法律制裁來處分破壞程序協約而進行罷工的工人或工會，不但不是有效的方法，而且會產生反效果。除非情勢有所改變，才有可能重新考慮採行法律制裁的方法。同時多那分委員會也反對舉行強制投票的方式，來取得罷工合法的決議，也不贊成強行制訂罷工冷卻期的法律。除此之外，多那分委員會尚提出了四項關鍵性的建議：第一、應該透過更有效的制訂正式工廠協約的方式，來規範工業關係的非正式體系（如廠場協商）。第二、建議成立工業關係委員會（Industrial Relations Commission），以調查非正式工業關係體系協約化後所可能引發的問題，並執行工會地位認可的檢定工作。第三、鼓勵勞資雙方進行集體協商，並強調企業不應該組織任何員工加入工會的行動。第四、建議業界反省對白領工人組織工會所持的反對態度。

　　自從多那分委員會公開其報告之後，工會與工人皆表示支持向下落實集體協商的層次，使之成為達成產業民主之主要管道。不過工會堅持工會體制應該是通往產業民主的唯一管道。

工會認為只有透過工會制度，才能夠避免受到管理者控制的干擾，而工人的觀點方才得以完完整整地呈現出來。同時單軌制也可避免不同的工人代表團體（工會與非工會代表所組成的工作委員會）之間的相互競爭，因立場不同而產生衝突，結果不但對工人福利與主權的提升無益，反而動搖了會運動的根基。總而言之，對英國工會來說，不與工會體系掛鉤的產業民主制度，永遠是個應該被逐出師門的叛徒。

四、七〇年代：布拉克報告

照 1960 年代廠場工會運動蓬勃發展的趨勢來看，若其他條件不變，不要十年、二十年的光景，聯合諮詢制度也該壽終正寢了。不過到了 1970 年代，時局又有了新的轉變，多項研究證實聯合諮詢制度已經發展到非常普遍的地步，不但近 40% 的製造業設有聯合諮詢委員會，有 37% 的公民營部門在其各分支機構設有正式的諮詢委員會，而且這些機構大多數是成立於 1970 年代的後期。其次在業界，聯合諮詢委員會與集體協商制度並存的情況，遠遠高出單獨只設有聯合諮詢委員會的情況四倍之多，也就是說，大多數的聯合諮詢委員會的工人代表，還是以工會幹部為主（Marchington，1989：381）。不過，主宰 1970 年代的時代話題，其實是在建立以個別企業為中心的產業民主制度，工會積極推動增加工人在董事會的代表席位到 50%，並且要求工人參與董事會的制度必須建立在工會體制之下；全國總工會也策動在各級經濟規劃機構中，以及地域性的經濟規劃部門，確保適當的工會代表席位，這即是英國歷史上最為全面性推動產業民主的行動。

在工會的壓力下，由布拉克（Bullock）主持的產業民主研

究委員會於 1975 年設立，1977 年提出報告。這份 1977 年提出的布拉克報告有五大特色特別值得注意：第一項有關於該報告提出的主要建議，即委員會主張以著名的 2x + y 公式，作爲董事會的基本組成原則，強調企業的董事會中應該設有同等席位的員工與股東代表。這項公式中，除了所謂 2x 是指同等席位的員工與股東代表之外，y 是指總席位中要有三分之一的額外奇數席位由獨立人士出任。這項設計是專門爲了應付董事會決策制訂時出現集團票的狀況而設。正常情況下，董事會通過決策案的方式是出於達成共識而非比票數高低，所以一旦發生集團票，額外的董事就可以使僵局獲得解決。

第二，布拉克委員會堅決反對建立另外一套制度安排（例如工作委員會）來產生企業董事會上所需要的工人代表，主張不論企業董事會上的工人代表產生方式爲何，都不可以脫離現有的工會體制。換句話說，該委員會完全否決在工會體系之外建立產業民主制度。布拉克委員會嚴正指出與集體協商制度分離將造成不可收拾的後果。近年來，就廠場工作單位快速、持續的發展，任何企圖繞過這個結構的行動與政策，都將會對現行的工會與集體協商制度造成重大的衝擊，也勢必會受到工會嚴酷的抵制。同樣地，與工會制度結合將給予董事會中的員工代表必要的力量與適當的支持，自然形成一個與基層工會幹部溝通的完善管道。

第三，布拉克委員會建議未加入工會的員工不應該享受到任何特別的照顧。該報告指出任何勞工組織如果不具有 1975 年就業保護法所要求的獨立自主的特性，即使被企業所承認，在法律上也不該授與該組織任何關乎產業民主的權利。企業中的所有員工皆該參與開創階段的機制，透過投票的方式，表達

他們是否希望董事會設置員工代表的意見。布拉克委員會強調這個制度的設置，至少要獲得全體三分之一員工的多數決才能通過實施，而且只有該企業內獨立自主的工會才有權利提出投票案。不過五年之後，企業內的任何一個擁有該企業五分之一員工的工會，都可以提出召開重新投票的會議，以決定是否繼續支持先前選出來的出席董事會的員工代表。

第四，只有受雇於該企業的員工才有資格擔任董事會的員工代表，而且除了一些交通津貼之外，並不支領薪資。這些員工代表可以被罷免，不過只有在特別例外——如所有董事會上的工會代表都要求他們退職——的情形之下，才舉行罷免的儀式。至於新董事會的董事人數與結構，可以由工會設在企業中一個委員會（通常是聯合代表委員會）出面與現任的董事會協商，若各工會之間對席次的要求有所衝突，也可由聯合代表委員會出面進行協調。任何無法達成的爭議事件，皆可上呈產業民主委員會解決。

第五，提議設置產業民主委員會（Industrial Democracy Commission）。除了處理所有可能發生的爭議之外，產業民主委員會的主要功能有三：(1)負責提供與產業民主制度相關的立法資訊與建議；(2)當爭議爆發時，負責協調與仲裁的工作；(3)負責推薦未來可能出任的員工代表，並提供他們正式的訓練與教育。

最後，布拉克委員會建議，在董事會設立員工代表的提案應該最先從雇用兩千人以上的大企業開始推動。在當時的英國，有這種規模企業大約有一千八百家，其中工會化的程度平均在70%左右，比全國50.4%的工會化爲高。整體上來說，布拉克報告的提議是英國工會與工黨聯手所締造的最高層次的產

業民主制度的類型。可惜自 1979 年 5 月工黨下台之後，布拉克提案與工黨根據該提案制訂的白皮書上所擬推動的各項政策，都因此而停擺。

五、八○年代以後：工會力量式微

進入 1980 年代以後，會為了集體協商而承認工會地位的雇主，在人數上是愈來愈少了。從 1984 年到 1990 年，英國工會的密度由 58％減少到 48％。在仍然承認工會的工作場所，不論是廠場工會代表，或是未加入工會的工人代表，其數目都在下降，從 82％減少到 71％。工會發動包括罷工在內的工業行動的數量，也出現明顯的下降趨勢。尤有甚者，在 1980 年尚有五百萬人受到工會強迫入會制的約束，到了 1990 年代竟然慘跌到不到五十萬人的地步。

造成工會會員數量劇減的主因，在 1980 年代的初期，特別是 1980 年到 1984 年間，是源自於工廠的大量倒閉；在 1980 年代的後期，則是因為愈來愈多的雇主與員工不再承認工會。另一方面，對工會的漠視則反映出管理階級急切尋求社會認可的需要。管理階級對聯合諮詢制度不再熱中，工作場所內設有聯合諮詢委員會的比例有降低的趨勢，從 1984 年的 34％減少到 1990 年的 29％，其中有部分原因是出於管理階級想要用聯合諮詢委員會，來取代集體協商制度的動機；而在沒有工會的部門，設有聯合諮詢委員會的比例在過去的十年中，也從 19％減少到 17％（Sission, 1993：203-204）。

隨著對集體面重視的減弱，代之而起的就是對個人面的強調。最明顯的跡象是在員工的薪資名目上，增列了個別工資這個項目，以鼓勵員工的直接參與與投入。而增列考績一項，更

表 11-1　英國工會追求產業民主簡史

種　類	時　期	工會角色
工人控制產業	第一次世界大戰期間（並未成功）	控制、管理、經營產業。
集體協商	第一次世界大戰之後期，惠特里報告主張成立聯合產業會議	由全國性的產業工會與雇主協會，針對工資、工時等各種雇傭條件與勞動條件，進行協商。
工人參與管理：聯合工作委員會	第一次世界大戰及其後	在企業內部設立聯合工作委員會，目的在增產報國；多出現於國營事業單位，與雇主協商的範圍限於加班額度、調職、訓練等議題。
工人參與管理：聯合生產委員會	第二次世界大戰期間	與管理者組成聯合諮詢會議，目的同樣是在增產報國，參與會影響生產之決策制訂。
工人參與管理：廠場協商	1960 年代	承認廠場工會幹部的地位，以及廠場工會代表與管理階級協商的地位。
公司內之產業民主	1970 年代（並未成功，隨工黨下台而擱置）	於公司董事會內設置與資方相等的工人代表席位，全方位地參與公司關於投資、經營等方面事務。
工人參與管理：品管圈、問題解決小組	1980 年代末期與1990 年代初期	工會力量衰微，由管理階層帶動，參與範圍限於與生產過程中工人本身特殊專業技術有關的項目，強調個人專長特色。
工人參與財務管理：分紅入股	1980 年代末期與1990 年代	管理技術之一，以股份、利潤之分享建立工人對於公司之認同，盡量排除工會對於公司經營理念、投資方向的涉入。

是凸顯主管的職權。還有設置如品管圈之類的問題解決團體，來增進員工對企業的投入。再者，在增加管理者與員工溝通方面，透過工會已不再是主力，新式的方法包括：定期的簡報、會報，出版公司通訊，直接展開意見調查，以及訴諸投票表決等等。最後，為員工開闢了財務面的參與，如現金酬庸、利潤分享，而設有分紅入股制度的企業之比例，亦已從 1984 年的 23％上升到 1990 年的 32％。

自十九世紀以來，特別是技術工人的勞動條件完全是由工會片面加以規範的，後來才漸進轉為勞資雙方進行集體協商。到了 1960 年代，由國家立法規範勞資關係才成為主要的特色。從英國自第一次世界大戰以來的歷史發展來看，工會在追求產業民主這個目標上，無功而退可說已成定局。雖然這個結果與英國的經濟狀況從 1960 年代末期開始遭遇史無前例的挑戰有關，以致於工黨最後連落實產業民主制度的機會都喪失掉了。但是完全將英國工會未能及時落實產業民主的目標歸咎於時運不濟，則並不公正。造成其失敗的原因，與工會對產業民主制度的認識、實際運作機制的瞭解有限，以及堅持工人是生產關係中之絕對主體的意識形態，都有著極為密切的關連。

勞工參與制度

參與是個非常彈性的概念，可以各種不同的形式將之付諸實現，因之對於不同的社會行動者，具有不同的意義。就勞工參與制度而言，最起碼就有公司層次與工作場所層次的參與。接下來將介紹勞工參與這個概念在理論上以及這個制度在實務

上所具有的特性。

一、制度類型

　　根據盧德森（Knudsen, 1995）的整理，勞工參與制度常因參與的形式與制度建立的合法基礎而有不同的形式。一般說來，工作場所與公司層次的參與，主要的法理基礎得自於三種不同的來源：立法規範、集體協商，以及雇主片面的決定。其次，參與形式也有直接參與與間接參與兩種，也就是個人親自參與和派代表參與兩種。所謂直接參與（direct participation），即個人親自參與，意味著個別員工承接或加入某種傳統以來只有經理層級的組織成員，才有權利決定的經營管理層面的決策制訂。直接參與的形式通常只用在較低層級的管理決策，這類決策以如何實際操作一項業務、如何實際展開一項工作流程為主要的典型。雖然員工直接參與較高層級的管理決策並不是沒有，但並不多見。所謂較高層級的管理決策多涉及技術與組織變遷的決策，通常是以組織規劃小組的方式進行。直接參與採行的形式有：參與處理某種立即性工作事務的代表團、自發性團隊或品管圈、工作小組、部門層級的會議。間接參與（indirect participation）主要是建立在集體利益的關連性上，參與的實質乃是透過代表來完成，例如，透過廠場工會代表，或是工作會議委員會。常見的間接參與制度有：廠場代表與經理人員的會議、工作會議、聯合會議，以及公司董事會、監事會上與股東代表具同等地位的勞工代表。

　　據此，綜合參與的形式與參與制度的起源基礎，可將勞工參與制度分成六大類型。第一大類法定直接參與，主要是由國家立法推動勞工直接參與。這類型的實例並不多見。少數的例

表 11-2　勞工參與制度的類型

參與形式／合法基礎	立　法	集體協商	雇主授權
直接參與	法定直接參與（罕見）	集體協定直接參與（罕見）	雇主授權直接參與（常見）
間接參與	法定間接參與（常見）	集體協定間接參與（常見）	雇主授權間接參與（罕見）

子見於德國的「工作生活人性化」政策，與 1982 年法國立法成立的「意見表達團體」，要求雇用人數達到五十人以上的企業，定期召開會議，方便勞工直接表達對工作內容、組織過程，以及改善工作環境等等措施的意見。除此以外，許多歐洲國家立法賦予勞工有取得其受雇企業某些方面資訊的權利。第二類集體協定的直接參與比第一類也好不到那裡去，也不是常見的制度，至少在全國層級與部門層級上，不屬於常見的制度。在丹麥施行過由雇主聯合會與主要工會組織，為達成集體協定而展開的「合作實驗」。比較常見的是在公司層級上實行由集體協約規範的直接參與。最著名的例子是德國福斯汽車公司於 1980 年所引進的品管圈制度。第三類雇主片面決定的直接參與是最為常見的類型，品管圈與團隊工作會報是常見到的例子。不過這類勞工直接參與制度，因其非正式的性質，很難評估它的發展程度與趨勢。第四類法定間接參與，在歐洲是相當普及的一項勞工參與制度，而且也是歐洲共同體想要以指令（directive）的形式推廣到所有會員國落實的一種參與制度。在歐盟所有會員國當中，比利時、德國、法國、希臘、盧森堡、荷蘭、葡萄

牙及西班牙，都已經制訂有組織工作會議、聯合會議等法律條文，賦予勞工參與工作場所決策的權利；另外，丹麥、德國、法國、盧森堡與荷蘭，都定有勞工參與企業董事會的法條。第五類是集體協定的間接參與。這類型的勞工參與制度，普遍流行於英國與愛爾蘭，透過廠場代表或是特別成立來推動進一步參與的團體來執行。最後一類雇主片面決定的間接參與，是根據雇主自由意志決定開放董事會中某些席次給予勞工代表參與決策，或是以設立評議會由勞工代表與管理部門的代表聯席討論等等方式落實勞工參與。

二、參與的強度

有了勞工參與制度，如何評估勞工參與制度的存在不是徒具形式，而是真正發揮實質權力行使的功效呢？這個問題學者建議可以透過參與強度（intensity of participation）指標的建立來加以測量。最早高德與賀爾（Gold & Hall，1990）提出兩個測量參與強度的操作型定義。比較簡潔的定義將「參與強度」界定為參與制度賦予員工影響各層級決策的程度。比較複雜的定義則認為評估參與強度時，至少要考慮下列五大變數：(1)涵蓋主題的範圍；(2)參與發生的階段；(3)使用的方法是公開資訊、諮詢，還是共同決定；(4)涵蓋的層級數目；(5)參與條款實際執行的程度。

對於這兩個定義，盧德森認為不是太過抽象，就是涵蓋面太廣，以至於無法有效地評估參與制度的效能。因此他建議把參與強度看成兩個層面變項的綜合結果：影響程度與議題重要性。所謂影響程度，主要是指參與制度所賦予員工或者員工代表的影響力，涵蓋範圍包括資訊的取得、諮詢、共同決定，以

及雇主片面決定；另一方面，包括參與決策所涵蓋主題的範圍與重要性（從廁所用紙的顏色到生產策略、併購、關廠等重大決策都包括在內）。簡言之，勞工參與強度等於勞工決策影響力的強度，乘上參與制訂議題的重要性與數量。

(一)影響程度

關於勞工施展影響力的方式，通常可區分為三個層級：公開資訊、諮詢，以及共同決定。就影響層次來說，共同決定所產生的影響力大於諮詢，諮詢所發揮的影響力又大於公開資訊。當然在這三種行使影響力的方式之上，還有所謂的工人控制（workers' control）制度，也就是勞工自行當家作主。不過這算是遊走於員工參與概念界線邊緣的一種制度，因為工人當家作主不但直接挑戰了資本主義企業的整個權威結構，甚至構成了顛倒資本主義體系的制度雛形。反正不管是出自哪一方的片面決定，都不應該屬於參與這個概念架構的範圍之內，畢竟參與本身就預設了兩個當事人間的互動。

一般說來，要求雇主公開提供公司的財務與雇傭狀況的法令條文構成最低層次的影響力。這是因為資訊本身雖然並不具有使員工對於訊息的內容行使任何影響力，但是擁有某些資訊可能間接成為取得進一步影響力的基礎。顯然，如果員工對公司的經營管理大計毫不知情，那麼他們將無從影響公司的計畫。要求「雇主在改變工作環境與雇傭條件之前，必須聽取員工代表的意見，或諮詢他們的意見」的法律條文，則賦予員工更進一步的影響力。實際上，諮詢勞工或其代表本身並不具有任何影響力，但是卻給予勞工代表機會批評，甚至提出有別於雇主解決問題的其他方案。再者，諮詢也有可能發展成協商，甚至促成當事的雙方達成正式與非正式的協定。當然，有沒有

可能發展到這種階段，那就得看工作場所內工業關係的氣氛與以及原先諮詢條文的正確內容而定。不過，參與決策制訂的最高形式就屬於企業大小決策，必須由雇主與員工雙方面共同制定的那種類型。聯合規範（joint regulation）可以透過共同決策（co-decision）的方式，也就是只有雙方都同意的情況下才能做出決定，若遇到雙方各持己見時，則由第三者出面仲裁，或者是透過共同決定（co-determination）的方式，即決策制訂的機構是根據雙方擁有同等人數的原則所組成，遇到僵局時由第三者出面仲裁，以達成最後決定。

(二)議題類型

就直接參與而言，要完全將員工片面決策制訂置之不理是不可能的。直接參與不論是基於資訊公開、諮詢或聯合規範，大多數的情形是將低層次的管理決策移轉給員工自行處理。不過值得注意的是，這類低層次管理決策制訂的移轉，不論涉及的是個人的工作內容，還是下放自主性給團隊工作，通常並不會增加員工的影響力。因此，勞工參與強度除了與影響決策的方式有關之外，能夠參與決策的層次與涉及議題的重要性，更具有關鍵性的作用。

傳統上，與管理有關的議題通常被分為兩大類：社會性的議題與人事財務類的議題。所謂「社會性議題」，涵蓋的範圍較廣，除了與員工福利有關的議題之外，舉凡與工作與雇傭情況有關的事項都包括在內。這種區分模式背後有個未經嚴格檢討的假定：最令雇主關心的是與財務相關的議題，因此在這方面雇主比較不希望勞工有過多的參與；另一方面，關於福利與勞動過程的議題，則與勞工切身相關，所以勞工會極力爭取這方面的參與。事實上，這是個頗有問題的預設。無庸置疑地，

直接影響到員工日常生活的是工作情境，甚至實務面的勞動操作過程，但這並不意味著員工對於公司的財務狀況會一點也沒有興趣。畢竟公司的財務狀況不但會影響到需要減少還是增加受雇人數，更決定了公司的存亡絕續。

據此，盧德森提出另一套分類架構，他將管理決策分成四大類型：組織目標、執行策略、工作操作、團康福利。所謂與「組織目標」相關的決策，是指與公司目標有關的整體決定，包括組織結構、主要的業務類型、與產品有關的投資決策，以及併購、接管、局部或全部關廠等重大決定。與「執行策略」有關的決策是指界定達成公司目標的核心策略，包括科技、工作配置、指導工作設計、人事管理、運作時數、薪資體系、安全與衛生等。「業務操作」面的決策則是指在部門與廠房層次，有關於在既定的組織架構與技術水準之下完成工作的方式：透過工作的界定、勞工的指派、薪資體系的運用、勞動過程的監督、輪調制度的規劃、工作時數的安排、假期的確定，以及安全與衛生指示的執行。「團康福利」設備方面的決策，則包括伙食、住宅、健身與休閒活動，以及其他正常工資以外的財務支援措施。

這個架構，除了分類的作用之外，其實也顯示了企業內部各種議題重要性的差別順序。不論是對雇主還是員工來說，組織目標與執行策略這兩方面的決定，處理的是最為重要的議題，而工作操作與福利措施方面的決策所處理的議題的相對重要性則較低。這種區分標準主要是依據各類決策影響的層面來加以評估的。在工作操作層次的決策對個別員工的影響關係重大，但是對於全體員工而言，組織目標與執行策略方面的決定，卻能造成最為深遠的影響，因為這些將決定雇傭關係與工作條

表 11-3　參與形式、決策影響力大小、與議題重要程度

決策影響力	參與形式	議題重要性
小（訊息公開） ↑ 大（共同決定）	間接 ↑ 直接	高 ↑ 低

件的基本面向。

　　據此，結合參與強度的兩個面向——員工影響決策制訂權力的強弱，與含蓋在參與決策制訂內議題的重要程度——便可以得到一個參與強度的配置表。諷刺的是，其中參與愈是密集之處，常為重要性愈低的議題；愈是屬於直接參與的部份，議題的重要性愈低，即使此時勞工可以發揮最大的影響力。對員工來說，直接參與僅限於工作操作層級的事務，通常對於福利設施、執行策略、組織目標上，直接參與是沒有任何存在空間的。相反地，間接參與能發揮影響力的範圍則涵蓋了相當廣泛的議題類型，不過開放組織目標與執行策略方面的決策給勞工進行間接參與，則明顯比開放其他有關工作操作與福利設施方面給勞工間接參與的情況相對少了很多。總之，員工能夠取得影響的程度，不論是直接參與還是間接參與，是隨決策議題的重要性而遞減的。

勞工參與制度的落實

　　根據發起者的屬性，歷史上曾經出現過七種追求勞工參與

的制度，其中有三種狀況是一敗塗地，兩種狀況可以得到局部的成就，另外兩種狀況則獲得全面的成功。第一種狀況是出現在英國，由執政的工黨發起的產業民主制度。結果同時遭受到雇主與工會的抵制。第二種狀況是由雇主發起的諮詢委員會，結果得不到員工的重視，甚至經常受到工會的攻擊，因爲該制度多半不被勞工與工會所信任，因此常被視爲妨礙員工影響力增進的工具。第三種狀況曾經出現在西班牙，工會要求在企業的董事會上設置勞工代表，結果不但遭到雇主的反對，也沒有得到立法機構的支持。第四種狀況可以用第二次世界大戰時英國政府與企業聯合推動的生產力委員會爲代表。這種類型的勞工參與目標在改善生產力、促進勞資合作，因此遭受到大多數勞工的懷疑。第五種狀況可以 1973 年丹麥公司法剛修正公佈後，因賦予員工代表參與董事會的權利，而遭遇雇主與股東代表相當強大的反抗爲例。第六種狀況主要是依據全國性的集體協約，而成立的合作會議，這套制度自 1947 年便已在丹麥實施。最後一種狀況則以德國的工作會議爲典型的代表。施行於德國的工作會議得到工業關係中所有行動者的支持，被視爲促進社會整合、生產效益，以及員工影響力的制度。然而在這七大不同的經驗中，只有第六與第七兩種狀況下，要不是有集體協約的保障，要不就是有勞資政三方共同的承認，否則很難見到勞工參與制度獲得全面性的成功。第四與第五種勞工參與的設計只獲得部份的成就，而第一到第三種則不是根本得不到實踐的機會，就是個充滿衝突、抗爭，以至於難以運作的制度（Knudsen , 1995）。

表 11-4　獲得三大工業關係行動者不同支持度的勞工參與模式

	雇主推動(＋)		雇主抵制(－)	
	工會推動 (＋)	工會抵制 (－)	工會推動 (＋)	工會抵制 (－)
政府 推動 (＋)	＋＋＋ 工作會議 全面成功	＋＋－ 生產力委員會 局部成功	＋－＋ 員工參與董事會 局部成功	＋－－ 國家發起的產 業民主制度 徹底失敗
沒有 政府 推動 (－)	－＋＋ 建立在全國集體協 約基礎上合作會議 全面成功	－＋－ 雇主發起的 諮詢委員會 徹底失敗	－－＋ 工會發起董事會 上設置勞工代表 徹底失敗	－－－ 不存在

一、勞資政三方推動勞工參與的動機

　　上述歷史經驗顯示，勞工參與制度有可能是三大工業關係集體行動者之間相互角力的戰場，而不是尋求相互合作的園地。若果如此，勞資政這三大集體行動者究竟出於何種動機而有推動勞工參與制度的動作？誰會從中得利？如果說沒有任何好處的話，那麼為什麼政府、工會與雇主都曾經推動過不同形式的勞工參與制度呢？是基於某種信仰、理念？還是這套制度建立之後，確實能夠成就某些實質的效益？

　　從某個層面來看，這個問題的答案涉及到意識型態與實用主義之間的對話。波爾（Poole，1978，1986）認為勞工參與是工業民主的表徵，透過這種方式，員工對於他們工作的環境能夠施展某種影響力。因此，就勞工參與制度能夠實踐這項目標

而言，是個廣受工會與勞工政黨支持的制度。不過早在波爾之前，就已經有學者質疑勞工參與制度本身能夠賦予勞工決策影響力的這套說法。戴爾（Dale，1954）就是其中最著名的一位，他指出參與或許蘊含影響，但事實常不如勞工所願。舉例來說，參與的層次可以是全程參與並且能夠左右決策的最後方向，參與也可以是在經理人員做出最後決定之前照會員工代表。所以，顯而易見地，參與並不必然蘊含影響最後決策的能力。對於前一種情形，戴爾甚至以嘲諷的口吻說，操弄或許是比工業民主更能貼切地表達該制度設計用意的字眼。

其實，稍微留意一下先進國家工業關係發展史，當可發現歷史上多的是由雇主或政府發動，但是實際上卻與以民主原則來治理工作場所一點關連都沒有的勞工參與的例子。大體上而言，政府推動的員工參與多半是基於社會整合的理想或需求。特別是社會動亂時期，勞資衝突常被視爲危害社會秩序與國家經濟的亂源。不過即使政府熱中追求社會整合的實踐，但是並不一定支持具有民主本質的參與，要達到社會整合的目標，法西斯主義也是一條可行的出路，其綜合鎮壓勞工運動與鼓吹社會和諧意識型態於一身。另一個極端是德國的共同決定制度，這個目的不在終結雇主下達命令的能力，而是在確保雇主的權威在經由員工同意之後取得民主的合法性。但是就這點看來，民主與民主合法性，即社會整合，似乎又是實質不盡相同的兩回事。因此，支持勞工參與的各界人士經常會有民主合法性取民主而代之的憂患意識。

效能是促使雇主支持勞工參與的主要動因，尤其是 1930年代的行爲科學家都肯定允許員工參與和工作執行相關的決策，不但可以提昇員工工作滿意度，還可以提高員工的生產力。

表 11-5　工業關係行動者支持員工參與制度的潛在動機

	動　機	牽涉利益
勞工與工會	獲得決策影響力	較高的工作滿足、較好的雇傭條件、較高的工資。
雇主與企業	提供組織績效	消弭衝突、激勵員工增加生產力、認同組織目標。
政　　府	達成社會整合	消弭社會衝突，增加經濟效益。

但是追求效能的動因並不足以促使雇主自動支持勞工參與。一般說來，雇主對勞工參與只會出於實用的考慮，而且只有在雇主相信這套制度會比其他措施產生較佳的結果時才會採用。不過對於那些會限制、干擾管理權力行使的參與形式，雇主仍是相當排斥的。據此可見，三大工業關係集體行動者主動支持勞工參與，實乃出於不同的動機——社會整合的目標之於政府、民主的目標之於勞工、效能的目標之於雇主——而這鮮明區隔便塑造了不同勞工參與制度的成敗。

二、正和邏輯與勞工參與

不論從體系的觀點，還是交換的觀點來論，資本主義體系下雇主與員工之間的關係，是以雙方的獨立性以及相互的依存性爲其特色。在市場上，雇主是獨立的，這意味著資本具有可以移作他用的能力，可以投資在這個員工身上，也可以投資在別的員工身上，甚至可以投資在機器，或政府基金之上。另一方面，勞工有選擇自雇與受雇的自由，以及有結束現有的雇傭

關係而另謀高就的權利。同時在法律的規範下，雇主也有關閉廠房、裁減勞工的權利。只不過勞工的這項自由只有在有其他職位可就、有其他出路可找的情況下，才算是真實的。在資本主義經濟體系下，這種類型的結構機會差等，便構成了雇主與員工之間權力不平等的關係。不過一旦雇傭契約敲定後，當事雙方擁有的自主性與相對權力，就大爲削弱了。敲定後的契約要求雇主必須雇用該名員工，該名員工必須爲雇主工作。在這種情況下，雖然在職能分工上，當事雙方分別履行發號司令（資本）與執行任務（勞動）兩種社會功能，而面臨權力分配不對稱的互動關係，但是卻又因雇主必須依賴員工好好的幹活，以維持企業的正常運作，勞工則需依賴雇主得到他們的工作與維生報酬，使得勞雇之間又形成了相互依賴的關係。

　　正因爲勞資之間存在著相互依賴的關係，所以其中一方終止契約的行動，馬上便會增加另一方付出的成本：被解雇的員工遭受收入上的損失，有員工辭職的雇主將負擔雇用與訓練新手的成本。這些交易成本對於雇用具有特殊技術與經驗勞工的雇主造成比較大的損失；對於雇用一般性技術或技術層次較低勞工的雇主造成的損失較少。對員工來說，所需承受損失的大小則隨找到相同性質與工資水準的工作機會而定。換句話說，正是這個相互依賴的契約關係，使得勞資雙方擁有共同的利益，也有面臨利益衝突的時候。一般說來，究竟該如何分配生產成果的這塊大餅，甚至究竟該如何烘焙這塊大餅，都可能成爲工業關係的當事雙方敵對利益的肇因。對於如何使工廠存活下來，如何使公司興旺，如何使擁有者賺取更高的利潤，使受雇者得到更多的工資、更好的工作環境、更多的就業機會，則構成了雙方共同的利益。如果雇主的累積政策是靠擠壓員工最

大的勞動力，卻付出最少的報酬，那麼兩者之間幾乎沒有什麼共同利益可言。同樣地，如果勞工相信硬拼到底或革命可以解決一切問題，那麼勞雇雙方似乎也沒有任何共同利益可言。

　　主宰勞資之間關係的到底是相同的還是敵對的利益，端視當事者是從零和還是正和邏輯的角度，來思考勞資之間的互賴關係。若從一個零和的邏輯思考框架來看工業衝突與集體協商，勞雇雙方只把行動焦點集中在分配有限的總和，那麼不用說，其中一方的「得」，馬上就成為另一方的「失」，在兩不相讓的情況下，勞資衝突有時甚至會發展成為負和的結局。零和邏輯的思考模式並沒有考慮到，分餅模式的不同，可能產生不一樣的生產效率；也就是說，某種分餅的方式可能會阻礙到總體生產成果，而另一種分餅模式可能不但不會抑制總體生產的能量，反而具有增進整體生產的效果。合作性與參與性決策制訂的過程，較之於傳統由雇主片面決定一切分配大權的模式，便具有這種效果，不但能夠更有效地創造新的正和結果，並且以較不引起衝突的模式來分配生產成果。對於勞工來說，可以藉著這個機會參與協商分擔結構變遷所可能產生的正負面效應，避免雇傭關係中不確定性所帶來的壓力。另一方面，對於雇主來說，勞工參與決策制度不但可以帶來較高的生產力、創造更高的利潤，還會帶來一群團結整合的員工，對企業目標樂於付出真實承諾。唯有如此，所謂勞資雙贏的正和結果才有實現的一日。

第十二章
民營化與國營企業勞工

……經濟部在日前的「台電民營化規劃會議」中決定，除核四廠外，今後新增建電廠將開放民營。此一政策方向的確定，為我國電力事業的民營化在觀念上開啓先聲，至於政策何時能落實、執行，端視主事者的決心，以及推動此項政策的種種準備工作是否齊全而定了。

　　　　　　　　　　　——1993 年 7 月 22 日＜經濟日報＞社論

……台鐵的沈痾是公營事業的典型樣版，龐大的人事費用支出，佔去其每年營運收入的八成，年年的鉅額虧損，迫使其必須變賣土地，以及依靠政府編列預算來彌補，才能免於破產的危機。

……按道理說，像這樣的公營事業要讓它起死回生，只有兩條路可行，一是仿效日本國鐵轉為民營，二是改善其營運體質，大量裁汰冗員，提高營運績效，除此之外，已無他途可以挽救台鐵命運了。

　　　　　　　　　　　——1995 年 10 月 17 日＜中時晚報＞社論

……自從「公營事業轉移民營條例」修正案於民國八十二年六月四日在立法院通過之後，台灣國營事業民營化的腳步即開始加速進行。電信局在電信三法修正通過之後，其未來民營化的輪廓已可預見，但接下來執政黨所必須處理的國營事業，諸如：郵政及郵匯局、中油、台電等事業單位。這些事業體的資產與規模一個比一個大，民營化之後對於一般大眾的日常生活亦會有一定程度的影響，因此未來的國營事業民營化想必是好戲連台。

　　　　　　　　　　——1996 年 3 月 28 日＜自立早報＞第九版張烽益

……民國 78 年行政院成立「公營事業民營化推動小
　組」，其後雖有經濟部所屬的中鋼、中石化及中工，財政
　部所屬的中產及交通部的陽明海運等少數民營化的例子，
　絕大部份公營事業，尤其是台灣省政府及行政院退輔會所
　屬的事業，幾乎在民營化方面繳了白卷。
　　　　　　　　　──1996 年 12 月 26 日＜經濟日報＞第二版

　　自 1960 年代後期以來,先進國家的政策取向一直在擴大公
共部門，還是加強民間部門、深化市場機制這兩個極端之間來
回擺盪不定。這種情況到了 1980 年代早期，開始有了轉變，長
期經濟不景氣累積下來的社會不滿，對國公營企業視爲理所當
然的存在基礎與運作邏輯提出了嚴重的挑戰。基本上，由於公
共部門的生產活動不是直接來自任何一項擴大私人股東剩餘價
值的資本主義需求，所以運作邏輯原本不需受制於資本與勞動
的交換。不過，至少在兩方面公共部門與私人產業發生關連：
第一，公共部門提供基本的勞務──例如能源、水、通訊設備，
以及運輸系統──對私人資本的發展至爲重大，這種服務有時
甚至以政府補貼的方式來支援工業的發展。因此，可以說私人
資本以一種間接的形式，佔用公共部門勞工所產生的剩餘。第
二，儘管公共部門工作的組成與控制方式主要是建立在非營利
的標準之上，但爲了配合私人部門講求效率的競爭壓力，公共
部門的勞動過程被迫漸漸走向爲利潤而生產的情勢。在市場經
濟的觀念下，民營化對公共部門至少會產生四大壓力：爲達減
稅目的，可能採取縮小公營企業規模的措施；爲方便民營企業
資金周轉有更大的空間，可能採取減少公營企業的資金需求
量；爲鼓勵大眾資本主義的普及化，可能採取出售國公營企業

的股權；為限制工會干預市場和強迫擴大公營企業規模的舉動，可能採取裁撤、標售國公營企業的計畫。據此，本章首先敘述推動西歐先進國家的民營化運動的外在動因，接著說明推動民營化可行的策略類型與可能的政策動機，最後以英國民營化的經驗為例，檢討民營化對工業關係的衝擊。

民營化的外在促因

自 1980 年代以來，歐美先進工業國家紛紛將公營企業及公共服務業，不是移轉給民間經營，就是放寬獨佔管制，允許民間參加競爭，一時之間公營企業民營化遂在國際間匯集成一股風潮。何以在 1980 年代歐美國家會出現如此強大的追求民營化政策動向呢？根據西歐的經驗來說，懷特（Wright，1994：2-5）指出，總共有六大來自環境的促因，是推動這波民營化趨勢的主要動力。

第一、自從 1980 年代早期開始，蟄伏已久的一股追求脫離國家操縱與凱恩斯主義的思潮便在國際上暗暗流動。就連帶有強烈社會主義色彩的國家都不得不承認，在國際經濟體系的壓力下，民營工廠才是財富創造的主要基地。民間對於政府對抗通貨膨脹無力、超額舉債、以及高賦稅政策的反感，也催促著政府重新反省是否仍有必要維持著重分配取向的統合主義結盟。無可否認地，質疑國家干預經濟活動效率的聲浪，以右派政治人士最為高亢。這些右派政治理念的支持者，極力抨擊統合主義制度的高昂社會成本，致力於拆除國家、雇主與工會之間的鐵三角制度，並積極鼓吹強調自由市場競爭的新自由主義

的意識型態。

　　第二、來自國際環境的第二項促因是產業性質的改變。國營化的政策主張有一部份是建立在社會需要依賴政府維持某些策略性工業的前提上——如電訊、鐵路、天然氣與電力等具有自然壟斷性質、投資額度極高、回報極少、風險又極高的產業。不過，隨著鐵路運輸與煤鋼生產等國營化產業陷入深度的財務危機，使國營化政策成為令人難堪的政治失誤，而非推動成長的引擎。另一方面，隨著科學與技術的大幅進步，削弱了某些產業自然壟斷的程度，於是引爆策略工業本身就是個值得批判的概念的學術爭論。有學者甚至指出科技變遷已經把傳統的策略工業給淘汰出局了，以服務與知識為基礎的新興策略工業，其分散的屬性，必須獨立面對無情的、要求快速創新的市場競爭壓力，都使國家逐漸喪失了完全掌控這些新興策略工業的能力。

　　第三項不利於國公營企業的國際環境因素，是產品市場與金融市場的日益國際化。在全球化的過程中，許多產業已經變得更加複雜，必須藉著國際合作來提昇經濟規模與產能。國際化的動力泯滅了某些企業的國籍識別。更重要的是，在政治官僚相互妥協下而得出的產業政策，在一個要求決策彈性與講求速度的國際化與自由化的環境下，將會構成進步與競爭的障礙，而不是推動進步與競爭的助力。

　　第四項不利於國公營企業的因素，則是來自於歐洲整合的挑戰。歐洲市場的整合要求剷除歐盟內部所有的貿易障礙，這包括了降低入關手續、改變公司法、競爭政策，以及邁向自由化。雖然羅馬條約允許國公營企業的存在，但是開放市場的許多層面——貨幣統合、競爭政策、公開招標等等——都是避免

在各國政府的操縱下，充分開發國公營企業使其成為引導產業與區域政策的利器，或是作為政治酬庸的工具。

第五項不利於國公營企業的因素，是公民營企業都面臨巨額資金需求，迫使政府鼓勵甚至強迫國公營產業追求利潤，或是透過國際金融市場重組其資本結構。

第六項不利的因素則來自於英國成功的民營化經驗的國際傳散效果。成功的民營化經驗是英國極少數幾個可以對外輸出的產品，也使得英國民營化的模式深深影響到其他國家民營化的措施——拋售資產、延長給付時期，以及保留一部份民營化的股權，以低於市場的價格出售給員工與一般民眾——在歐洲受到普遍的肯定，並大為流傳。對於新自由主義人士，英國民營化經驗滿足了他們意識型態渴望，迫使懷疑者與批評家封筆禁聲，告罪討饒。對於政治色彩南轅北轍、國庫空虛的各國政府，目睹國庫轉空為盈的英國民營化經驗，都展開雙臂歡迎。

民營化的執行方式

民營化的定義其實相當廣泛，涵蓋了所有縮減公共部門範圍、限制公共部門功能、乃至於削弱公共部門影響力的政策。一般說來，民營化的具體作法包括下述七大類型（同前引：7-9）：

(1)徹底廢除公共服務。
(2)擠壓公立機構融資來源，促使其向私人基金借貸。
(3)提高對消費者使用公共財貨如醫療服務的費用。

(4)直接將原先由公共部門肩負的整體政策責任，移轉給民間的自願組織或慈善機構。

(5)將公共服務外包給私人代理商。

(6)出售國有土地與公有住宅給原來承租的民眾。

(7)產業民營化，這是自 1980 年代以來，主宰國際視聽焦點的民營化面向，其又可分為下述十大策略：

　(a)鼓勵私人部門分享公共投資計畫。

　(b)推動公民營聯合生產開發計畫。

　(c)於國營產業與公營銀行部門內，聘用民營企業的經理，採用民營部門績效考核與業務程序的標準。

　(d)解除對於某些部門，特別是郵政、電訊傳播與交通的管制，並推動自由化，以促進私人部門與公營部門的競爭。

　(e)出售國營產業或公營銀行的子公司。

　(f)在公營事業單位內建立市場導向的管理策略與薪資結構。

　(g)改變公營企業的資本結構，允許私人投資者的參與，減低國家持股的額度。

　(h)將國營企業一部份的股票出售（這是大部份歐洲國家民營化的主要形式）。

　(i)出售國營企業大部份的股票，保留一部份給國家，或是留做未來出售之用，或是預留做為執行控制之用的集團股。

　(j)毫無保留地將公營企業出售給私人投資者——這是比較激進的、意識型態取向的政府所追求的政策。

就我國的經驗來說，自 1987 年解嚴以來，國營事業工會動員多次街頭遊行，抗爭民營化政策對國營企業勞工權益的損害。由於長久以來國公營企業員工在薪資福利與工作保障上，均比一般民營企業略高一籌，所以民營化後，具有公務人員身份的國營企業員工可能喪失工作安定性，於是失業與講求競爭的壓力，在國營企業的勞工間興起一股爭取權益的意識。雖說國內民營化政策已到達邁入第二波、準備進入第三波的階段，唯我國目前民營化的具體措施，以出售股權與標售資產兩種形式為主。採取標售資產的國營企業多為虧損的企業，因而以出售國公營事業之全部或一部份工廠與分支機構的方式進行民營化。採取出售股權的方式展開民營化的國營企業，多為獲利頗高的企業，根據規定只要透過股權移轉方式，使政府在該國公營事業的持股比例降至 50％以下，就算完成了民營化。

民營化的動機

要明確地指出各國政府推行民營化的動機，並不是件易事。究其原因，主要有二：第一，民營化的動機可能會隨時間的不同而不同。事實上，英國民營化的動機，便隨著民營化的不同階段而有不同的變化。第二，除了表面上公開說明的動機之外，要找出民營化政策者隱藏著的、不公開說明的潛在動機，可能就必須花上一番工夫，不見得是件容易的事了。儘管如此，一般來說，推動歐美先進國家民營化的動機主要可分為——意識型態的與務實的——兩大類（Ernst , 1994：69-82；Saunders & Harris , 1994；Wright , 1994）。

一、意識型態的動機

推動民營化的第一項意識型態的理由是，對激進右派人士來說，民營化是改變公營與民營既有界線、節制國家機器過分向外延伸的一項利器，所以帶有強烈的反國家干預的情結。英國的民營化也具有這項特色，保守黨利用民營化政策來打擊第二次世界大戰結束後形成的社會民主意識型態與集體主義的共識。對新自由主義右派人士來說，無所不為、無所不包的國家正是侵蝕個人責任感、消弭個人創造力的毒瘤。自由主義人士認為自助與自立是人類最重要的美德，而令他們憂心如焚的正是這兩項最有價值的德性，可能在國家集體供應制度下，給消除得蕩然無存。推動民營化的第二項意識型態的理由是，壟斷性的公營企業與公共服務業限制了消費者的選擇權利。對新自由主義人士來說，公有制度剝奪了個人的經濟自由，強迫個人成為公營企業的股份持有人。他們主張個人如果有選擇權利的話，可能根本不會選擇持有這個營運不良、服務不佳企業的股份。創造一個「資產擁有的民主制度」（property-owning democracy）構成了推動民營化的第三項意識型態理由。這個政策有一部份源自於培養民眾企業精神的動機，藉著出售民營化的國營企業的股票給社會大眾，特別是出售給民營化之後的受雇員工，期望在提供一系列買賣這些股票的誘因下，孕育出「大眾資本主義」（popular capitalism）的精神。最後，除了明顯的意識型態動機之外，與此焦孟不離的則為政黨政治的理由。對歐美社會來說，出售民營化的股票給社會大眾，是開發支持右派選民人數、動搖工會力量、掏空傳統左派票倉的主要策略。

二、務實的動機

在務實動機方面，推動民營化的理由，可大略分爲經濟的、管理的，以及財務的三大類。在經濟方面，第一、民營化被視爲加速自由化的政策。許多國家壟斷的事業不見得是自然壟斷的，即使曾經是自然壟斷事業，由於科技變遷的結果，若能分散成數個不同的單位，則可加大競爭力。第二、公共部門的生產與勞務，本身就比私人部門來得缺乏效率。造成公共部門較缺乏效率的主因，是不受市場機制的管教，更何況立法上政府還有承擔國營企業虧損的義務。正因爲國營企業沒有破產或被別的企業接管的威脅，更沒有需要伺候的私人股東，所以國營企業的主管可以忽視效率與競爭力的重要性。缺少了競爭性與追求利潤的動力，公共部門的經營管理者雖然少了可以填飽荷包的金錢收入，但是卻可以利用行政資源大肆開銷，以追求有利於個人的非金錢性好處。第三、最後一項民營化的經濟理由是，促使政府採行強硬的勞工政策。私人部門的經營管理者會積極處理、對抗或打擊保護缺乏效率的做事方式與用人措施的工會勢力，毫無猶豫地割除虧損的生產單位，以求得收支平衡狀況的立即改善。如果必須經由併購的方式來取得符合國際競爭需要的經濟規模，私人企業總是積極部署、策劃，而公營企業便缺乏這些衝勁與幹勁。

其次，基於管理的理由而推動民營化，主要是希望民營化會是一項神兵利器，能夠徹底擊垮這個外有嚴密法令與國家補貼保護、內有諸侯領主坐地分贓的公共部門帝國。新自由主義人士，期待民營化能夠加速標售國營企業內部不協調、虧損的部份，積極推動管理結構的理性化。對於民營化政策者來說，

更為重要的是，可以藉此將政府首長從與公共部門費時、費力的關係中釋放出來。政府首長要不就是親自下海掌管他們應該掌理的國營產業，要不就是放棄對於這些企業過當干預。世界各地都可見到政府首長與公共部門主管之間對於工資水準、投資計畫、借貸條件、結構改組方案，以及向財政部以外單位籌資權利等各種各樣的議題，有著層出不窮的衝突。這項權責不明的互動關係與搖擺不定的政策，已經使國營企業的經營成為一個爛攤子。所以，民營化尚肩負著一項期待，那就是還給經營管理者自主權與建立企業經營的誘因制度。

最後，推動民營化尚有許多不可忽視的財務動機。第一、民營化提供企業進入國際資本市場一個更快、更直接的管道。第二、民營化促進國內股市交易的成長——資本市場可以一方面因新投資者的加入而擴大，另一方面因具有強大市場地位的成熟企業的進入而加深。第三、出售公共資產具有降低國家暴露於經濟蕭條、外匯浮動與商業氣候波動的風險，同時也具有終止國營企業扮演緊急救援者的角色。第四、促使各國政府追求民營化最重要的因素，是出售國家資產可以為公共部門的主管以及背負龐大預算赤字的政府首長募集資金。有了充實的國庫，不但能使政府實施減稅措施，更可繼續推動延宕多時的公共設施建設。

民營化、工會與英國：動機與效果

當保守黨於 1979 年重掌英國政權的時候，國營企業幾乎深入社會生活的每一個角落。每一位英國人早上起來打開電燈開

關來照明室內的是由英國電力公司所提供的電；打開收音機後，聽到的是由英國廣播公司所提供的廣播；走進廚房，打開水龍頭，所流出的水是英國水資源事業處所供應的水；打開瓦斯爐，使用的是英國天然氣公司所提供的瓦斯；家裡用的電話是向國營電信局租的，電信網路也是國營電信局鋪設的。信箱裡的郵件是英國皇家郵局投遞的；路上搭乘的交通工具，無論是搭公車、地鐵，就連開自己的車（萊斯集團製造的），都是來自國營企業的產品。

不過，隨著 1980 年代向前滑進、柴契爾內閣積極展開改革公共部門的動作，試圖以私人部門的組織原則來重新建構公共部門的勞動過程之後，經過十年改革的公共企業部門，其面貌大多已不復辨認。有一大票公營企業被掃出公共部門之外，包括英航、英國航太、英國瓦斯、英國鋼鐵、英國電訊、英國巴士、電力公司、自來水公司，就連政府股份佔有相當大比例的企業，如英國石油、萊斯汽車，也大部份被出售了。大體而言，在這十年之間，公共部門的就業人數跌落了 59%，從 1979 年的兩百萬人減少到了 1989 年不足八十五萬人。那些剩下來仍算是公有企業的勞工，則目睹他們工業關係版圖的巨大變化。

1979 年上台由柴契爾夫人所領導的英國保守黨政府，就其對海耶克（Hayek）提出的自由市場經濟與個人主義的信仰而推動的政策改革，在政治意識型態的光譜上來說，是帶有濃厚的新右派激進主義色彩。對於新右派政治思想的支持者來說，必須盡量減少國家的干預，以給予個人追求自我利益的自由，這不但是因為自由經濟活動是資本主義財富創造的主要來源，也是因為強制性的國家力量有損於個人自由的實現。然而由於自由經濟體系仍必須要有一個強勢國家的支持，以便維持法律

秩序、保護國家安全，以及維持最低限度的福利水準，所以許多傳統保守主義的議題再度被帶進政治議程，於是便形成了英國政壇上極其著名的柴契爾主義（Thatcherism）。而所謂的柴契爾主義便是指，從 1979 年到 1990 年間英國首相柴契爾夫人領導的保守黨政府，所揭櫫的一套立基於經濟個人主義與自由市場的政治信仰原則與政策措施。

柴契爾主義從意識型態、經濟效率與工業關係三個層面，對國營企業提出批判。在意識型態方面，公有制的檢討將政府捲入私人企業還是國營企業比較有效率的政治爭論。結果，公有制與國營化被標示為「政府組織過分肥大」的一個關鍵面向。隨著 1970 年代公共支出佔總國民生產額比例的日益膨脹、受雇於公共部門員工人數的急遽成長、民眾的選擇自由受限日增，於是引起保守黨內自由主義人士對於這樣龐大的一個政府形式的出現，深為不滿與憂慮，進而指責政府部門的不斷擴張，卻改不掉國營企業以及其他公共部門官僚取向的本質。少了企業家主動的精神，國營企業不但不能充分地掌握消費者的喜好，更因為其壟斷的組織特性，國營企業的經營管理者根本感覺不到掌握消費者偏好的必要性。

從經濟角度來批判公有制的發展，實可列出數大條罪狀。其中最重要的是，公共企業對公共部門借貸條件上的衝擊，不但引起社會大眾對於政府財政過度需求的重視，更被視為是造成通貨膨脹惡化的一項關鍵性因素。其次，公共部門的成長從 1960 年代中葉起對私人部門已經產生排擠效應，原本應該用來投資在私人部門的金錢，卻被用來補助公共部門，以至於好不容易從大眾荷包中取得補助經濟所需的經費，卻被用來保護缺乏獲利動機、組織效率的國營企業，使之免於破產。

柴契爾政府之所以會大刀闊斧改革國營企業的工業關係不是沒有原因的。除了保守黨向來就對國營化與公有制度的意識型態相當仇視之外，柴契爾政府對於國營企業的憎惡主要是針對國營工會而來。而這項憎惡與 1974 年國營煤礦工人的罷工事件脫不了關係，該年的罷工不但把英國的工作時數降為一周工作三天，而且造成該黨首相希斯（Heath）政府的垮台。在 1960 年代與 1970 年代，國營工會是領導英國勞工運動的盟主，國營工會不但在會員人數上遠多於私人部門，簽定的封閉工會工廠（closed shop）協約也遠多過於私人部門，集體協商所得到的工資額度也遠高過於其他部門。然而，若遇上理性化與現代化的問題，國營企業工會卻又是抗拒技術創新最頑強的勞動部門。

隨著保守黨政權的穩固，處處流露著新自由主義理念的柴契爾主義，便將其對公有制的批判，逐一轉化成主導公共部門改革的兩大政策：管教國營工會與加速商業化（Pendleton & Winterton, 1993：2-13；Ernst, 1994：69-82；Saunders & Harris, 1994；Yarrow, 1994）。

一、管教國營工會

雖然在保守黨 1978 年的國營企業報告當中，就已經透露了其想要大肆削減國營工會力量的動機。不過在 1979 年以前，保守黨從未下定決心執行國營企業的改革，即使 1978 年動過那麼一點念頭，其採取的策略也是以自由化為主，即引進競爭，而非民營化。回顧過去 1951 年到 1964 年保守黨執政時期，對既有的公營企業維持原狀，未曾變動。1970 年到 1974 年保守黨首相希斯甚至有意展開擴大公營企業部門的動作。就連柴契爾

夫人剛上台的時候，也沒有透露任何一點跡象會展開如此大刀闊斧的改革。直到 1980 年，當公共部門工會與政府的對峙持續不斷，反映出英國工業關係極度不穩定的特質，才促使保守黨決心以民營化這個更嚴峻的措施，削弱來自公共部門工會的龐大勢力。

英國的國營工會之所以具有如此強大的實力，則與國營企業設立以來的組織特色有極密切的關係。英國的國營化企業一般被稱爲「摩里森企業」（Morrisonian Corporation），組織結構的原則全都是遵照工黨政治家摩里森（Herbert Morrison）的設計。摩里森視國營企業爲社會化的企業，期望國營企業能夠在保有資本主義企業的組織結構之下，確實達到按照國家利益來經營策略工業的目標，以便使廣大的民眾同蒙其利。因此在摩里森的設計下，國營企業具有一項重要的區別特徵，那就是政治控制與作業控制的分離。「工業委員會」（industry board）負責日常經營管理、營運，以及一般行政事務，而政府首長則給予原則性的指示。國營事業管理自己的財務，向主管的政府部門負責，然後再由政府部會首長向國會負責，再由國會向社會大眾負責。由於政府主管不涉及日常的管理事務，所以政府首長與國公營企業之間的關係，並不帶有親自指揮的屬性。

其次，摩里森期望國營企業扮演「模範」雇主的角色，因此透過立法規範來要求之。這項立法規定基本上是對第一次世界大戰以來工會運動所追求的「工人控制」訴求的一項安協。於 1945 年到 1951 年執掌政權的工黨，不認爲工人控制策略性產業是適當之舉，同時也不想讓這些產業落入任何一個利益團體的手中。基於這個理由，國營化立法並沒有制訂任何條文要求在新成立的工業委員會內設有勞工代表，取而代之的想法是

「只要把勞工管理好，潛在的衝突自然就會消失於無形」。據此，國營化的法令條文不但將改善員工的福利、安全、衛生，以及提昇國營企業勞工的專業技能的工作，交託給工業委員會，並且要求工業委員會負責向適當的機構徵詢意見，與工會建立諮詢程序與制度，以便評鑑國公營企業的組織與執行（Clegg , 1979：153-154）。

國營企業工業關係的獨特性是國營工會力量的主要源頭。國營化法令中「做個好雇主」的義務，鼓勵國營企業勞工籌組工會，而規定工業委員會建立協商程序與制度的立法，又使國營企業工業關係以多元工會為其主要特色。於是白領勞工因為國營化而得到了籌組工會的機會，同時國營化也成了白領勞工工會化的一座橋樑，將這些漏網之魚全部帶進集體協商的圈子裡。根據 1980 年英國工作場所工業關係調查報告（轉引自 Pendleton & Winterton , 1994：3），在公共部門中，有45%的工作場所有兩個以上被公開承認的藍領工會，這個比例遠高過於 35%的全國平均。而這個狀況在白領部門更為明顯，有 73 %的工作場所公開承認兩個以上的白領工會，而全國平均只不過是53%。於是國營企業與公共服務部門成了英國經濟體系中工會化最深的部門，其工會化的密度遠超過於英國工會的平均密度。就連於1983 年已停止實施封閉工廠協定的水資源業也不例外，在民營化浪潮最高漲的時代，水資源業仍維持有82%的藍領工人，與76%的白領勞工是工會的會員（ Saunders & Harris , 1994：111 ）。

此外，雖然做個好雇主的義務，加上書面的正式化程序與集中化的協商模式，在管理上創造出詳盡的人事與工業關係制度，但是國營企業內極端正式化的協商與諮詢程序，卻也減緩

了變遷步調，成為侷限經營管理者創新能力的絆腳石。不過在大多數的情況下，經營管理者並不像私人企業的經營管理者會積極剷除這些障礙，因為他們和國營企業的工會與員工同樣受到這些法令的保護，逃避市場力量的考驗。更糟糕的是，做為篩選經理人才的內部升遷制度，更塑造了國營企業經理人員內在導向的眼光。對他們來說，沒有所謂的經營管理策略，最重要的任務就是不要出錯就好了，只要維持住穩定與工業和平就算是克盡職守了。因此，國營企業的主管不願意去改變那些限制與措施，也無意費心去對抗護衛這個制度的工會人士。

在這種情況下，國營工會只要善用他們在集體協商上的優勢地位，便可以為所欲為地得到他們想要的好處。不過，除了制度上的保護之外，國營企業工會的優勢來自於兩個層面：第一、國營企業提供基本的商品與勞務——能源、運輸、通訊，是許多其他活動賴以維繫者。對於工會所提出的要求，政府經常必須讓步，否則就得面對混亂與破壞。第二、這些工業都是法定的壟斷事業。因此，一旦工會採取罷工行動，政府找不到其他的資源來解圍。

確認國營企業的壟斷地位以及不受市場與財務壓力的限制，不僅是促使國營工會能夠坐擁強大力量的主要來源，也是造成工會能夠無視組織績效、恣意增加工資、阻擾提昇勞工生產力的主要因素之後，大力削減國營工會的權力，便是柴契爾政府選擇整頓國營企業的主要切入點。剛開始時，自由化是保守黨用來對付國營工會的主要策略，但是效果不彰，便將希望寄託在民營化的行動之上。保守黨認為，一方面民營化將使國營企業的經營管理者，不再能夠依靠國庫來兌現他們所開出的支票，因此可以避免他們在面對工會的壓力時，輕易妥協。另

一方面，廢除國營企業的法定壟斷地位，促使新的民營競爭者加入，將有助於遏阻工會動輒罷工要脅的情勢，因為開放競爭之後，工會發動罷工時，就有其他的民營業者適時補入提供服務，政府就不必擔心被工會牽著鼻子走了。除了民營化之外，配合立法通過封閉工廠協約成為違法行徑，強制不記名投票方式表決罷工行動、禁止次級罷工糾察行動，便構成了 1980 年代保守黨瓦解國營工會實力的總體攻勢。

柴契爾政府對付國公營企業的最主要目的，在於改變公營企業的結構與工業關係模式，取消甚或廢止保護勞工與產品市場的法令。這類動作繁多，不勝枚舉。譬如就業保護法中授權工會糾舉給付工資率低於正常標準的雇主，並將其違規行為交付仲裁的法令。這項法令原來的用意在節制民營業者在競標定期契約時，削價與公營業者競爭，以保護公車司機的工資水準，結果卻被保守黨給取消了。又如廣為公共部門採用的封閉工廠協定也被廢止了。另外，取消對產品市場的管制措施，開放市場競爭，也著眼於改變國營工會的壟斷地位。1980 年的運輸法——解除對民營業者參與長距離巴士服務的限制、取消交通委員會限制新進司機直接從事載客服務的權利等——就是強迫經營者改善勞動生產力，削弱縣市公車司機及其工會的特權地位的典型例子。

二、全面商業化

雖然改變國營企業工會力量與工業關係結構是柴契爾政府的主要焦點，不過這個時期保守黨政策改革尚有另一個重心，那就是「商業化」（commercialization）。柴契爾政府期望透過恢復自由主義的市場經濟，從正面來進行公共部門的改革。所

謂「商業化」，是指強化管理者的自主性與特權，促使其重視市場競爭的策略運用，以追求較高的效率與生產力。其實1978年當保守黨還是在野黨的身份時期，其政策小組就準備採取「緊縮財政控制」與「鼓勵競爭」雙管齊下的策略，來解決國營企業缺乏效率的問題。所以，1980年代以商業化爲重心的公共部門的改革動力，主要可區分爲財政改革、解除管制與民營化三大方面。至於以商業化爲主的民營化策略，之所以對保守黨充滿了吸引力，除了這個政策具有馴服工會的功效之外，最主要的是民營化尚具有充實國庫的功能。

從1979年保守黨執政的第一任任期一開始，其目標就擺在降低通貨膨脹。作爲這個政策的一部份，保守黨覺得必須要減少政府的借貸。民營化在兩方面幫助保守黨達到這個目標：第一，虧損企業的赤字不再依靠政府舉債來擺平；第二，資產出售所得的收益，有助於改善其會計帳目上之收支平衡。除此之外，從政府的角度來看，國營企業財務的改革有數項好處：降低公共支出的成長、使公營企業接受市場的訓練、要求經營者改善生產力。爲了達到這個目標，採行三大改革形式：(1)有系統地縮減對公營企業的補助。(2)建立各公營企業向外融資上限，用不了多久這項措施就成爲控制公營企業財務狀況的利器了。(3)設定公營企業應該達到的獲利目標，而這項措施雖然具有強迫公營企業追求效率的效果，但卻是由國營企業的員工承擔大量裁員的高額代價。顯而易見地，柴契爾政府推動的這整套財務改革措施的主要目的，在於強迫公營企業向民營企業看齊，努力提昇競爭力。不過整體來說，保守黨寄望民營化政策產生的社會與經濟效果主要有三：增進效率、強化競爭力；減少政治勢力對企業營運的不當干預、解套經營管理者並恢復其

自主性；以及創造大眾資本主義（Ernst，1994；Saunders & Harris，1994）。

(一)增加效率、強化競爭力

效率問題彰顯出保守黨準備大肆改革國營企業的另一個重點。而 1980 年代大力推動民營化的過程中所出現的最大諷刺是，許多面臨被拋售的國營企業，在他們仍留在公共部門之時，大大地改善了他們的生產力與獲利率。由此可見，國營企業與無效率之間並不必然存在著等號關係。此外，所有權的改變——公營轉變成民營本身——照理說等於改變了經營管理者工作報酬的誘因結構，應該就足以改善企業的績效。但是若沒有競爭的環境，民營化並不見得產生提昇效率的結果。缺少了追求企業精神的誘因，沒有競爭的國營企業總是選擇低風險的、低報酬的政策；少了股票價格的國營部門就少了明確的評鑑業績的指標，所以很少會見到對於業績的緊縮與膨脹特別在意的國營企業。相反地，在私人部門，即使是具有獨佔性的企業，也必須與其他企業競爭以吸引投資的資金，這股壓力迫使企業努力維持良好的業績，一來有助於吸引投資者購買股票的意願，二來有助於獲得銀行樂意貸款的意願。換句話說，對效率能夠產生較大衝擊的，除了所有權制之外，激烈競爭的市場具有更大的效果。以英國的經驗來說，民營化之後在獲利率上有最顯著增長的企業，主要是那些落入競爭市場的民營化企業。所以，從這點來看，為了提昇效率而出售國營企業並不是唯一的路，也不見得是最正確的作法。

(二)終止政府干預、解套經營管理者

國營企業的經營管理者總是受制於根據他們政府首長異想天開的夢想來制訂決策與政令。當政治人物感受到減低失業的

壓力時，不是要國營企業站出來招募新人手，就是要求他們盡量避免裁員。當政府首長想要開闢財源以支援減稅或新經費支出時，就要求國營企業調整價格以支付虧欠政府的債務。當日益上漲的物價逼使政府首長馬上解決通貨膨脹的問題時，國營企業又被各級部長召喚出來，告知是調降價格的時候了，而這項緊急支援，可能意味著臨危受命的國營企業必須放棄一項已經規劃已久的新投資方案。當國內其他產業受到價格較低、較有效率的國際競爭對手的威脅時，各級部長就得推翻國營企業原定的購買決策，要求他們購買本國製的器材設備，而不是去採購國外價廉物美或是更加適當的設備器材。就連國家內部各區域之間相互競爭的壓力，都會牽動檯面上的政治人物改變一個新的工廠設立的地點，或是繼續經營一個早該倒閉的老舊工廠。

總之，環繞在四方壓力之下的行政首長經常把國營企業擺弄來擺弄去，充當完成他們短期政治目標的工具。政府首長很少給予國營企業主管明確的指示，告知他們真正想要的是什麼，也很少放手讓國營企業主管全權處理這些業務。因此，追求民營化其中的一項重大理由，就是解除政治勢力對國營企業的控制，釋放國營企業的主管，好讓他們放手一搏，一展長才。因為一旦民營化之後，行政首長就不能夠壓迫這些企業去吸納或採用消化違反商業利益的政策，同時也可以減少各方利益團體對於政府首長無度的索求。而且，這些民營化企業的主管也可以在不受任何干擾之下，擬定以企業本身福祉為主的中、長期經營策略與目標。

(三)創造大眾資本主義

剛開始的時候，保守黨主要是想從意識型態、經濟與工業

三大方面來辯護民營化政策的合法性，但是隨著民營化動力的開展，一躍成為政府政策的中心時，其他的目標便一一脫穎而出了，其中尤以創造一個「大眾資本主義」最為重要。所謂「大眾資本主義」，簡單地說就是指透過民營化的過程，開放公營企業的股份讓其員工與社會大眾來持有，以期降低員工與管理者之間「他們─我們」兩極化的對立情緒，進而削弱工會的訴求與政黨的反對。

據此，保守黨政府希望透過民營化的政策，創造出具有四大特色的大眾資本主義文化。其中第一項特色是消費者至上的觀念。保守黨認為民營化的企業本質上應該是消費者取向，消費者的利益而不是生產者利益才是企業的主人，如此方能使企業與消費者不至於成為工會的俘虜與政府政策的祭品。其次，民營化政策尚且期望能夠打破傳統以來產業界以階級為主線，區隔老闆對勞工、他們對我們的分化模式，所以大眾資本主義的第二項特色是擁有一群認同於企業目標與理想的員工。此外，保守黨期望廣泛地讓員工與社會大眾持有股票所創造的所有權普及化的效果，能夠動搖集體主義對民眾的吸引力，增加選民對保守黨支持。所以拒絕社會主義構成了大眾資本主義的第三項特質。最後，保守黨期望擴大社會大眾加入股東行列的人數，使民眾對私人企業制度能夠有更深入的瞭解，藉此一方面可以洗刷英國文化中長久以來對於資本主義所抱持的模稜兩可、甚至冷漠敵視的態度，另一方面更希望藉此激發出民眾更為強烈追求獲利的動機，支持市場經濟。所以大眾資本主義的第四項特質是，人人都是充滿著企業家精神的小資產階級。

三、民營化的工業關係效應

　　商業化與民營化對公共部門工業關係的衝擊，隨著各國公營事業所處的市場環境的差異，與各產業內部建制的不同而有所不同。所有公營事業都受制於政府部會政策的影響，只不過這層「政治關連性」（political contingency）的重要性對於受到集中控制的公營企業最爲明顯，如煤礦業與鐵路，對於那些組織結構較爲分散的公營事業——如碼頭與公車業——的影響就相對小得多。同樣地，虧損的公營企業，不時需要依賴政府的補助，因此其工業關係受到政府干預的情況，就比其他有盈餘的公營事業來得嚴重。發生帶有政治意味的勞資爭議的可能性，也與該工業在策略上所具有的重要性以及其協商結構有關。不過整體來說，1980 年代有了柴契爾主義爲後盾的公營企業，與以前的公營企業最大的不同，在於經營管理者在面對工會與勞動者的反對時，甘冒正面衝突的危險，強行通過改變，即使演變成爲雙方對峙的情況——以煤礦、鐵路、港口與郵政業的工業衝突最爲明顯——國營企業的經營管理者也不再像從前般輕易地讓步妥協。於是在一波波衝突對峙的過程當中，改變國營企業工業關係的目標與方向，便逐一實現了。在某些企業中，經營者的首要目標在於確保勞動生產力的提昇，然後是協商與諮詢制度的改革。另外一些組織結構較分散的經營者的首要目標，在改善集體協商結構。還有一些經營管理者試圖全面打造該產業的工業關係體制，追求削弱工會影響的策略，重塑協商與諮詢的結構。因此，儘管民營化有增加效率的長處，在重視集體主義的政治人士眼裡，民營化仍然是個終結非營利的工作組織原則、剷除國公營企業工作場所工會力量的一種策

略。對工會來說，民營化的威脅具體表現在三方面。首先，藉民營化政策之助，民營化後的國營企業重新調整組織結構，進行多角化經營，這個轉變具有稀釋國公營企業工會密度的效果。其次，隨著組織結構的調整，工資的決定再度由中央移轉到地方，國公營企業工會好不容易才爭取到的協商權力，將因此而喪失。最後，隨著雇主鼓勵員工簽署個別契約，接受工資做為反映個人業績表現的憑據，更加使員工對工會的存在不以為意。

(一)企業組織結構的重組

多角化經營與內部組織結構的重組這兩個同步發展的過程，對於工會來說，其破壞性在於新的活動與獲利中心的勞工很少是工會會員，甚至根本沒有組織工會。以水資源業為例，雖然在核心工廠與核心產業，並沒有出現任何跡象顯示工會會員在逐漸減少之中，但是自民營化以後，出現一股非常明顯的趨勢，整個產業的工會密度在顯著減少之中。多角化與設立非管制的子公司業已使員工總數增加了 20％，其中有許多都沒有加入工會。以南部水資源事業來說，自 1989 年到 1992 年間，總員工人數上升了 25％，但是該事業單位的工會密度在同一期間，卻從 75％下降到 62％（Saunders & Harris, 1994）。因此，多角化與企業結構重組為同一個企業不同的獲利中心，開創了不同的工作條件與工資等級的發展空間，而且使工會的運作成為配角。

(二)協商層次地方化

民營化之後，具有削弱國營企業工會實力的另一股趨勢，就是將協商層次從中央移轉到地方，甚至各工廠之內。同樣地，以水資源業為例，在民營化之前，工資與勞動條件的協議，是

屬全國層級的集體協商，由三個協商機構召集十個區域水資源主管機關、二十九個法定水利公司，以及整個水利事業下的工會，共同協商後所達成的協定。雖然 1983 年水利法有將整個過程分權化的傾向，但是所有 1989 年以前的協商，還是透過這三個全國聯合會議所完成，其中涵蓋包括工資率、職級結構、工作時數、加班率、等候費與出差費、知會期限、假期、病假、仲裁與工會承認條件等等各種各樣的議題。然而從民營化的準備階段開始，十個水利主管機關，以泰晤士水利局為首，便開始規避這類全國性的協商體制，以至於時至今日全國層級的協商已經被完全廢棄不用，不同的事業單位可以而且已經各自針對工資與勞動條件，自行展開協商。

(三)個人化的核薪措施

第三項威脅到國營工會發展的是個別契約與業績關連的核薪制度的抬頭。雖然這套制度尚未普遍應用到藍領勞工身上，但是某種形式的績效相關的核薪制度，已經被大多數白領階層所採行。這類制度對工會的主要衝擊是，改變了工資決定的層次，使之由集體轉變為個人，將工會扮演的角色減至最小。愈來愈多的國營企業的管理者，主動地與民營化後的新雇主商量他們的雇傭條件。連中階主管都坦承從前十分信賴工會，但是民營化之後，他們開始注意如果繼續維持工會會員的身份，對他們生涯可能會造成不利的影響，而認為這個時候是最適合退出工會的時機。至於是否績效關連的核薪制度會被用到民營化企業的低階員工，並且產生同樣的結果，則是個尚待觀察的問題。至少到目前為止，簽訂個別契約的仍以白領員工為主，低階員工對工會的投入仍十分強烈，幾乎有三分之二的藍領工人，仍視工會為他們利益最主要的守護神。

從這三大趨勢來看，國營工會在民營化過程中的確出現了明顯式微的跡象，隨著時間的過去，工會的角色可能會愈來愈不那麼地不證自明。尤其重要的是，國營工會可能不再能夠將加入工會看做勞工理所當然的行為，英國總工會就曾針對工會式微的問題提出檢討，並且建議工會改變形象與訴求基礎，強調加入工會的好處，比方說能夠得到保險服務、私人貸款，以及金融顧問等等。不過工運人士對於這些服務在留住舊人、吸收新血上，究竟能夠發揮多大功效，深表懷疑。他們認為員工所看重的，還是工會確保一份好工資與好的勞動條件的能力，而在這些方面，工會的傳統功能確實隨著民營化的運動而在流失當中。

　　儘管不利於國營工會的局勢並未好轉，然而工會反民營化的對抗卻隨著民營化範圍的擴大而逐漸軟化。究其原因，主要有四點：第一，工會認識到保守黨持續選舉勝利所取得的優勢，及其對於市場經濟與民營化政策的堅持，所以想要以硬碰硬的方式要脅保守黨收回民營化的政策，是絕對不可能有結果的。第二，工會也深感即使日後工黨真能重整旗鼓，贏回執政權，也很難再將民營化的公司恢復公營。第三，柴契爾政府民營化政令宣導的手法，以社會大眾為促銷對象，強調民營化使民眾人人都成為小資本家的口號，使工會毫無招架之力。第四，民營化之前的國營企業，過去的經營績效並不理想，民營化之後頗有進步，不但是員工，就連工會本身，都從民營化中分享到不少利益。這種心態上的轉變，明顯地反映在 1987 年英國總工會針對社會所有制所展開的辯論上，其中多位總工會重量級的發言人便反覆強調，如果工會真想保護公營部門勞工的利益，就該集中精力去影響民營化的形式，而非鴕鳥似地一味否定民

營化的政策。這種務實精神業已成為工會最新式回應民營化政
策以及其他公營企業組織改革的作風。

第十三章
外勞與社會治安

……昨天才成立的「原住民勞工聯盟」，將自今天凌晨起在勞委會大門靜坐 24 小時，抗議勞委會的外勞政策，剝削了原住民的工作權和生存權。工人立法行動委員會也集結 40 多個工會，在立法院舉行 1996 年勞工國是會議預備會議，批判官方的勞工政策白皮書。

——1996 年 1 月 5 日＜經濟日報＞第二版

……台灣勞工陣線日前宣佈，將於勞動節發動「顧飯碗」大遊行，其訴求重點即為外籍勞工搶奪國內勞工（尤其是原住民）的工作機會，且要關廠解雇保護。

……依據就業服務法第四十一條規定：為保障國民工作權，聘僱外國人工作，不得妨礙本國人之就業機會、勞動條件、國民經濟發展及社會安定。因此，於同法第四十三條中亦規定：雇主申請外國人從事第一項第七款至第九款所規定之工作，應先以合理勞動條件在國內辦理招募，經招募無法滿足其需要時，始得就該不足人數提出申請。如依法實施，當不致影響國內勞工的工作機會；而外籍勞工所擔任的工作，也應屬於國內勞工不願從事的工作機會。此外，從公立就業服務機構所掌握的工作機會之求供倍數為 2.37，即平均每位國內勞工有 2.37 個工作機會供選擇，亦顯示：若不太挑剔的話，仍有工作機會。故很難顯示當前外籍勞工引進，與國內失業問題具有必然關係。

——1996 年 1 月 5 日＜民生報＞第二版

……台北縣警察局統計，今年一到十月縣內與外勞有關的刑案發生件數比去年增加，各類刑案中又以竊盜案達

79％最多。

　　……外事課說，一到十月共查獲非法雇主五百九十二人、非法工作外勞一千九百三十人，在各類刑案中以竊盜案最多，佔 79.49％，其中又以竊取機車及便利商店日用品為主，發生時間以十八時到次日凌晨六時所佔比例最多。

　　　　　　　　——1996 年 12 月 27 日＜聯合報＞第十六版

　　國家邊界的設立除了明顯的國防、政治與外交上的意義之外，其實對於全體國民尚具有提供就業市場所有權具體保障的功效，以便使邊界內的所有人民對於國境內的就業市場具有合法的壟斷與獨占的權利。就勞工的合法國際流動而言，通常勞動力外移國無權基於自身的利益，而禁止本國勞工自願的遷出，然而勞動力移入國則擁有選擇性接受移入勞動力的權利。如果認為移入的勞工不利於國家安全與社會安寧，可以關閉邊界的方式阻止外籍勞動力的入境。

　　若不考慮合法性、社會文化因素與邊界管制，一般說來，造成外籍勞工在國際間移動的推拉因素有二：第一是國家與國家之間出現勞動力供需失衡的現象；第二是國家與國家之間所得差距的擴大。在這種情況下，除非勞力不足的國家採取合法化引進外勞的動作非常之快，而且快過勞力不足對社會造成的嚴重衝擊，否則外勞會對社會治安造成威脅的第一種可能狀況，將是以非法外勞的形式出現。據此本章首先分析先進國家外勞使用的經驗，然後討論外勞乃不自由勞工的交換基礎，最後探討外勞與社會治安的關係。

外勞使用：先進國家經驗概說

　　就國際上使用外勞的經驗來看，自 1945 年以來大量使用移民勞工（immigrant workers）可以說是大多數先進工業國家的一項特色。這個現象，就工業化本身發展的特質而言，並無任何新穎之處，工業化原本涉及的就是原料、機器，以及勞工往新成立的生產基地集中的過程，因此總少不了勞動力的移動。這種勞動力遷移的過程，最早出現的形式是國家內部城鄉間的勞力移動，接著發生國內勞動力的供給不敷產業界需求的現象，於是出現了政府與企業有計畫地展開自國外引進勞動力的行動。例如，在英國工業化過程中，愛爾蘭人對運河的開鑿就扮演了舉足輕重的角色。

　　在西歐有三個吸納最多外勞數量的國家──法國、德國與英國，這三個國家皆有接近兩百萬的非歐洲籍的人民，占總人口數的 40％；其中西德因為擁有來自東德的大量難民，為其國內勞力市場儲備了充沛的勞動力，所以直到 1956 年才有引進外勞的具體行動出現。一般說來，這些國家的外籍勞工主要有兩種來源：第一種外籍勞工來自於這些國家的殖民地；另一種外籍勞工則來自是鄰近國家的客勞（guest workers）。在 1950 年代與 1960 年代之前，來到西歐先進國家的外勞多為鄰近國家的居民，如到法國、比利時、瑞士與德國的外勞大多來自於南歐，到英國的外勞來自愛爾蘭，到瑞典做工的多半是來自挪威的外勞（Castles, 1984；Castles & Kosack, 1985；Miles, 1986）。

　　到了 1970 年代，許多來自南歐的客勞已返回母國之後，新

的外勞則來自較爲遙遠的第三世界，如土耳其、北非、拉丁美洲、甚至非洲的難民。之後在這些先進國家掀起一陣人道主義的熱潮，促使這些外勞得以與家人團聚，而使這些外勞及其親人能夠在受雇國落地生根，成爲這些國家內新生的、永久定居的少數民族。大多數歐洲先進國家，外勞的引進一直持續到1980 年代早期，最高峰是發生在 1970 年代的末期，其中只有英國例外。飽受停滯成長與種族衝突之苦的英國，在 1962 年訂下國協移民法之後，外勞移入英國本土的情形便告終止。

從先進國家接受外勞的經驗，可以歸納出一條明顯的三階段發展路徑：經濟需求構成了第一階段引進外勞的內在動力；基於人道的因素，或爲穩定外勞心情，或爲增加外籍勞工的工作績效，而擴大外籍勞工的家族移民，於是構成了第二階段擴大接受外籍勞動力的重點；經濟蕭條出現之後，引動移民勞工與本土勞工之間的種族衝突，結果爲社會安寧埋下了潛在的隱憂，於是也引出了第三階段限制外勞入境的政策。

一、經濟動因

這些從第二次世界大戰結束之後開始啓用外勞的工業國家，剛開始啓用外勞的原因，主要是爲了戰後的重建，後來是則爲了維持經濟繁榮。引進外籍勞工首先是回應經濟復甦之後所製造的特殊人力供需瓶頸。戰後重建所帶來的經濟擴張快速地散播到每個部門，大量的本土勞工因此而獲得了上升流動，隨著本土勞工上升流動之後所空出來的低工資、粗重、安全衛生條件差，以及低技術的工作機會，就促使政府與企業引進外籍勞工來填補這些空缺所需要的人力。

到了 1960 年代中期以後，經濟擴張的情況大不如前。充分

就業促使工資成長，減少了投資的獲利率。國際競爭增加，對某些商品的需求達到飽和而趨於疲軟。為了恢復經濟成長與獲利率，雇主發展出新的策略，重新改造勞動過程——透過技術減化，把一份工作切割成一小件一小件相同的作業單元——以便從每個勞工身上抽取更高的生產量。不論是引進科技變遷，還是採用裝配線、連續生產、大量製造、輪班制度、論件計酬與績效獎金的設計，都是以提昇勞工生產力為主要目標。結果勞動力也因此而被兩極化，由一小撮受過高度訓練的技術與貿易人員，以及一大票半技術的加工工人所組成。而極高的可替代性，大大增強了雇主對於後一類工人的控制權。

外籍勞工常被雇用來從事骯髒、危險、偏遠地區、輪調或夜班的工作。不過隨著雇主成功地改造了勞動過程之後，外籍勞工在勞資政治角力過程中，更是扮演一個關鍵性的角色。充分就業的情況使勞工與工會可以得到較好的工資與勞動條件。為了應付這個局面，雇主通常會尋求勞力市場彈性措施來加以反制，以便贏回主動權，這通常意味著要創造一票等待雇用的失業人口。在這個策略下，世界上邊陲國家的廉價勞工，就被視為幫助先進國家維持獲利率的工業後備軍。而引用外勞，便是雇主實現這個目標、重獲勞力市場主控權的主要武器。

二、社會成本

到了 1970 年代，石油危機爆發，使得西歐各國陷入了長期的經濟不景氣，社會上逐漸傳出外籍勞工搶奪本土勞工就業機會的指責。再加上外籍勞工，不論是合法的或是非法的，滯留期間也愈拉愈長，連失業的外勞都有長期居留的傾向，這種種現象在經濟繁榮時期，常因為就業機會多、大夥兒忙著賺錢，

就算外勞與日遽增是社會上有目共睹的事實，也少有人在乎。
但是一旦局勢逆轉經濟蕭條臨頭，雖然雇用外籍勞工的主要部
門——製造業、營造業，與某些特定的服務業部門——已經大
量縮減，由於缺乏具有競爭性（教育、職業訓練，以及流暢的
語言能力）的市場技術，以至於外籍勞工仍然大量集中於勞力
密集、工資低廉的生產部門，如汽車裝配線，男性外籍勞工成
了勞力市場的主力，而電子產品裝配線，則大多數成了女性外
籍勞工的天下。再加上勞力市場的種族歧視，高比例的外勞依
然是低報酬、高危險性、靠出賣體力的就業市場的主要勞力供
給者。

　　儘管如此，有限的就業機會不斷強化外籍勞工掠奪走本土
勞工工作機會的印象，隨著本土勞工與外籍勞工之間摩擦與衝
突的日益增加，仇視外籍勞工的情緒也在社會各個角落慢慢擴
散開來。表面上，這種現象似乎印證了外勞的雇用對本土勞工
產生了明顯的排擠作用，搶走原本屬於本土勞工的就業權利。
然而，到了這個時候，即使政府在維護社會安寧的大原則下，
改變早期開放外籍勞工進口的政策，採取嚴格的限制入境，甚
至遣送回國的措施，都難以立即消除經濟擴張時所創造的外籍
與本土勞工之間的職業隔離。理論上，政府是可以籌劃各種措
施來獎勵甚至強迫失業的本土勞工，從事被社會上認定為是「屬
於外勞」的工作，以改善國內失業的程度。然而，實際上若採
取強制措施，勢必得付出高昂的政治與社會代價，因此政府通
常不會輕易採取這項選擇；至於鼓勵措施，要本土勞工拋棄已
經定型的「本土／外勞」的職業區隔，更不可能是件容易實踐
的事。而且此時若發生本土勞工寧願失業也不願意從事外勞做
過的工作，那就不是單純的「好逸惡勞」所能解釋清楚的。

三、政府的角色

從先進國家簡短的外勞引進歷史經驗來看，政府在外籍勞工的聘雇，以及外勞在勞力市場與社會政治地位的規範上，都扮演著非常重要的角色。不過，幾乎沒有一國的政府在制訂引進外勞的政策時，是有長期規劃的，大多數是被動反應的，待問題出現後才頭痛醫頭、腳痛醫腳地處理與外勞有關的社會、政治與公共秩序的問題。正因為外勞政策從一開始就是出於對產業界勞力需求的一種回應，所以在經濟繁榮時期，外籍勞工的角色基本上是經濟性的，政府關心的是盡快滿足企業對勞動力的需求。到了經濟不景氣的時期，大量的外籍勞工失去了正式的就業資格，構成一個浮動的、邊際的潛在勞動力。面對著失去工作等於失去居留權的外籍勞工，可能成為潛在的非法移民，政府頓時卻不知所措，一時之間提不出具體的作法。這種急就章式的滿足企業勞動力需求的外勞政策，不但使外勞政策的制訂充滿了臨時性格，而且塑造了引進國的外籍勞工移民際遇的三部曲——因製造業的結構重組而獲得活躍於引進國的機會、遇到經濟緊縮而被趕出正式就業部門，以至於游離於失業與非正式部門不規則工作之間，成為引進國的次等公民。

合法外勞實為不自由的勞工

自從工業化開始以來，調節勞動力的遷移便成為國家的重要任務。引進外勞不僅是因為經濟蓬勃發展而產生急待解決的勞動力不足的問題，而且更是因為外勞提供一種特殊的勞動

力，這種勞動力的徵募管道是建立在一種非正式的、制度化的歧視之上，以外勞輸入國的利益為唯一考量的條件下，透過法律的保護，將外勞變成一種「不自由的勞工」（unfree labour）。所謂不平等的法律待遇，主要是指根據種族或民族的基礎，來制訂有限的公民權條款。外籍勞工不具有就業自由，而且法律也不授予其與本土勞工同等的雇傭待遇。而主要的原因是外籍勞工的就業機會得自於引進國雇主試圖扭轉國內勞資政治角力戰的一項策略運用，因此外勞得不到和引進國雇主進行勞動條件議價的平等權利。事實上，外籍勞工只有在某些條件下，才能入境工作，而且只限於某種部門的工作。除此之外，外勞在居住權、市民權與政治權上也受到相當的限制。就某種度上來說，外勞制度其實是建立在一種制度化的不平等關係之上，這種不平等的關係被引進國視為合法、但是在本質上卻脫離不了歧視的一種制度，可以說是一種特殊類型的結構化種族主義（structured racialism）。

不自由勞工的使用，在資本主義世界發展史上，曾經以各種不同的面貌出現，而外籍勞工只是其中的一種。舉例來說，在美洲與加勒比海地區大農莊上的農奴制度，為英國、法國與其他歐洲國家的工業革命抽取相當可觀的資本；教區學徒制度也為英國早期煤礦與工廠的生產活動提供必要的勞動力；法國與德國的生產學校與救濟院仰賴對於家境貧困兒童的剝削；早期澳洲的發展主要靠的是被英國流放的監獄囚犯的勞動力；還有納粹使用幾近七百萬的集中營戰俘，來發展戰時的德國經濟；南非的經濟更是建立在種族隔離制度之下，少數白人資本家剝削多數黑人勞工的基礎之上（Castles，Kalantzis，Cope & Morrissey，1990：82）。

大體上，使用不自由的勞工對企業界有兩種好處：第一、使用不自由的勞工使企業界可以用較低的工資購買到幾近等值的勞動力，同時也增加了本地勞工要求較佳勞動條件的難度。第二、使用不自由的勞工也可分裂勞工，削弱工會的團結。第一次世界大戰以前德國企業聯手雇用波蘭勞工，為的就是藉助廉價勞工來破壞德國勞工所動員的罷工運動。對這項企業引進外勞策略，本土勞工的反應除了積極地抗拒外籍勞工的引進、要求政府出面保障勞工的權利與勞動條件之外，尚且消極地發展出一種防禦性的、帶有種族歧視的態度來對待外籍勞工。這種現象在十九世紀英國對愛爾蘭勞工、第一世界大戰前德國對波蘭勞工、掏金熱前後澳洲對非白人勞工，以及二次大戰後歐美國家對黑人勞工的身上都顯露出來（同前引：82-83）。其實，除了移民勞工與本土勞工之間因就業機會的稀少而爆發的種族衝突之外，外勞所引起的直接與間接社會衝突尚包括：(1)因外籍勞工接受較低的工資，而引發的本土勞工與資本家間的衝突；(2)因同為市場競爭對手，而引起不同種族外勞之間的衝突與對立；(3)因本土民眾對不同文同種、又從事低賤工作的外勞的懷疑與不信任，而引發的衝突。

外勞與社會治安：台灣經驗檢討

民國 79 年勞委會制訂開放外勞政策本身所反應的理念，就是為了解除非法外勞的不可控性，將國內過剩的勞動市場空缺經過有系統的規劃之後，合法地開放給外籍勞工，以便能有系統地管制外籍勞工在國內勞動力市場的活動。事實上，造成非

法外勞氾濫與推動合法外勞的引進的社會經濟條件大抵相同。建立合法的外勞引進制度主要目的不外是在彌補勞動力不足之弊的同時，收到杜絕非法外勞猖獗的效果。外籍勞工非法就業的情況若日益嚴重，將對流入國的國內勞動市場帶來極嚴重的不良影響。接受低廉工資的非法外勞，首先會對工資與勞動條件產生負面的影響，進而影響到本土勞工的就業權益。

至於外勞引進是否一定會造成社會安寧的危機，則端視外勞引進制度的合理性而定，與外勞的種族屬性當無重大關連。除非有理由相信非本國籍的勞工是天生的壞傢伙，否則這種看法與早期歐美國家視華籍工人為骯髒低賤的「黃禍」，同樣是帶有濃厚種族歧視的偏見。即使外勞為引進國的社會安寧可能帶來負面的、不利的影響，大多數的情況多半與引進外勞的制度這個中介變項有關，如果外勞引進制度只把外勞當成「商品」來處理，而忽略外勞尚是個具有人性需求的社會個體，那麼因文化衝擊與社會適應不良而產生的反社會行為，便不是一紙良民證所能保證得了的，更不是外勞的國籍所該承受的指責。

一、外勞逃跑

在外勞引進合法化之後的第二年，普遍出現了合法外勞於契約將屆之際逃跑的現象，於是引起社會上對於合法外勞再度轉變成非法外勞這個問題的重視。自民國 83 年起外勞逃跑、非法滯留的情況，便日漸增加。根據勞委會提供的資料，民國 83 年底，外勞逃跑人數為三千九百人，到了 84 年底，突增為近一萬一千人左右。外勞逃跑這種現象的出現與惡化，遂使國內外勞的市場再度擴大為合法與非法的兩個區域。這究竟是何道理？

表 13-1　製造業與營造業外勞逃跑嚴重程度之比較：民國
　　　　　83 年

行業別	總共家數	沒有外勞逃跑比例	有外勞逃跑比例	目前在台外勞人數	逃跑外勞人數	逃跑外勞比例（％）
總　計	9,725	76.05	23.95	144,216	3,900	2.7
製造業	9,405	76.84	23.16	113,223	2,813	2.5
營造業	320	53.10	46.90	30,993	1,087	3.5

資料來源：中華民國 83 年台灣地區外籍勞工管理及運用調查報告，行政院
　　　　　勞委會，民國 84 年 3 月。

　　就外勞逃跑的記錄來看（見**表 13-1、表 13-2**），根據民國
83 年的資料，引進外勞的企業共有九千七百餘家，總共引進接
近十四萬四千名外籍勞工，其中有九千四百多家屬製造業，雇
用了十一萬三千餘名外勞；三百二十家屬營造業，雇用了三萬
餘名外勞。根據民國 84 年的資料，引進外勞的企業總共有一萬
三千五百餘家，共引進接近十六萬五千名外籍勞工，其中有一
萬三千多家屬製造業，雇用了十二萬六千餘名外勞，近五百家
屬營造業，雇用了三萬八千餘名外勞。

　　其次，比較這兩大引進外勞的產業在遭遇外勞逃跑的企業
家數占整體雇用外勞企業家數上的比例，則發現連續兩年的資
料顯示，營造業個別業主遭遇外勞逃跑的情形（47％與 57％）
遠多於製造業個別業主（23％與 40％）；但就逃跑外勞人數占
該產業總雇用之已經在台之外勞人口的比例來看，民國 83 年的
資料顯示，製造業有兩千八百名外勞逃跑，逃跑比例為 2.5％，
營造業有一千多位外勞逃跑，逃跑比例為 3.5％，是以營造業外

表 13-2　製造業與營造業外勞逃跑嚴重程度之比較：民國
　　　　84 年

行業別	總共家數	沒有外勞逃跑比例	有外勞逃跑比例	目前在台外勞人數	逃跑外勞人數	逃跑外勞比例（％）
總計	13,508	59.02	40.98	164,972	10,175	6.17
製造業	13,012	59.64	40.36	126,402	7,998	6.33
營造業	496	42.66	57.34	38,570	2,177	5.64

資料來源：中華民國 84 年台灣地區外籍勞工管理及運用調查報告，行政院
　　　　　勞委會，民國 85 年 2 月。

勞逃跑情形較值得關注。到了民國 84 年，製造業外勞逃跑人數
驟增至近八千名，而營造業也呈上升趨勢，有近兩千兩百名外
勞逃跑的記錄，兩產業外勞的逃跑比例，各為 6.3％與 5.6％。
單就這兩年的資料做一簡單的比較，外勞逃跑的嚴重程度有從
營造業轉向製造業的趨勢。

　　可惜沒有製造業各部門外勞逃跑人數的詳細資料，不過單
獨就製造業內各產業遭遇過外勞逃跑業主的比例資料來看，其
中又依次以皮革毛皮（近 57％）、紡織（55％）、精密機器（47
％）、成衣服飾（46％）與機械製造（46％）五大產業，為遭
遇外勞逃跑問題最為嚴重的製造業部門（見**表 13-3**）。換句話
說，引進外勞的製造業當中，大約有一半的業主遭遇過外勞逃
跑的問題。

　　至於逃跑的外勞有些什麼特性呢？除了從業主方面得到的
若干資料，如與本地勞工關係不好、本身工作表現不佳、工作
效率低、工作不勤勞、勞資關係不好之外（見勞委會調查報告，

表 13-3　民國 84 年製造業內外勞逃跑最嚴重的五大產業

行業別	皮革、毛皮業	紡織業	精密器械業	成衣服飾業	機械設備業
逃跑比例	56.73%	54.85%	47.37%	46.25%	46.13%

資料來源：中華民國 84 年台灣地區外籍勞工管理及運用調查報告，行政院
　　　　　勞委會，民國 85 年 2 月。

1996：24-25），逃跑之外勞都半以受雇於三百人以上的大企業
為多（三百人到五百人的企業中有 71%，五百人以上的企業也
有 69%遭遇外勞逃跑情形），而且以月薪三萬元以下的外勞為
主（見表 13-4）。

　　外勞為何要逃跑呢？合法外勞為何不珍惜好不容易才得到
的合法身份，寧願逃跑轉變成為非法外勞呢？這個問題可能就
得再度回到制度層面才能解釋得清楚。依照民國 85 年聘雇外勞
的就業服務法規定，外勞的工作期限為兩年，就業滿兩年後（現
已延長為三年），不論在台表現如何，都不得再來台工作。這
個規定對於許多面臨契約即將到期的合法外勞來說，馬上便構
成未來毫無保障的壓力，再加上回國之前還要付出一筆金錢，
完成納稅的義務，這種待遇間接在合法外勞之間培養出一種投
機心理，反正不管表現得好不好，都不會為自己帶來好處，反
觀不守法的人不但賺得更多，而且不要納稅，就算到最後被逮
到，連回家的機票都省了。既然守法不逃跑並不能為外勞贏得
留台繼續工作的機會，那為何要遵守規定不逃跑呢？或許這正
是每個契約即將到期的外勞內心的疑惑。

　　從另一方面來說，有外勞逃跑，能夠活得下去不被捉到，
就表示有非法外勞的雇用市場。那麼問題是為何有業主要雇用

表 13-4　逃跑勞工之受雇特性

受雇企業之規模（人）					領受薪資之類別					
1~29	30~99	100~299	300~499	500+	14880以下	14880到 2 萬	2 萬到3 萬	3 萬到4 萬	4 萬到5 萬	5 萬以上
30.72	43.06	57.28	70.92	68.77	40.98	40.69	42.21	39.65	33.85	-

註：第三列之資料為逃跑外勞佔該欄單欄比例。
資料來源：中華民國 84 年台灣地區外籍勞工管理及運用調查報告，行政院
　　　　　勞委會，民國 85 年 2 月。

非法外勞呢？對企業來說，兩年到期就得走人的規定也形成了一種投資上的浪費，花了兩年的時間將語言、技術都不熟悉的外籍勞工，培養成半技術的勞工，結果契約一到期，一切訓練皆付諸東流。由此可見，這種外勞居留與任用期限規定上的弊端，不但鼓勵外勞逃跑，可能也間接鼓勵企業違法留人。

二、外勞犯案

　　由上述可知，在諸多法令限制之下，除了正式核准入境工作的外勞之外，外勞這個族群尚有經由非法管道入境之外勞，與合法受雇卻因故脫逃而轉變成非法外勞。若就合法與非法外勞的違法記錄來看他們對社會治安的威脅，則可以發現下列一些有趣的事實。根據民國 83 年與 84 年的資料顯示，外勞犯罪情形有上升的趨勢，就犯罪案件與人數來看，兩年內增多了近一百件，犯案人數增加了一百多人（見**表 13-5**）。雖然兩年來合法外勞觸犯法網的人數，皆占該年在台外勞人數的千分之一左右，但是比起非法外勞違法行為的增加速度來說，合法外勞

表 13-5　非法與合法外勞犯罪情形比較表

年代	總計		非法外勞		合法外勞		
	件數	人數	件數	人數	件數	人數	占合法外勞比例
1994	213	273	35	45（16%）	73	107（39%）	0.7‰
1995	301	397	39	49（20%）	169	241（61%）	1.5‰

資料來源：警政署外事組，民國 85 年。

違法行為的增長率相當嚴重，83 年合法外勞的犯罪人數占總外籍犯罪人士百分比是非法外勞的兩倍多（39%對 16%），到了 84 年增加到三倍以上（60%對 20%）。這筆數字難道意味著合法外勞比非法外勞更無所顧忌、不珍惜自己得到的工作機會？其次，這兩年來外勞的犯罪類型多集中在竊盜一類，不過百分比也有升高的趨勢，83 年竊盜類占總類型的 41%，到 84 年上升至 63%。除竊盜之外，其它重大犯罪類型，83 年度依次是傷害（9%）、偽造文書（7%）、強盜（7%）、殺人（5%）、強姦（5%）；84 年則是傷害（12%）、殺人（10%）、強盜（2%）、偽造文書（2%）、強姦（2%）。根據這筆資料可以很清楚的釐清大眾傳播媒體有刻意凸顯外勞性需求的不得滿足，與誇大外勞觸犯強姦罪行的嚴重程度，誤導民眾對外勞的印象。其實另一項值得注意的違法行為，倒是偽造文書。偽造那一類的文書，居留權？簽證時效？或是良民證？還是其它，值得深究。至於為何外勞以觸犯竊盜罪為多？有無可能和台商在大陸的遭遇一樣，來自東南亞的外勞也有「共老板的產」的

表 13-6　合法外勞主要犯罪類型所涉及之人數

年代	竊盜	殺人	傷害	強姦	妨害風化	偽造文書	搶奪	強盜	恐嚇	總計
1994	44 41%	5 5%	9 8%	5 5%	3 3%	7 7%	2 2%	7 7%	4 4%	107
1995	151 63%	29 12%	24 10%	4 2%	2 1%	5 2%	1 0%	6 2%	1 0%	241

資料來源：警政署外事組，民國 85 年。

「文化」，還是這種行為有其它原因可以解釋？

　　就引進外籍勞工之國籍來看，以來自泰國的勞工為主，其次為菲律賓、印尼與馬來西亞的勞工。根據資料，民國 83 年有 69％的外勞來自泰國，25％來自菲律賓，4％來自印尼，2％來自馬來西亞；到了 84 年，引進自這四國的外勞人數依次為 67％、29％、3％、1％。就這些數字來看，引進泰勞、印勞、馬勞的比例有減少的現象，似乎透露著國內業者有偏好引進菲勞的傾向。承上所述，合法外勞觸法情形有增加的趨勢。就觸法外勞的國籍來分析，則可以發現，合法外勞中雖以泰勞觸法的情形最為嚴重（83 年有六十四人，84 年有一百八十人，增加了兩倍多），但是以占該國外勞的總人數來說，在千分之一左右，並不比印勞或馬勞來得高。相對而言，在這四國之中，菲律賓籍的外勞犯罪的情況反倒顯得比較穩定些。至於這個特性是否構成對菲勞的偏好，則有待更為詳盡的資料，方得定論。

表 13-7　來自東南亞之外籍勞工的犯罪狀況

| 年代 | 泰勞 | | | | 菲勞 | | | | 印勞 | | | | 馬勞 | | | |
| | 非法 | | 合法 | | 非法 | | 合法 | | 非法 | | 合法 | | 非法 | | 合法 | |
	件數	人數	件數	人數	件數	人數	件數	人數	件數	人數	件數	人數	件數	人數	件數	人數
1994	16	26	41	64	5	5	21	26	7	7	4	7	4	4	7	10
1995	18	24	120	180	8	11	40	46	4	5	6	12	1	1	3	3

資料來源：警政署外事組，民國 85 年。

三、對策檢討

　　開放外勞進入國內市場的決策，多半是希望來自國外的額外勞動力能夠扮演起推動經濟成長引擎的角色，適時地為經濟發展助上一臂之力，至於最後這一批批的外籍兵團是否能扮演好這個角色，還是會演變到類似西方先進國家一樣的窘況，成為成為社會治安的一棵不定時炸彈，那就有必要針對引進外勞可能會帶來的幾種常引人疑慮的重大社會後果，做番檢討。

　　首先是有關於外勞會減少本國勞工的就業機會、阻礙國內勞工改善勞動條件，以及延緩產業結構的調整所引發的比較深層社會安定的問題。引進外籍勞工的作法，究竟是救一時之急，還是放任企業對本國勞工採取以量來制價的策略，透過人為的方式來干預市場的運作，目的在維持現狀，不求勞動條件、技術等級的改進，則有必要深入調查。人力短缺在不同的國家造

表 13-8　來自東南亞之外籍勞工違法人數各占其在台人數之
　　　　　比例

年代	泰勞		菲勞		印勞		馬勞	
	受雇人數	違法比例（‰）	受雇人數	違法比例（‰）	受雇人數	違法比例（‰）	受雇人數	違法比例（‰）
1994	108,986	0.6	39,876	0.7	6,240	1.1	2,430	4.1
1995	133,953	1.3	57,683	0.8	5,731	2.1	2,186	1.4

資料來源：職訓局統計室與警政署外事組，民國 85 年。

成大小不等的社會經濟效應，有些國家得以藉此機會從依賴勞
力密集的裝配業，順利地轉型成爲重視附加價值的服務業，或
是重視技術創新的高科技產業。所以，與其制訂引進外勞的上
限來防堵，不如同時強迫引進外勞的企業定出實施研究發展與
技術升級的時間表，據此對之施以外勞額度申請的管制。

　　其次，除非台灣對經濟不景氣有免疫能力，否則對經濟緊
縮可能造成外勞與本國勞工之間因有限就業機會而發展出緊張
與對立的關係，執政者可不能不有所警惕、提防。不過就目前
來看，其實會與外勞競爭相同勞力市場的群體，極有可能是原
住民勞工。所以，外勞與原住民之間對勞力市場競爭的問題值
得進一步的注意與觀察。很難說，原住民與外勞之間不會爆發
出明顯的衝突，但是若造成原住民產生被社會排斥的隱性心理
情結，那可能是更爲嚴重的社會隱憂。不過，解決之道並非沒
有，區隔外勞與原住民的勞力市場是其中之一，提升原住民的
技術層級，盡量避免原住民被擠進社會要淘汰的產業是其二，

職訓局其實應有不少這類的方案。

另外有人指出在國內許多搶劫、殺人、強暴、偷竊、暴力犯罪事件中，外籍勞工涉及的案件增多，因而論斷外勞有危害社會治安之說。其實對於此說，可以提出一個反命題來加以反駁。照理說，為了保證引進之外勞的安全性，在其申請入境工作時，會要求其提供類似良民證之類的文件，以證明其至少不具危害社會的前科。除非我國外勞審核程序上並未有這項規定，若有，那麼來台工作前都是規規矩矩的良民，來台工作後變成殺人、搶劫的匪徒，那麼這個問題更值得國人深思，究竟是外勞對不起我們的社會，還是我們這個社會或者說引進外勞的事業單位的罪過？

至於與外勞逃跑相關的問題，有人認為，自雇主發現外勞脫逃到向警察機關報案之間有一段時差，而查獲率僅 28％左右，所以取締不力是造成外勞逃脫的最大原因。對於此說，強化取締逃跑外勞的警力，是否便是最有效的解決之道，則有待商榷。至少，解決這個問題有不少消極方面的措施可供參考，例如，日本政府認為該國境內外籍勞工充斥主要是因為小企業不願意支付較好的待遇來招募本地勞工，所以採取緊縮措施，嚴格管制對外國勞工的簽證發放（李仲辰，1993：68）。此外，相對於日本的措施，1980 年代的西德與法國，除了停止引進歐洲共同體以外的勞工之外，並且以支付歸國費用的方式來鼓勵外勞回歸母國。

前面已有論述，導致外勞逃跑的主因以制度面的因素居多。若能接受導致外勞逃跑肇因不在於外勞本身，或是他們邪惡的本性，而是在於引進外勞的制度將外勞視為一個物件、一項商品，而非需要人性同理心關照的一個人的問題上。那麼較

爲積極的作法，應該是開放移民或者授與延長居留作爲正面積
極的誘因，獎勵外勞奉公守法。長久以來，這個作法一直未被
公開加以討論辯論，究其主因，多半是出於台灣地區已經是地
狹人稠的彈丸之地，實在無法承受移民壓力的主觀認定。其實，
直覺上說似乎如此，但是與其讓外勞透過非法的手段、黑市地
下的存在方式，來達到變相移民的目的，還不如鼓勵外勞彼此
之間從事良性的相互競爭，來取得延長居留的權利，帶動起以
良幣自動驅逐劣幣的效果。換句話說，如果能夠透過有效的制
度設計，盡可能確保留下來的合法外勞都是「好貨」，那麼就
算是開放給他們移民資格，又有什麼值得擔心的呢？這是就提
供積極誘因的方式來鼓勵外勞表現出有利於社會安寧、族群相
處的行爲而言。另一方面，對於違法雇用非法外勞的企業，也
可比照日本處以重罰（高額的罰金、拘刑）的方式來加以嚇阻，
以從根斷絕非法外勞市場。

參考文獻與建議閱讀書目

一、中文部份

丁幼泉

　1978　《勞工問題》，台北：華欣文化。

王麗容

　1993　「企業福利的雙原性格和其組織性功能」，社會科學
　　　　論叢，台大法學院。

朱柔若

　1996　《政經發展與工運變遷之跨國分析》，台北：華泰書
　　　　局。

李仲辰

　1992　＜亞洲活絡的經濟成長改變勞工遷移及就業形態：外
　　　　籍勞工系列（一）＞，《勞工行政》，第 48 期：49-
　　　　53。

李仲辰

　1993　＜東亞富裕國家正面臨非法外籍勞工問題：外籍勞工
　　　　系列（九）＞，《勞工行政》，第 61 期：66-68。

林大鈞

　　1994　《勞工政策與勞工法論》，台北：華泰書局。

高崇耀

　　1992　非法外籍勞工對美國勞動市場之影響，《勞工研究季刊》，第 106 期：92-100.

陳國均

　　1974　《勞工問題》，台北：三民書局。

陳繼盛

　　1994　《勞工法論文集》，台北：陳林法學文教基金會。

勞委會

　　1996　中華民國八十四年台灣地區外籍勞工管理及運用調查報告，行政院勞工委員會，民國八十五年二月。

張天開　1990　《部份工時工作》，台北：中國文化大學出版部。

詹火生、柯木興、張志銘、楊瑩

　　1992　《主要國家勞工福利制度之研究》，勞工行政委託叢書 11 集，台北：行政院勞工委員會。

黃寶祚

　　1993　《勞工問題》，台北：五南圖書公司。

鄭玉瑞

　　1995　＜從解凍外勞引進再談外勞問題＞，《勞工行政》，第 81 期：38-41。

鄭玉瑞

　　1995　＜引進外勞政策的回顧與探討＞，《勞工行政》，第 85 期：41-45。

蔡宏進

1991　＜台灣外籍勞工可能造成的不良社會影響＞，《勞工行政》，第 41 期：14-22。

羅志如、范家驤、厲以寧、胡代光

1993　《現代西方經濟學說》，台北：揚智文化。

羅業勤

1995　＜經社變遷中如何強化勞資關係＞，《邁向二十一世紀勞工關係政策選集》，台北：勞雇合作關係基金會。

二、英文部份

Alpert, William T. & M. N. Ozawa

1986　'Fringe Benefits of Workers in Nonmanufacturing Industries', *American Journal of Economics and Sociology* 45(2):173-188.

Bacon, N. & J. Storey

1993　'Individualisation of the Employment Relationship and the Implications for Trade Unions', *Employee Relations* 15(1):5-17.

Beaumont, P. B.

1986　'Industrial Relations Policies in High-Tech Firms , New Technology', *Work and Employment* 1(2): 152-9.

Beaumont , P. B. & R. I. D. Harris

1990　'Union Recruitment and Organising attempts in Britain in the 1980s', *Industrial Relations Journal* 21 (4): 274-86.

Beechey, B. & T. Perkins

1987　'A Matter of Hours, Women, Part-time Work and the

Labour Market ' , Cambridge: Polity Press.

Beynon, Huw

1987 'Closures : The Threat and the Future for Labour', in *The Politics of Industrial Closure*, Tony Dickson & David Judge eds., London: Macmillan.

Blackburn, & Prandy

1965 'White-Collar Unionization: A Conceptual Framework', *British Journal of Sociology* 16: 111-122.

Blinder, A. S.

1990 *Paying for Productivity*. Washington D. C.: The Brookings Institution.

Blyton, P.

1989 'Working Time Reduction and the European Work-sharing Debate', in *Current Issues in Labour Relations: An International Perspective*, A. Gladstone, R. Lansbury, & J. Stieber, T. Treu, & M. Weiss eds., Berlin: De Gruyter.

Braverman, H.

1974 *Labor and Monopoly Capital*, New York: Monthly Review Press.

Brewster, C. & H. H. Larsen

1992 'Human Resource Manage-ment in Europe', *International Journal of Human Resource Management* 3(3): 409-34.

Brown, W.

1993 'The Contraction of Collective Bargaining in Britain,'

British Journal of Industrial Relations 31(2): 189-220.

Bruce, W. M.

　1990　*Problem Employee Management*, New York: Ouorum
　　　　Books.

Buchko, A. A.

　1992　'Effects of Employee Ownership on Employee Attitudes',
　　　　Work and Occupation 19 (1): 59-78.

Burad, S., P. Aschbacher, & J McCrosky

　1984　*Employer-supported Child Care: Investing in Human
　　　　Resources*, Boston: Auburn House.

Bytheway, B.

　1986　'Making Way: the Disengagement of Old Workers', in
　　　　*Dependency and Interdependency in Old Age-
　　　　Theoretical Perspectives and Policy Alternatives*, C.
　　　　Phillipson, M. Bernard & P. Strang eds., Beckenham:
　　　　Croom Helm.

Campbell, D. C.

　1989　'Work-sharing and Labour Market Flexi-bility: A
　　　　Comparative Institutional Analysis', in *Current Issues in
　　　　Labour Relations: An International Perspective*, A.
　　　　Gladstone, R. Lansbury, & J. Stieber, T. Treu, & M.
　　　　Weiss eds., Berlin: De Gruyter.

Carchedi, G.

　1977　*On the Economic Identification of Social Classes*,
　　　　London: Routledge & Kegan Paul.

Casey, B.

    1988   *Temporary Employment: Practice and Policy in Britain*, London: Policy Studies Institute.

Casio, W. F.

    1980   *Costing Human Resources*, Boston: PWSKENT Publishing Company.

Castles, S.

    1984   *Here for Good-Western Europe's New Ethnic Minorities*, London : Pluto Press.

Castles, S., M. Kalantzis, B. Cope , & M. Morrissey

    1990   *Mistaken Identity Multiculturalism and the Demise of Nationalism in Australia*, Sydney: Pluto Press.

Castles, Stephen & Godula Kosack

    1985   *Immigrant Workers and Class Structure in Western Europe*, London: Oxford University Press.

Causer, G. & C Jones

    1992   'Responding to 'Skill Shortages': Recruitment and Retention in a High Technology Labour Market', *Human Resource Management Journal* 3 (3): 1-20.

Clarke, Thomas & Christos Pitelis

    1993   'Introduction: The Political Economy of Privatization', in *The Political Economy of Privatization*, Thomas Clarke & Christos Pitelis eds., London & New York: Routledge.

Claydon, T.

    1989   'Union derecognition in Britain in the 1980', *British*

Journal of Industrial Relations 27(2): 214-24.

Clegg, Hugh Armstrong

  1979　The Changing System of Industrial Relations in Great Britain. Oxford: Basil Blackwell.

Coates , K & T. Topham

  1972　The New Unionism. London : Owen.

Coopey, J. & J. Hartley

  1993　'Reconsidering the Case for Organisational Commitment', *Human Resource Management Journal* 2(4): 18-32.

Crompton, R., & J. Gubbay

  1977　*Economy and Class Structure*, London: Macmillan.

Crompton, Rosemary & Kay Sanderson

  1990　*Gendered Jobs and Social Change*, London: Unwin Hyman.

Cronin , James E. ,

  1984　*Labour and Society in Britain: 1918-1979*, London: Batsford Academic and Educational.

Dale, A. & C. Bamford

  1988　'Older Workers and the Peri-pheral Workforce: the Erosion of Gender Differences', *Aging and Society* 8(1): 43-62.

Dale, E.

  1954　'Union-Management Cooperation', in *Industrial Conflict*, A. Kornhauser, R. Dubin & A. M. Ross eds., New York: McGraw-Hill.

Deacon, Alan

    1981   'Unemployment and Politics in Britain since 1945', in *The Workless State: Studies in Unemployment*, Brain Showler & Adrian Sinfield eds., Oxford: Martin Robertson.

Delson, Lei

    1989   'Improving the Employability of the Disabled: A Practical Approach' *International Journal for the Advancement of Counselling* 12(2): 125-135.

Delsen, Lei

    1990   'European Trade Unions and the Flexible Workforce', *Industrial Relations Journal* 21(4): 260-273.

Dickson, Tony & David Judge

    1987   'The Politics of Industrial Closure', in *The Politics of Industrial Closure*, Tony Dickson & David Judge eds., London: Macmillan.

Dickson, T., H. V., P. Prior & K. Swales

    1988   'Big Blue and the Unions: IBM, Individualism and Trade Union Strategies. Work, Employment and Society, 2 (4): 506-20.

Disney, R.

    1990   'Explanations of the Decline of Trade Union Density in Britain: An Appraisal', *British Journal of Industrial Relations* 28(2): 165-77.

Dunn, S.

    1993   'From Donovan to .... Whenever', *British Journal of*

Industrial Relations 31(2):169-87.

Edwards, Paul et al.

    1992   'Great Britain: Still Muddling Through', in *Industrial Relations in the New Europe*, Anthony Ferner & Richard Hyman eds. Oxford : Blackwell.

Ernst, John

    1994   Whose Utility? *The Social Impact of Public Utility Privatization and Regulation in Britain*, Buckingham: Open University Press.

Evans, S.

    1985   'Use of Injunctions in Industrial Disputes', *British Journal of Industrial Relations* 23(1):133-7.

Fernie, S. & D. Metcalf

    1995   'Participation, Contingent Pay, Representation and Workplace Performance: Evidence from Great Britain', *British Journal of Industrial Relations* 33(3): 379-416.

Findlay, P.

    1987   'Resistance, Restructuring and Gender: The Plessey Occupation', in *The Politics of Industrial Closure*, Tony Dickson & David Judge eds., London : Macmillan.

    1993   'Union Recognition and Non-Unionism: Shifting Fortunes in the Electronics Industry in Scotland', *Industrial Relations Journal* 24 (1): 28-43.

Fine, Ben

    1992   *Women's Employment and the Capitalist Family*, London & New York : Routledge.

Freeman, Richard B.

    1981   'The Effect of Unionism on Fringe Benefits', *Industrial and Labor Relations Review* 34(4): 489-509.

Freeman, R. & J. Pelletier

    1990   'The Impact of Industrial Relations Legislation on British Union Density', *British Journal of Industrial Relations* 28(2): 141-164.

Garrahan, P. & P. Stewart

    1991-2 'Work Organization in Transition: The Human Resource Management Implications of the Nissan Way', *Human Resource Management Journal* 2 (2): 46-62.

Giele, Janet Z.

    1992   'Promise and Disappointment of the Modern Era: Equality for Women', in *Women's Work and Women's Lives: the Continuing Struggle Worldwide*, Hilda Kahne & Janet Z. Giele eds., Westview Press Inc.

Goldthrope, John et al.

    1968-9 *The Affluent Worker in the Class Structure*. Cambridge: Cambridge University Press.

Gospel, Howard F. & Gill Palmer

    1993   'Perspectives on Industrial Relations', in *British Industrial Relations*, London & New York: Routledge.

Gregg, P. & A. Yates

    1991   'Changes in Wage-Setting Arrangements and Trade Union Presence in the 1980s', *British Journal of Industrial Relations* 29(3):361-76.

Guest, David

    1987   'Human Resource Management and Indu-strial Rela-tions', *Journal of Management Studies* 24(5):503-21.

    1989   Human Resource Management: Its Implications for Industrial Relations and Trade Unions, in *New Perspectives on Human Resource Management*, J. Storey ed., London: Rourtlege.

    1991   'Personnel Management : the End of Orthodox?', *British Journal of Industrial Relations* 29(1): 149-175.

Guest, David & Riccardo Peccei

    1994   'The Nature and Causes of Effective Human Resource Management', *British Journal of Industrial Relations* 32(2): 219-242.

Gustman, Alan L., Olivia S. Mitchell , & Thomas L. Steinmeier

    1994   'The Role of Pensions in the Labour Market: a Survey of the Literature', *Industrial and Labour Relations Review* 47(3): 417-438.

Haworth, Nigel & Harvie Ramsay

    1987   'Labour and Manage-ment Strategies in the World Market: The Plot Thickens', in *The Politics of Industrial Closure*, Tony Dickson & David Judge eds., London: Macmillan.

Hendry, C. & A. Petigrew

    1986   'The Practice of Strategic Human Resource Management', *Personnel Review* 15(3): 3-8

Hill, Michael

    1981   'Unemployment and Government Manpo-wer Policy', in *The Workless State: Studies in Unemployment*, Brain Showler & Adrian Sinfield eds., Oxford: Martin Robertson .

Hoerr, J.

    1991   'What Should Unions Do?' *Harvard Business Review* (May-June) : 30-45.

Hyman, Richard

    1983   'White-Collar Workers and Theories of Class', in *The New Working Class? White-Collar Workers & Their Organizations*, Richard Hyman & Robert Price eds., London: Macmillan.

Ingham, P. & E. Lindop

    1992   'Can Unions and Productivity ever be Compatible?' *Personnel Management* (July): 32-5.

Jackson, M. P., J. W. Leopold , & K. Tuck

    1991-2   'Decen-tralization of Collective Bargaining : The Case of the Retail food Industry', *Human Resource Management Journal* 2(2): 29-45.

Johnson, P.

    1989   'The Structured Dependency of the Elderly : a Critical Note', in *Growing Old in the Twentieth Century*, M. Jeffries ed., London: Routledge.

Jones, Jack & Max Morris

    1982   *A-Z of Trade Unionism and Industrial Relations*. London:

Heinemann.

Judge, David & Tony Dickson

1987a 'The British State , Governments and Manufacturing Decline', in *The Politics of Industrial Closure*, Tony Dickson & David Judge eds., London: Macmillan.

1987b 'The Politics of Closure', in *The Politics of Industrial Closure*, Tony Dickson & David Judge eds., London: Macmillan.

Katz, Harry C.

1993 'The Decentralisation of Collective Bargaining: A Literature Review and Comparative Analysis', *Industrial and Labour Relations Review* 47(1): 3-22.

Keenoy, T.

1990 'HRM: A Case of the Wolf in Sheep's Clothing?', *Personnel Review* (12):3-9.

Kelly, J.

1990 'British Trade Unionism 1979-80 : Change, Continuity and Contradictions', Work, *Employment and society* (Special Issue, May): 29-65.

Kelly, J. & E . Heery

1989 'British Trade Union Membership, Density and Decline in the1980s: A Research Note', *Industrial Relations Journal* 20(1): 54-61.

Klingender, F. D.

1938 *The Condition of Clerical Labour in Great Britain*, London: Martin Lawrence.

Knight, David & Glenn Morgan

    1996   'Selling Onself: Subjec-tivity and the Labour Process in Selling Life Insurance', in *White-Collar Work: The Non-Manual Labour Process*, Chris Smith, David Knights & Hugh Willmott eds., Macmillan.

Knudsen, Herman

    1995   *Employee Participation in Europe* , SAGE Publications.

Laczko, Frank & Chris Phillipson

    1991   *Changing Work and Retirement: Social Policy and the Older Worker*, Buckingham & Philadelphia: Open University Press.

Lash, Scott

    1985   'The End of Neo-corporatism?: The Break-down of Centralised Bargaining in *Sweden*', *British Journal of Industrial Relations* 23(2) : 215-239.

Leigh, Duane E.

    1981   'The Effect of Unionism on Workers' Valuation of Future Pension Benefits', *Industrial and Labor Relations Review* 34(4): 510-521.

Leighton, P. E. & M. Syrett

    1989   *New Work Pattern: Putting Policy into Practice*, London: Pitman.

Lockwood, D.

    1958   *The Blackcoated Worker*, London: Allen & Unwin.

Leopold, John,& Michael Jackson

    1990   'Decentralization of Collective Bargaining: a Case

Study', *Industrial Relations Journal* 21(3): 185-193.

Lloyd, J.

  1987   'Can the Unions Survive?' *Personnel Management*
         (September): 38-41.

Long, James E. & Albert N. Link

  1983   'The Impact of Market Structure on Wages, Fringe
         Benefits and Turnover', *Industrial and Labor Relations
         Review* 36(2): 239-250.

Luthans, F. & R. Waldersee

  1989   'What do we really know about EAPs?' *Human
         Resource Management* 223(3): 385-401.

Lockyer, Cliff & Lesley Baddon

  1987   'Closing Down: Management Perspectives and
         Strategies', in *The Politics of Industrial Closure*, Tony
         Dickson & David Judge eds., London: Macmillan.

Marchington, M.

  1989   ' Joint Consultation in Practice ,' in *Personnel Manage-
         ment in Britain*, K. Sisson ed. Oxford: Blackwell.

Marchington , M.,

  1990   'Analyzing the Links between Product Markets and the
         Management of Employee Relations', *Journal of
         Management Studies* 27(2): 111-32.

Marshall, G.

  1988   'Classes in Britain: Marxist and Official', *European
         Sociological Review* 4(2): 141-154.

Martin, Ross

1987　*Trade Unionism: Purposes and Forms*. Oxford: Claren-
don Press.

1988　'Technological Change and Manual Work', in
Employment in Britain, D. Gallie ed., Oxford: Basil
Blackwell.

Martin, R., P. Fosh , H. Morris , P. Smith & R. Undy

1991　'The Decollectivisation of Trade Unions? Ballots and
Collective Bargaining in the 1980s', *Industrial Relations
Journal* 22(2): 197-208.

Marx, Karl

1969　*Theories of Surplus Value*, Part I. London: Lawrence and
Wishart.

1976　*Capital*, Volume I, Harmondsworth: Penguin.

1981　*Capital*, Volume III, Harmondsworth: Penguin.

Mason, Bob & Peter Bain

1991　'Trade Union Recruitment Strategies: Facing the 1990s',
Industrial Relations Journal 22(1) : 36-45.

McCarthy, W. E. J.

1985　'Trade Unions and the Limits of the Law', in *Trade
Unions*, W. E. J. McCarthy ed., Penguin Books.

McLoughlin, I. & S. Gourlay

1991-2　'Transformed Employee Relations? Employee Attitu-
des in Non-Union Firms', *Journal of Human Resource
Management* 1 (2): 2-28.

1994　*Enterprise without Unions: Industrial Relations in the*

Non-union Firms, Buckingham & Philadelphia: Open University Press.

McNulty, Des

    1987   'Local Dimensions of Closure', in *The Politics of Industrial Closure*, Tony Dickson & David Judge eds., London: Macmillan.

Meiksins, P.

    1985   'Beyond the Boundary Question', *New Left Re-view*, 157(3): 101-120.

Metcalfe, D.

    1991   'British Unions: Dissolution or Resurgence?', *Oxford Review of Economic Policy* 7(1): 18-32.

Meyer, D. G. & W. N. Cooke

    1993   'US Labor Relations in Transition: Emerging Strategies and Company Level Perfor-mance', *British Journal of Industrial relations* 31(4): 531-52.

Miles, R.

    1986 'Labour Migration, Racism and Capital Accu-mation in Western Europe', *Capital and Class* 28 : 21-39.

Miller, P.

    1987 'Strategic Industrial Relations and Human Resource Management: Distinction, Definition and Recogni-tion', *Journal of Management Studies* 24 : 347-362.

Neubourg , de C.,

    1985 'Part-time Work: an International Quantita-tive Compari-son', *International Labour Review* 124(5):559-576.

1988 'Labour Market Developments: 1973-1985', in *The Labour Market in Five Small European Countries*, P. C. Allaart ed., OSA-voorstudie V24, Organisatie voor Strategisch Arbeidsmarkt-onderzoek, Den Haag.

Neubourg, de C. & C. Caanen

1988 'Labour Market Flexibility, Unemployment and Employment', in *The Labour Market in Five Small European Countries*, P. C. Allaart ed., OSA-voorstudie V24, Organisatie voor Strategisch Arbeidsmarkt-onderzoek, Den Haag.

Pendleton, Andrew & Jonathan Winterton

1993 *Public Enterprise in Transition: Industrial Relations in State and Privatized Corporations*, London & New York: Routledge.

Piachaud, D.

1986 'Disability, Retirement and Unemployment of Older Men', *Journal of Social Policy* 15(2): 145-162.

Piore, M. J.

1975 'Notes for a Theory of Labor Market Stratifi-cation', in *Labor Market Segmentation*, R. Edwards, M. Reich & D. Gordon eds., Lexington, Mass.: D. C. Heath.

Poole, M.

1978 *Workers' Participation in Industry*, London: Routledge & Kegan Paul.

1986 *Towards a New Industrial Democracy: Workers' Participation in Industry*, London : Routledge & Kegan Paul.

Poplin, Dennis E.

    1978   *Social Problems*, Glenview, Ill.: Scott , Foresman and Company.

Poulantzas, N.

    1975   *Classes in Contemporary Capitalism* , London: New Left Books.

Pribicevic, B.

    1959   *The Shop Stewards' Movement and Workers' Control* , Oxford: Blackwell.

Price, Robert

    1983   'White-Collar Unions: Growth , Character and Attitudes in the 1970s', in *The New Working Class? White-Collar Workers & Their Organizations*, Richard Hyman & Robert Price eds., London: Macmillan.

Purcell, J.

    1987   Mapping Management Styles in Employee Relations', *Journal of Management Studies* 23 (2): 205-23.

    1993   'The end of Institutional Industrial Relations', *Political Quarterly* 64(1) : 6-23.

Raattansi, A.

    1985   'End of an Orthodoxy? The Critique of Sociology's View of Marx on Class', *Sociological Review* 36(1): 641-669.

Ramanadham, V. V.

    1993 'Privatization : Constraints and Impacts', in *Constraints and Impacts of Privatization*, V. V. Ramanadham ed.,

London & New York: Routledge.

Rico, L.

    1987   The New Industrial Relations : British Elec-tricians' New Style Agreements, *Industrial and Labor Relations Review* 41(1): 63-78.

Robinson, O.

    1984   'Part-time Employment and Industrial Relations Developments in the EEC', *Industrial Relations Journal* 15(1): 58-67.

Rosenbloom, Jerry S. & G. Victor Hallman

    1991   *Employee Benefit Planning*, The Third Edition, New Jersey : Prentice Hall.

Saucer, Robert L. & Keith E. Voelker

    1993   *Labor Relations: Structure and Process*, New York: Macmillan Publishing Company.

Saunders, Peter & Colin Harris

    1994   *Privatization and Popular Capitalism*, Buckingham: Open University Press.

Seccombe, W.

    1974   'The Housewife and Her Labor Under Capitalism', *New Left Review* 83: 3-26.

Showler, Brain

    1981   'Political Economy and Unemployment', in *The Workless State: Studies in Unemployment*, Brain Showler & Adrian Sinfield eds., Oxford: Martin Robertson.

Sinclair, M Thea

1991 'Women, Work & Skill: Economic Theories and Feminist Perspectives', in *Working Women: International Perspectives on Labour and Gender Ideology*, Nanneke Redclift & M. Thea Sinclair eds., London : Routledge.

Sinfield, Adrian

1981 'Unemployment in an Unequal Society', in *The Workless State: Studies in Unemployment*, Brain Showler & Adrian Sinfield eds., Oxford: Martin Robertson .

Sinfield, Adrian & Brain Showler

1981 'Unemployment and the Unemployed in 1980', in *The Workless State: Studies in Unemployment*, Brain Showler & Adrian Sinfield eds., Oxford: Martin Robertson .

Sisson, K.

1993 ' In Search of HRM ,' *British Journal of Industrial Relations* 31(2): 201-210.

Skinner, W.

1981 'Big Hat , No Cattle: Managing Human Resources', *Harvard Business Review* 59: 106-114.

Smith, Chris , David Knights & Hugh Willmott

1996 'Introduction', in *White-Collar Work: The Non-Manual Labour Process* , Chris Smith , David Knights & Hugh Willmott eds., Macmillan.

Smith, Chris & Hugh Willmott

1996 'The New Middle Class and the Labor Process', in

White-Collar Work: The Non-Manual Labour Process, Chris Smith, David Knights & Hugh Willmott eds., Macmillan.

Smith, P & G. Morton

1993 'Union Exclusion and the De-Collectivisation of Industrial Relations in Contemporary Britain', *British Journal of Industrial Relations* 31(1): 97-114.

1994 'Union Exclusion: Next Steps', *Industrial relations Journal* 25(1): 3-14.

Sproull, A. & J. MacInnes

1987 'Patterns of Union Recognition in Scottish Electronics', *British Journal of Industrial Relations* 25(3) : 335-8.

1989 'Union Recognition, Single Union Agreements and Employment Change in Scottish Electronics', *Industrial Relations Journal* 20(1): 33-46.

Storey ,

1992 *Developments in the Management of Human Resources*, Oxford: Blackwell.

Strauss, George

1983 'White-Collar Unions are Different', in *The New Working Class? White-Collar Workers & Their Organizations*, Richard Hyman & Robert Price eds., London: Macmillan.

Sullivan, Michael

1987 *Sociology and Social Welfare*. London : Allen & Unwin.

Townsend, Peter

　1981a　'Foreword', in *The Workless State: Studies in Unemployment*, Brain Showler & Adrian Sinfield eds., Oxford : Martin Robertson.

　1981b　'The Structured Dependency of the Elderly', *Aging and Society* 1: 5-28.

　1986　'Ageism and Social Policy', in *Aging and Social Policy: A Critical Assessment*, E. Phillipson & A. Walker eds., Aldershot : Gower.

Urry, John

　1983　'A Highly Significant Intermediate Class', in *The New Working Class? White-Collar Workers & Their Organizations*, Richard Hyman & Robert Price eds., London : Macmillan.

Waddington, J.

　1992　'Trade Union Membership in Britain 1980-1987: Unemployment and Restructuring', *British Journal of Industrial relations* 30(2): 287-324.

Walker, A.

　1981　'Towards a Political Economy of Old Age', *Aging and Society* 1(1) : 73-94.

　1986　'Pensions and the Production of Poverty in Old Age', in *Aging and Social Policy*, C. Phillipson & A. Walker eds., Aldershot: Gower.

　1989　'The Social Division of Early Retirement', in *Growing Old in the Twentieth Century*, M. Jefferys ed., London:

Routedge.

1990   'The Benefits of Old Age?: Age Discrimina-tion and
        Society Security', *Age: the Unrecognised Discrimina-*
        tion, E. McEwen ed., London: Age Concern.

Willman, P.

1989   'The Logic of 'Market-Share' Trade Unionism : Is
        Membership Decline Inevitable?', *Industrial relations*
        Journal 20(4): 260-70.

Wright, E. O. & B. Martin

1987   'The Transformation of the American Class Structure,
        1960-1980', *American Journal of Sociology* 93(1): 1-29.

Wright, Vincent

1994   'Industrial Privatization in Western Europe: Pressures,
        Problems and Paradoxes', in *Privatization in Western*
        Europe: Pressures, Problems and Paradoxes, Vincent
        Wright ed., London : Pinter Publishers.

Yarrow, George

1993   'Privatization in the UK,' in *Constraints and Impacts of*
        Privatization, V. V. Ramanadham ed., London & New
        York: Routledge.

中英名詞對照

anarch-syndicalism　無政府工團主義

anomie　脫序

authoritarianism　威權主義

benevolent autocracy　開明專制的管理

cafeteria benefits　自助餐式的福利

Central Advisory Labour Council　中央勞工諮詢會議

Chartist　激進民主傳統

Christian Socialism　基督教社會主義

class　階級

closed shop　封閉工會工廠

co-decision　共同決策

co-determination　共同決定制度

collective bargaining　集體協商制度

collective-voice effect　集體聲音的效應

commercialization　商業化

comparable worth　等值比較

conformist innovation　順從式創新

contribution credits　繳費權益

corporatism　統合主義

decentralization of collective bargaining　集體協商制度的分權化

de-industrialization　脫離工業化

de-skilling　技術減化

deviant innovation　立異式創新

directive　指令

direct participation　直接參與

domestic labor debate　家務勞動的論戰

dual labor market　兩元勞力市場

early exit　提前退出

early retirement　提早退休

earning-related　所得相關費率

embourgeoisement thesis　資產階級化理論

employee assistance program　員工協助方案

employee benefits　員工福利

employee participation in management　員工參與管理

employer regulation　雇主規範制度

enterprise unionateness　企業面工會取向

Equal treatment Directive　平等待遇的指令

extrinsic satisfaction　外在滿足

flat-rate　固定費率

flexible benefits　彈性福利

flexible labor contracts　彈性勞動契約

fringe benefits　附加福利

functional integration　功能整合

general strike　總罷工

gerontology　老人學

guest workers　客勞

Guild Socialism　行會社會主義

home economics　家務經濟學

horizontal occupational segregation　水平職業隔離

human capital theory　人力資本理論

human power policy　人力政策

immigrant workers　移民勞工

indirect participation　間接參與

industrial democracy　產業民主

Industrial Democracy Commission　產業民主委員會

institution　制度

institutional redistributive welfare　強調制度再分配的福利模式

instrumental satisfaction　工具滿足

instutionalist　制度主義

intensity of participation　參與強度

intrinsic satisfaction　內在滿足

job-sharing　工作分享

job stagnation　工作成長停滯

joint consultation　聯合諮詢制度

joint control　聯合控制

joint industrial council　聯合產業會議

Joint Production and Consultative Committee　聯合生產與諮詢
　　委員會

joint production committee　聯合生產委員會

joint regulation　聯合規範

joint works committee　聯合工作委員會

knowledge workers　知識工人

labour hoarding　勞力囤積

labour shedding　勞力釋放

liberal collectivism　自由主義式的集體主義

life chances　生活機會

macrocorporatism　鉅觀統合主義

manual worker　手工工人

Marxism　馬克斯主義

mesacorporatism　中階統合主義

microcorporatism　微觀統合主義

modernization theory　現代化理論

monopoly effect　壟斷效應

Morrisonian Corporation　摩里森企業

neo-collectivism　新集體主義

neo-laissez-faire　新放任主義

new middle class thesis　新中產階級理論

non-manual　非手工

non-unionism　無工會主義

occupational pensions　職業年金

occupational segregation　職業隔離

one big unionism　單一大工會主義

opportunistic management　機會主義式的管理模式

organizational integration　組織整合

Oxford School　牛津學派

parallel representation　平行代表制度

partial retirement　部份退休

partnership　夥伴關係

partriarchy　父權主義

part-time　部份工時

pluralism　多元論

policy integration　政策整合

political contingency　政治關連性

popular capitalism　大眾資本主義

primary labor market　初級勞力市場

private sphere　私領域

privatization　民營化

procedural issues　程序議題

process integration　過程整合

production　生產

proletarianization　無產階級化

property-owning democracy　資產擁有的民主制度

public man, private woman　男公、女私

public pensions　國民年金

public sphere　公領域

radicalism　激進主義

reproduction　再生產

reproduction of capital　資本的再生

residual model　殘餘模式

second class　次等階級

secondary labor market　次級勞力市場

secondary zone of employment　次級就業地帶

shop stewards　廠場工會幹部

social conscience thesis　社會良心論

social disorganization　社會解組

social reproduction　社會的再製

society unionateness　社會面工會取向

strategic human resource management　策略型人力資源管理

structured racialism　結構化種族主義

substantive issues　實質議題

supervisory board　監事會

Syndicalism　工團主義

temporary jobs　臨時性工作

Thatcherism　柴契爾主義

traditional human resource management　傳統型人力資源管理

tripartitism　三邊制度

unfree labour　不自由的勞工

union character　工會特性

union completeness　會員普及程度

union security　工會保障

unionateness　工會取向

unitarism　一元論

unproductive labor　非生產性勞動力

value　價值

vertical occupational segregation　垂直職業隔離

wage bargaining　工資協商

wage drift　工資堆積

wildcat strike　野貓罷工

work control　　工作控制

work-in　　接管工廠

work regulations　　工作規則

workers' control　　工人控制

workers' control of industry　　產業控制

work-performance welfare model　　依據工作表現的福利模式

works council　　工作會議

社會叢書 7

社會變遷中的勞工問題

作　　　者/朱柔若
出　版　者/揚智文化事業股份有限公司
發　行　人/葉忠賢
登　記　證/局版北市業字第 1117 號
地　　　址/台北市新生南路三段 88 號 5 樓之 6
電　　　話/（02）2366-0309 2366-0313
傳　　　真/（02）2366-0310
E - m a i l /ufx0309@ms13.hinet.net
郵 撥 帳 號/1453497-6
法 律 顧 問/北辰著作權事務所 蕭雄淋律師
印　　　刷/偉勵彩色印刷股份有限公司
初 版 一 刷/1998 年 3 月
定　　　價/400 元

國家圖書館出版品預行編目資料

社會變遷中的勞工問題 = Labour Issues in a
　Changing World／朱柔若作 . -- 初版 . --
台北市：揚智文化，1998〔民87〕
　　面；　公分，--（社會叢書；7）
參考書目：面
ISBN 957-8446-62-4

1. 勞工

556　　　　　　　　　　　　　87000770

社會學
Sociology

出版：揚智文化事業股份有限公司

著者：葉至誠

定價：新台幣 650 元

人不能離開社會而存在，每個人從出生到死亡都無時無刻不受到社會的影響，社會的變遷和發展總是對個人命運造成重大的衝擊，社會學即是提供個人瞭解所處社會的一把利器。書從微視、鉅視的角度對當今社會學各個學派提供系統的介紹，更廣泛運用台灣現況的資料，實為一部值得推薦的社會學入門書。

人文思想與現代社會
The Humanities And Contemporary Society

出版：揚智文化事業股份有限公司

著者：洪鎌德

定價：新台幣 400 元

　　這是一本廣泛介紹當今世界先進人文思想與社會學說的專書。首先本書闡釋西洋文藝復興以來所產生、發揚的人文主義、人本思想和人道精神，然後按各人文學科的次序分別討論神話、藝術、美學、語言、文學、哲學、倫理學、歷史、史觀、文化與文明等等，其目的在彰顯人文學科所討論的人本主義之本質，以及東西文明相互交融與衝突之情況。

　　在由淺入深逐步引導下，作者於介紹人文學科之後，轉而討論社會、社會現象、社會學說與社會科學。對西洋社會科學產生的時代背景，其所蘊藏的哲學意涵有進一步的勾勒。尤其對現代社會科學的方法論及其發展趨勢做了細緻的描繪與精密的分析。接著由社會行為之考察進一步探究政治學、社會學、經濟學、社會人類學與社會心理學這社會科學五大主要分支，包括個別學科的研究主旨與近期發展狀況。最後殿以現代社會諸種面向、諸種特徵的剖析，俾為進入後工業、後現代、跨世紀台灣社會之定性與定位，舖好研究途徑。

　　本書不僅為學習人文學科、或社會學科入門初階，就是研究政、經、社會、法律、傳媒之學者與工作者，也為一理想的指引與參考的手冊。全書結構嚴謹、內容豐富而新穎、解釋清晰而生動，允為一精要的人文學科與社會科學小百科全書。

社會問題與適應
Issues on Social Change and Adaptation

出　版：揚智文化事業股份有限公司
著　者：郭靜晃等
定　價：新台幣 550 元

　　社會問題所牽涉到的層面極為廣泛，而如何去解決問題並適應之更是現代人的重要課題。本書分為個人與家庭、個人與社會兩部分，為眾多專業人士針對不同問題所陳述之意見及看法；不但適合大專學生用書，亦適合於社會各界人士參考之用。

社會變遷中的教育機會均等
Equality of Educational Opportunity
during the Processes of Social Change

出版：揚智文化事業股份有限公司
著者：中華民國比較教育學會
　　　中國教育學會
定價：新台幣 400 元

　　在階層化的社會中，教育一直是階級流動的重要管道，然而並非每一個人皆有均等的教育機會。綜觀英美先進國家，早已關注此教育問題而提出因應措施。反觀台灣，雖然國民義務教育以實施二十多年，但教育機會均等問題依然存在。近年來台灣教育改革運動已獲得台灣民眾的普遍認同，而作為教育改革重要目標之一的「教育機會均等問題」卻仍未受各界重視。本書即針對此種需要應運而生，當中收錄的文章，不僅闡述英美教育機會均等改革經驗，更反映出本國教育學者對台灣的教育現狀所做的反省與努力。最後希望本書的出版可為台灣的教改運動注入新的生機。